Ernst Heimes

Ich habe immer nur den Zaun gesehen

2. Auflage 2024
der überarbeiteten und erweiterten Neuausgabe

RHEIN-MOSEL-VERLAG
Brandenburg 17, D-56856 Zell/Mosel
Tel 06542/5151 Fax 06542/61158

ISBN 978-3-89801-412-0
Ausstattung: Stefanie Thur
Fotos Umschlag: Zaun: fritz16/Shutterstock.com
Autorenfoto: Arne Houben
Restliche Fotos Titel/U2: Ernst Heimes
Fotos U3: Christian Gasterstädt

Ernst Heimes

Ich habe immer nur den Zaun gesehen

Suche nach dem KZ-Außenlager Cochem

Überarbeitete und erweiterte Neuausgabe

RHEIN-MOSEL-VERLAG

Inhaltsverzeichnis

Vorwort zu Neuausgabe

Das vorliegende Buch ist das Standardwerk zum KZ-Außenlager Cochem mit den Lagern in Bruttig und Treis. Die Erstausgabe erschien 1992. Sie informierte erstmals umfassend über die Mosellager und erinnerte an ein fast vergessenes Kapitel der regionalen Geschichte.

Obwohl es in früheren Neuauflagen des Buches auch immer wieder kleinere textliche und inhaltliche Veränderungen und Korrekturen gegeben hat, war es jetzt an der Zeit, den Text und die Gestaltung des Buches komplett zu überarbeiten und zu ergänzen. Ein Kapitel wurde stark gekürzt, da es mir nicht mehr zeitgemäß erschien. Viele Passagen wurden erweitert, umgestaltet, aktualisiert und sprachlich angepasst. Fotografien wurden hinzugefügt. Die Skizzen der Lager Bruttig und Treis mussten neueren Erkenntnissen entsprechend korrigiert werden. Schriftsatz und Typographie wurden verbessert. Das Buch wurde um zwei Kapitel erweitert und mit zusätzlichen Fotografien ausgestaltet.

Bei allen Änderungen bin ich so behutsam wie möglich vorgegangen, um den Duktus des Buches zu erhalten. So dokumentiert auch diese Neuausgabe nicht nur die Ereignisse um das KZ-Außenlager Cochem im Jahr 1944, sondern zeigt ebenso die schwierigen Bedingungen meiner Recherche in den Jahren 1985 bis 1992. Sie demonstriert die Haltung meiner Gesprächspartner sowie die gesellschaftlichen und politischen Reaktionen jener Jahre.

Die Notwendigkeit, durch Bücher wie das vorliegende, an die Schrecken der NS-Zeit zu erinnern und diese bewusst zu machen, dauert fort.

Vor genau 75 Jahren wurden die Konzentrationslager in den Ortschaften Bruttig und Treis errichtet. Ein halbes Jahr später, im September 1944, mussten sie aufgrund von Kriegseinwirkungen wieder aufgegeben werden. Während dieser Zeit waren die Häftlinge den erbarmungslosen Qualen ihrer Peiniger ausgesetzt. Viele fanden in den Mosellagern den Tod. Für die Überlebenden gingen die Leiden in anderen Konzentrationslagern weiter.

Für die heutigen Bewohner der Moselregion und darüber hinaus könnte dieses halbe Jahr des Schreckens eine Mahnung sein, Neonazismus, Rassismus und Ausgrenzung nie wieder zuzulassen.

Mehr noch, eine Verpflichtung sollte es sein.

Ernst Heimes im Frühjahr 2019

Pfingstspaziergang

Erst nachdem ich mich sehr lange ausgeruht hatte
und die Müdigkeit verschwunden war,
begriff ich, dass ich kein Gefangener war,
sondern ein Mensch.
An diesem Tag ergriff ich die Flucht.

Jean Bloch Michel
Große Zeiten

So hatte ein Mann zu sein. Wie Du. Ich, Dein Ältester, hatte also eine Orientierung. Da musste ich hin. So wollte ich werden. Stark, gerecht, fleißig, immer bereit zu vergeben, wissend. Wenn ich aber versuchte dahin zu kommen, zu Dir, hast Du mich zurückgewiesen. Was ich für erstrebenswert hielt, weil ich es an Dir so sah und bewunderte, wurde zum Streitpunkt zwischen uns. Du, mein Ideal, wurdest zu meinem Gegner, wenn ich mich Dir, meinem Ideal, zu nähern versuchte. Wolltest Du in mir nicht das wiederholt sehen, was Du selbst bist? Was hattest Du Dir vorgestellt, wie ich einmal werden sollte, vor dreißig, vor zwanzig, vor zehn Jahren? Heute?

Du warst der Auslöser für meine Aktivitäten, über die ich Dir berichten will. Du wunderst Dich? Das ist der Grund, weshalb ich Dir diese Geschichte erzählen werde: Du bist für mich das Bindeglied zwischen der Zeit, der ich versucht habe mich anzunähern und mir.

An einem Pfingstsonntag, das wird jetzt acht oder neun Jahre her sein, spazierten wir über den Conder Berg. Du und ich. Da sprachen wir über den Tunnel und das Konzentrationslager. Erinnerst Du Dich? Du wolltest ja meistens überhaupt nicht über diese Dinge reden. Aber dieser Morgen war günstig, das merkte ich. Ich hatte damals nicht die Absicht, umfangreichere Nachforschungen zu betreiben, wollte aber einfach alles, was mit dieser Sache zu tun hatte und in Erfahrung zu bringen war aufschreiben. Mal sehen, was dabei herauskommen würde.

Meine Erinnerungen an unser Gespräch von jenem Vormittag notierte ich am Abend des gleichen Tages aus dem Gedächtnis. Hier sind sie:

Auf dem Weg von Cond nach Treis kommt man an der Stelle des ehemaligen Tunneleingangs vorbei. Solange ich mich erinnere, standen dort gigantische Monumente aus Stahlbeton in der Landschaft. Als ich zuletzt dort war, dachte ich zunächst, ich sei am falschen Platz. Nichts von dem war mehr zu sehen. Ich blickte mich um, untersuchte den Boden und fand die Erde übersät von zerkleinerten Resten des Betons. An vielen Stellen war Gras darüber gewachsen.

Bei unserem Ausflug heute Morgen, fragte ich meinen Vater, ob er davon gewusst habe, dass die Betonklötze, die Reste des ehemaligen Tunnelportals, verschwunden sind. Ja, sagte er, davon habe er gehört, die seien vor kurzem gesprengt worden, er habe aber keine Ahnung, wozu das gut gewesen sein soll. Er hielte das für einen großen Blödsinn.

»Die Betonklötze«, sagte er, »stammten aber nicht von dem Tunnelportal, sondern von einem Bunker, der daneben stand.«

Davon hatte ich noch nie etwas gehört.

»Ich dachte immer, die Betonbrocken seien die Trümmer des zerstörten Tunnelportals gewesen, aber ein Bunker ...?«

»Ja sicher, da stand ein Bunker direkt neben der Tunneleinfahrt. Genau wie auf der Bruttiger Seite. Die beiden Betonwürfel, die unterhalb des Bahndamms in den Bruttiger Weinbergen liegen, das sind die Reste von sogar zwei Bunkern.«

Auch diese beiden Riesenklötze hatte ich immer für die Reste des Portals gehalten.

»Wozu hat man die Bunker an den Tunnelmündungen gebraucht?«, wollte ich wissen. »Die Bevölkerung«, und das war mein erster Gedanke, »konnte doch bei einem Bombenangriff nicht in diese Bunker fliehen. Dazu war die Entfernung vom Dorf dorthin viel zu groß.«

Wenn die Bunker, überlegte ich, und mir kam nicht in den Sinn, welch anderem Zweck sie hätten dienen können, vor Angriffen aus der Luft schützen sollten, dann mussten sich doch Menschen an den Tunnelmündungen aufgehalten haben. KZ-Häftlinge? Und für diese wurden Bunker gebaut? Nein, das passte nicht. Außerdem hätte jeder Schutzsuchende sich gleich in den Tunnel flüchten können.

»Ich weiß auch nicht, was man in den Bunkern gelagert hatte«, sagte er.

»Gelagert? Bunker als Lagerräume?«

»Nach dem Krieg sind wir ja im Tunnel drin gewesen. Das muss gegen Ende 1945, Anfang 1946 gewesen sein, in der schlechten Zeit. Die Bruttiger waren alle direkt zur Stelle und haben sich, nachdem das Lager aufgelöst worden war, alles raus geholt, was sie brauchen konnten.«

»Das Lager«, wiederholte ich.

»Ja, das Lager. Während des Krieges wurde der Tunnel als Fabrik genutzt, und soviel ich weiß, sind hier von der Firma Bosch Teile für Raketen und Flugzeugmotoren gebaut worden. Die Gefangenen aus dem Lager mussten dort arbeiten.«

Er überlegte kurz: »Eigentlich war das ein Konzentrationslager.«

»Und wer waren die Gefangenen?«

»Politische, keine Juden.«

»Kriegsgefangene?«

»Wäre schon möglich, ich weiß es aber nicht.« Er erinnerte sich, wie die Gefangenen ankamen: »Die wurden am Cochemer Bahnhof aus Viehwaggons ausgeladen und dann über die Brücke, durch Cond die Mosel hinauf nach Bruttig getrieben. Das habe ich gesehen. Das hat jeder gesehen. Endlose Kolonnen waren das.«

»Wie viele Menschen waren denn in dem Bruttiger Lager untergebracht?«

»Das weiß ich nicht genau. Aber viele sind es gewesen, wirklich viele.«

»Erzähl' mal, wie hat der Tunnel von innen ausgesehen? Warum seid ihr da hinein gefahren?«

»Da gibt es nicht viel zu erzählen. Wir wollten mal sehen, ob da noch was zu holen war, das wir hätten brauchen können. Wir haben ein Waschbecken und ein Klo und so ein Zeug mitgenommen. Viel war da nicht mehr. Die besten Sachen hatten die Bruttiger schon. Der alte Schrank, der beim Jäb im Kelterhaus steht, der ist auch aus dem Tunnel. Wir konnten damals nach dem Krieg alles brauchen. Übrigens, das braune Waschbecken, das bei uns in der alten Waschküche hing, das kennst du doch noch, das hatten wir auch von da mitgebracht.«

Und ob ich es kannte! Ich versuchte, mir ihm gegenüber nichts anmerken zu lassen, aber dieses Waschbecken hatte ich plötzlich ganz klar vor Augen. Ich vibrierte innerlich. Wie oft hatte ich mir wohl darin die Hände gewaschen, wenn ich als Kind verdreckt vom Spielen nach Hause kam! Und vor mir? Wer wusch sich vor mir darin? Ich wehrte mich gegen diese, meine Gedan-

ken und das Zittern in mir drin, atmete tief, ruderte mit den Armen, wie bei einer Gymnastik, lief ein paar Schritte, sog wieder Luft ein, legte den Kopf in den Nacken. Über mir bewegte der Wind das Adergeäst der Bäume vor dem weißblauen Himmel. Dann lief es wie ein Film vor mir ab: Häftlinge, wie auf bekannten Fotos aus Konzentrationslagern, nackt, Knochen dünn mit glänzender Haut bespannt … Solche vielleicht? Waren es Menschen vor der Exekution, womöglich ohne in diesem Moment schon davon zu wissen oder um ihr mit Würde, mit gewaschenen Händen, entgegen zu gehen? »Auf der Flucht erschossen!« Wusch sich der Lagerkommandant in diesem Becken seine Hände in »Unschuld«? Benutzten es die Männer von den Wachmannschaften, die, die souverän die tödlichen Befehle erteilten? Und dann ich, als ich Jahre später verdreckt vom Spielen nach Hause kam. Filmriss.

Ich hörte meinen Vater sagen: »Wir sind in den Tunnel hinein gefahren, von der Bruttiger Seite aus. Der war gerade so breit, dass zwei Züge hätten aneinander vorbeifahren können. Auf der rechten Seite, also bergwärts, war eine Straße angelegt, und links der Straße befanden sich gemauerte Boxen, in denen sich scheinbar die Werkstätten, vielleicht auch Unterkünfte befanden.« Mit seinem Stock kratzte er eine Skizze des Tunnels auf den trockenen Waldboden.

»Es ist verrückt«, sagte er kopfschüttelnd, »dass der Tunnel gesprengt wurde. Das geschah auf Veranlassung der Franzosen während der Besatzungszeit. Die haben nicht nur die Eingänge gesprengt, sondern auch einige Male in der Mitte. Die ganze Röhre ist hin. Gerade heutzutage, wo es wieder brenzlig werden könnte, wäre so ein Tunnel doch nützlich.«

Ich sagte, heute im Atomzeitalter sei das so eine Sache. Da sei auch ein solcher Tunnel kein sicherer Schutzraum mehr.

»Nach dem Krieg, bevor die Franzosen das Ding in die Luft gejagt haben, hatte ein Cochemer eine Champignonzucht auf der Bruttiger Tunnelseite angelegt. Das war doch eine gute Sache! Aber dann, lange nachdem der Krieg vorbei war, eine solche Zerstörung.«

»Nun, man kann die Franzosen ja auch verstehen«, sagte ich, »wenn ihre Landsleute in der Tunnelfabrik Zwangsarbeit leisten mussten oder sogar darin umgekommen sind.«

»Ja, da hast du Recht. Als Reaktion von Betroffenen kann man das natürlich verstehen.«

Nach unserem Spaziergang fuhren wir nach Bruttig. Wir wollten uns unbedingt heute noch den alten Bahndamm anschauen, der quer durch den ganzen

Ort in die Weinberge hineinführt und irgendwo in der Nähe der beiden Bunkerreste endet, da, wo der Tunneleingang gewesen sein muss. Oben auf dem Bahndamm, mitten im Ort, fiel uns eine heruntergekommene Baracke auf. Mein Vater sagte, das sei eine von mehreren Unterkunftsbaracken für KZ-Gefangene gewesen. Auf einem hölzernen Schild an der Seitenmauer des Bahndamms war neben anderen Wandervorschlägen zu lesen: Tunnelweg, 20 Minuten.

Bis zu diesem Tag hattest Du mir nie etwas vom Tunnel und den Lagern erzählt und seitdem auch nichts mehr. Nur an dem Abend des besagten Pfingstsonntages, ich war gerade dabei, unser Gespräch zu notieren, riefst Du mich an und machtest mich auf eine Zeitschrift aufmerksam, die im Dezember 1978 erschienen war.

»Da steht etwas über das Lager Bruttig drin.«

»Welche Zeitschrift ist das?«

»*Zündkopf* heißt sie. Die Jusos haben sie herausgegeben. Ich komme morgen bei dir vorbei und bringe sie dir mit.«

Zündkopf. Dieser hatte eher den Charakter eines im Selbstdruckverfahren hergestellten, mehrseitigen Flugblattes, als den einer Zeitschrift. Auf DIN-A4-Blättern wurde unter der Überschrift *Was nicht im Heimatbuch steht* über das KZ Cochem berichtet. Für mich war das die erste gedruckte Information zu dem Thema.

»Wegen des Artikels hat es damals ziemlich viel Aufregung gegeben«, wusstest Du. »Hier, lies mal: Die Außenkommandos sind in ihrer nächsten Umgebung unbekannt geblieben und wurden und werden bewusst totgeschwiegen. Wie gut diese kollektive Verdrängung von Schuld und schlechtem Gewissen nach dem Krieg bis heute funktioniert …« An dieser Stelle hörtest Du auf, vorzulesen, blättertest hin und her und sagtest dann: »Hier noch was. Da steht: In unserer Gegend betrug die Zahl der Familien, die in einem Dorf wie Bruttig als Gegner des Naziterrors bekannt waren, eins bis zwei. Das ist doch kein Wunder, dass sich die Leute über den Artikel aufgeregt haben.«

»War es denn nicht so?«, fragte ich.

»Viel anders war es sicher nicht. Aber das waren ja auch extreme Zeiten, davon macht ihr euch heute ja gar kein Bild mehr.«

»Mir ein Bild machen«, sagte ich. »Das ist es. Genau das will ich versuchen.«

Abb. 1: Links in den Weinbergen sind die Reste der beiden Bunker am ehemaligen Tunnelportal in Bruttig zu erkennen. Rechts daneben ist eine Befestigungsmauer zu sehen, die sich am Bahndamm bergseitig befindet. Am linken Ende der Mauer befand sich die Tunneleinfahrt. (Foto: E. Heimes)

Abb. 2: Ein Loch im Berg. Portal des Tunnels auf Bruttiger Seite in den 1920er/1930er Jahren (Historische Aufnahme, Sammlung E. Heimes)

Abb. 3: Der obere der beiden Bunker am Bruttiger Tunnelportal. Im Hintergrund ist die Ortschaft Bruttig zu sehen. Die Strecke vom provisorischen Lager im Gasthaus Schneiders – später vom Lager »Auf der Kipp« (Bruttig), das sich von hier aus gesehen hinter der Ortschaft befand – mussten die im Tunnel eingesetzten Häftlinge täglich hin- und zurück laufen. Die Entfernungen betrugen 1,2 km bzw. 1,7 km. Vom Lager Treis zur Arbeitsstelle im Tunnel betrugen die Wege 4,8 km (vom provisorischen Lager im Gasthaus Wildburg) und 3,8 km vom Lager »Auf der Kipp« (Treis). (Foto: E. Heimes aus dem Jahr 1986)

In den folgenden Tagen verschickte ich einen Schwung Briefe, von deren Beantwortung ich mir ein Weiterkommen erhoffte. Ein Schreiben ging an den Herausgeber des *Zündkopf* – unbekannt verzogen – ein weiteres an den Verfasser eines Buches über das *SS-Sonderlager Hinzert* im Hunsrück. Dieser antwortete, schickte Fotokopien und empfahl mir, Kontakt mit einem Studienrat aufzunehmen, der eine Ausstellung über Kriegsgefangenenlager organisiert hatte. Dieser wiederum antwortete auf mein Schreiben nicht. Die Fotokopien waren Ablichtungen aus einer Publikation über das Lager Hinzert von Marcel Engel und André Hohengarten. Zum ersten Mal las ich eine überregionale Veröffentlichung, in der mehrmals vom Lager Cochem die Rede war. Es hieß darin, am 5. März 1944 sei ein Arbeitskommando von *N.N.-Franzosen* aus Natzweiler dort hin geschickt worden. Zu diesem Konvoi habe auch der elsässische Journalist Aimé Spitz aus Sélestat gehört. Die Franzosen seien nach vier Wochen wieder abgezogen und durch Polen und Russen ersetzt worden. In dieser Zeit seien 37 Häftlinge ums Leben gekommen. Im Juli 1944 sei eine Gruppe Hinzerter Häftlinge nach Cochem gekommen. Einer von ihnen habe sich an die *besonders mühselige Arbeit von Cochem-Treis* erinnert. Durch intensive Bombardierung sei der Fortgang der Arbeiten in Cochem verhindert worden.

Weitere Anfragen und die Bitte, mir bei meinen Nachforschungen behilflich zu sein, schickte ich an die Jüdische Kultusgemeinde Koblenz, an die beiden Verbandsgemeindeverwaltungen Treis-Karden und Cochem-Land, sowie an die Gemeindeverwaltung Natzweiler im Elsass. Denn auch das war aus den Publikationen über Hinzert klar geworden: Cochem war ein Außenkommando des großen Konzentrationslagers Natzweiler im Elsass gewesen.

Die Gemeinde Natzweiler leitete mein Schreiben weiter an das SECRETARIAT D'ÉTAT AUPRÈS DU MINISTRE DE LA DÉFENSE CHARGÉ DES ANCIENS COMBATTANTS nach Straßburg. Von dort antwortete der Directeur Adjoint charge linteri, Monsieur J.C. Fournel wie folgt:

Durch Ihren Brief informieren Sie mich (...), dass Sie sich freuen würden, jedes Dokument zu erhalten, mit dem ich Ihre Arbeit unterstützen könnte. Ich bedauere, Ihnen mitteilen zu müssen, dass dergleichen Dokumente, die sich mit dem Arbeitslager Cochem beschäftigen, nicht in meinem Besitz befinden. Im Übrigen ist der größte Teil der Dokumente, die wir besessen haben, bei einer Brandstiftung verschwunden, die das ganze Museum des Ex-Konzentrationslagers Natzweiler-Struthof 1976 zerstört hat. So bin ich leider nicht in der Lage, zu Ihrer Zufriedenheit auf Ihre Anfrage zu antworten.

Für die Verbandsgemeindeverwaltung Cochem-Land antwortete der 1. Beigeordnete Probst, dass bei ihrer Verwaltung keine Dokumente über das während des Krieges in Bruttig geführte Außenlager eines Konzentrationslagers geführt würden. Die gewünschten Informationen könnten allenfalls über das Landes- und das Bundesarchiv beziehungsweise über noch lebende ältere Einwohner von Bruttig gegeben werden.

Im Antwortschreiben der Verbandsgemeindeverwaltung Treis-Karden hieß es: *Unter Bezugnahme auf Ihr vorgenanntes Schreiben teilen wir Ihnen mit, dass sich in unseren Akten keine Unterlagen über das von Ihnen angesprochene Außenlager befinden. Das Gebäude der Verbandsgemeinde Treis-Karden wurde beim Einmarsch der amerikanischen Streitkräfte im März 1945 durch Brand zerstört. Dabei wurden sämtliche Akten vernichtet. Uns ist auch keine Stelle bekannt, wo Sie evtl. Informationen über das Außenlager erhalten könnten.* Unterzeichnet: Esper, Bürgermeister.

Natürlich war ich enttäuscht über die kargen Informationen in den Antwortschreiben, hatte ich doch die Hoffnung gehabt, wenigstens in kleinen Schritten weiter zu kommen. Aber nichts. Die Antworten waren kühl und knapp, sachlich. Worüber ich mir damals kein Urteil bilden konnte, war der Wahrheitsgehalt der Briefe.

Inzwischen hat sich herausgestellt, dass diesbezüglich zumindest an dem Schreiben des Bürgermeisters Esper gezweifelt werden darf. Denn erstens existieren, entgegen Espers Behauptung, Akten im Zusammenhang mit dem Außenlager beim Standesamt Treis-Karden. Das werde ich später noch ausführlich beschreiben. Demnach kann es zweitens auch nicht stimmen, dass bei dem Brand 1945 *sämtliche* Akten vernichtet wurden. Falsch sei auch die Behauptung, so hat mir später eine Treiser Bürgerin versichert, dass das Gemeindehaus beim Einmarsch der amerikanischen Streitkräfte zerstört worden sei. Tatsächlich habe es kurz danach plötzlich in Flammen gestanden. Ein kleiner, aber womöglich entscheidender Unterschied. Denn Espers Aussage legt nahe, dass das Verwaltungsgebäude aufgrund von Kriegshandlungen zerstört wurde, was tatsächlich jedoch nicht der Fall war. Gab es etwa Akten, die man lieber nicht den Amis in die Hände fallen lassen wollte? Ich bin mir nicht sicher, ob die Frage, wodurch das Haus tatsächlich in Brand geriet, jemals endgültig geklärt wurde.

Zwei Tage später hielt ich die Antwort der Jüdischen Kultusgemeinde Koblenz in den Händen: *In Beantwortung Ihres Schreibens,* stand da, *bezüglich des ehemaligen Tunnels zwischen Treis und Bruttig, teilen wir Ihnen folgendes mit: Es war bekannt, dass in dem Tunnel Strafgefangene zur Zwangsarbeit herangezogen wurden, die aber nichts mit der damals durchgeführten Maßnahme, die der jüdischen Bevölkerung galt, gemein hatte, also kein Verbrechen im Rahmen der Judenverfolgung darstellte. Deshalb ist es verständlich, dass wir weder eine Dokumentation noch sonst eine erschöpfende Auskunft darüber geben können.*

Nachdem ich kurz den Grund meines Interesses an den Akten des Landeshauptarchivs dargelegt hatte, wurde mir dort ein Sachbearbeiter zugeteilt. Als Grund gab ich an, eine Publikation zum Thema *KZ-Außenkommando Cochem* verfassen zu wollen. Ich hatte aber tatsächlich selbst noch keine Ahnung über Form und Umfang einer solchen Arbeit, machte mir jedoch von da an ernsthaft Gedanken über eine mögliche Veröffentlichung, vorausgesetzt, es würde genug verwertbares Material zu finden sein.

Der Sachbearbeiter hörte sich ruhig meine Erläuterungen an und nahm mir dann jede Illusion, dass in den Aktenschränken des Hauses brauchbare Unterlagen archiviert seien. Dennoch legte er mir, nachdem er für eine Viertelstunde verschwunden war, einen beachtlichen Aktenberg auf den Tisch.

»Die können Sie sich einmal ansehen.«

Ich wälzte mich einen ganzen Nachmittag durch den Aktenberg und fand nichts, was zu meinem Thema passte. Kurz vor Feierabend, kam der Sachbearbeiter noch einmal auf mich zu: »Da habe ich was für Sie gefunden«, sagte er. »Es geht in diesem Vorgang, um eine Landschenkung der Gemeinde Treis an das Deutsche Reich. Der Vorgang stammt aus den Jahren 1939 und 1940. Es könnte sich hierbei um das Gelände handeln, auf dem später das Lager entstanden ist.«

Wie er das aus den drei Briefen, die er mir dann vorlegte, schließen konnte, war und blieb mir rätselhaft. Der *Vorgang* bestand aus einem Schreiben des Amtsbürgermeisters von Treis an den Landrat in Cochem vom 28. Oktober 1939, einem Schreiben des Landrates an den Amtsbürgermeister vom 29. November 1939, sowie einem Antwortschreiben an den Landrat vom 8. November 1940.

Ich hatte die Briefe kurz überflogen und fragte mich, warum der Sachbearbeiter annahm, es könne sich bei der Schenkung, über deren Genehmigung in den Briefen verhandelt wurde, um den Grund und Boden handeln, auf dem später das KZ errichtet wurde. Im ersten Schreiben war zu lesen, dass die in der Anlage näher bezeichneten Parzellen zum Zweck der Verbreiterung einer Reichsstraße kostenlos abgegeben werden sollten. Die dazugehörige Anlage war allerdings verschollen. Dennoch ließ ich mir die Schriftstücke fotokopieren. Vielleicht hatte ich ja noch nicht den Spürsinn entwickelt, der nötig war, um solche Dokumente lesen und richtig interpretieren zu können. Mit brummendem Schädel verließ ich den Benutzersaal des Landeshauptarchivs durch den Hinterausgang.

»Hier vorne ist schon zu«, hatte der Pförtner gesagt, »ich schließe Ihnen hinten auf.«

Ich fand bis heute keinen Hinweis darauf, dass die Treiser Landschenkung an das Deutsche Reich mit der späteren Entstehung des KZ-Außenlagers in Verbindung stand.

Helmut E. stammt aus Ernst. Ich hatte ihm von meinem Besuch im Landeshauptarchiv und dem dort archivierten Briefwechsel erzählt.

»Die rücken doch nichts raus«, sagte er sicher.

»Was weißt du denn über das Lager?«

»Die Ernster und die Bruttiger, die hatten es noch nie so recht miteinander. Die wischen sich gern gegenseitig eins aus, wie das bei Nachbardörfern eben so ist. Na ja, ich bin eben ein Ernster. Ich glaube, dass du von uns über den Tunnel und das KZ mehr erfahren kannst, als von den Bruttigern. Die Ernster haben damals zwar alles mitbekommen, waren aber nicht direkt betroffen. Die meinen, sie träfe keine Schuld, weil sie ja auf der anderen Moselseite wohnten, und die Brücke gab es ja damals noch nicht. Die erzählen auch heute noch davon. Mein Vater zum Beispiel, der war damals sechzehn, siebzehn Jahre alt. Der hat kürzlich noch erzählt, wie in Bruttig die Leute aufgehängt wurden.«

»Hat er das selbst gesehen?«

»Das glaube ich nicht«, antwortete Helmut. »Aber ich frage ihn noch einmal. Der ist ein alter Sozi, der erzählt.« Der Vater habe eine Zeitlang im *Kloster Ebernach*, zwischen den Ortschaften Cochem und Ernst gearbeitet. Er wisse von alten, dort lebenden Franziskanern, dass einige der Ebernacher Brüder in die Konzentrationslager deportiert worden seien. Nach Dachau seien sie gekommen.

»Ja, nach Dachau«, sagte ich. »Dahin ist auch der Conder Pastor Ziegler verschleppt worden. Er kam nicht mehr zurück.«

»Mensch, dass man von dir auch noch mal was hört!«, rief Heinrich J. ins Telefon. »Womit kann ich dir helfen?«

»Du wohnst doch nur drei Kilometer von Bruttig weg. Ich will wissen, ob du dich an das KZ in Bruttig und den Tunnel erinnern kannst.«

Heinrich erinnerte sich und begann sofort zu erzählen. Im Hintergrund hörte ich eine Stimme. Es war seine Schwester, die scheinbar direkt begriffen hatte, über welches Thema wir redeten. Sie ergänzte und korrigierte Heinrichs Aussagen. Sie ist ein paar Jahre älter als er und erinnerte sich gut.

»Du kannst dem sagen«, hörte ich sie, »dass wir als junge Mädchen, mitbekommen haben, wie so ein paar arme Kerle aufgehängt worden sind. Vor dem Tunnelportal in Bruttig. Die waren, glaube ich, abgehauen damals.«

Heinrich J. war 1944 erst 14 Jahre alt.

»Ich habe immer nur den Zaun gesehen. Da waren ziemlich viele eingesperrt. Na ja, Motorräder haben mich damals mehr interessiert«, gestand er. »Jedenfalls habe ich keine schwarzen Uniformen gesehen. Ich erinnere mich gut, dass ich mich darüber immer gewundert habe.«

Ich verstand nicht, was er damit sagen wollte.

»Keine schwarzen Uniformen, dass bedeutete, dass die Bewacher keine SS-Leute waren. Soldaten, die in dem Lager die Aufsicht hatten, trugen blaue Uniformen. Wie bei der Luftwaffe. Es steckt aber noch ein anderer Eindruck in mir: Die Kleider der Häftlinge, an die erinnere ich mich gut. Das waren gestreifte Anzüge. Blauweiß gestreift, glaube ich jedenfalls. Längs- oder quergestreift? Warte mal.« Er überlegte. »Nein, das weiß ich nicht mehr.«

Nach dem Krieg habe man erzählt, dass Hitlers Wunderwaffen, die V1 und V2 in den Werkstätten im Tunnel montiert worden seien, erzählte Heinrich, ob das stimme, wisse er nicht. Die KZ-Häftlinge sollen in dem Tunnel für die Firma Bosch gearbeitet haben, und Bosch habe diese Wunderwaffen ja mit entwickelt und gebaut.

Die Annahme, dass im Tunnel Bruttig-Treis die Raketen V1 und V2 gebaut oder montiert worden seien, war in den 1980er Jahren noch sehr verbreitet. In Gesprächen kam darauf immer wieder die Rede. Meine spätere Recherche wird jedoch zeigen, dass diese Annahme nicht den Tatsachen entsprach.

Heinrich J. erzählte, dass vor dem Krieg, der optimalen Voraussetzungen wegen, Champignons im Tunnel gezüchtet worden seien. Von Dir wusste ich von einer Pilzzucht *nach* dem Krieg. Pilze also, vor und nach dem Krieg.

»Du musst zu den Bruttiger Leuten mal hinfahren und mit denen reden, wenn du etwas über das Lager erfahren willst«, sagte Christa W. entschlossen. »Die reden zwar nicht gerne darüber, aber die wissen da ganz genau Bescheid.«

Christa arbeitete damals als Journalistin, freiberuflich. Sie sagte, dass sie sich auch für die ganzen KZ-Geschichten, wie sie es nannte, interessiere. Sie kenne eine Bruttiger Frau recht gut, die früher bei ihren Eltern im Haushalt gearbeitet habe.

»Die müsste jetzt weit über siebzig sein. Wie wär's, wenn wir am Sonntag einfach einmal hinfahren?«

»Einverstanden.«

Frieda H. legte die Bibel zur Seite, als sie uns die Treppe zu ihrer Terrasse heraufkommen sah. Sie sagte, dass man ja heutzutage kaum mehr etwas wirklich Gutes zu lesen bekomme. Sie bat uns, in die Küche ihres alten Winzerhauses einzutreten. Ihr offenes Wesen machte es mir leicht, sie bald auf den Tunnel anzusprechen. Sie wusste gut Bescheid und begann mit ihrer Erzählung weit vor der Zeit des Faschismus in Deutschland.

»Der begonnene Bahnbau wurde nach dem ersten Weltkrieg sofort wieder eingestellt. Die Franzosen, die damals das ganze Gebiet hier bis zum Rhein hin besetzt hatten, wollten schon damals die Mosel kanalisieren und zur Großschifffahrtsstraße ausbauen. Eine zusätzliche Bahnlinie rechts der Mosel wäre damit überflüssig geworden. Aber so weit ist es ja dann doch nicht gekommen. In den dreißiger Jahren war eine Pilzzucht im Tunnel angelegt. Champignons, die brauchen die Dunkelheit und das feuchte Klima. Im Krieg war einmal Schluss damit. Nach dem Krieg hat wieder jemand damit angefangen. Die Franzosen beendeten das Unternehmen, mauerten die Tunneleingänge zu und sprengten sie später in die Luft.«

»Die Bunker, bei der früheren Tunneleinfahrt sind ja heute noch vorhanden«, sagte ich.

»Genau, das sind die Reste der beiden Tunnelbunker.«

»Welchen Zweck hatten die?«

»In einem Bunker«, wusste sie genau, »befand sich ein Noteingang zum Tunnel. Zur Sicherheit, falls das Hauptportal einmal zerstört worden wäre. In dem anderen befand sich ein Brunnen und andere Anlagen, die für die Versorgung des Tunnels erforderlich waren.«

»Die Bunker auf der Treiser Seite müssen einem ähnlichen Zweck gedient haben«, folgerte ich.

»Ich denke schon«, sagte sie. »Männer aus der weiteren Umgebung, die kamen alle nicht von hier, haben in der Fabrik im Tunnel gearbeitet. An einen erinnere ich mich. Der war aus Trier.«

»Was wurde denn in der Fabrik hergestellt?«, fragte Christa.

»Ja, Kind«, sagte sie, »das weiß ich auch nicht.«

»Sind dir mal Lastwagen aufgefallen, die nachts mit Planen überzogen ihre Fracht aus dem Tunnel fuhren?«

»Nein, das weiß ich nicht.«

Ich merkte auf einmal, wie die alte Frau sich überwinden musste, weiterzusprechen. Ich hatte nach den KZ-Häftlingen gefragt. Sie erzählte, dass es Kriegsgefangene gewesen seien, die dort hätten arbeiten müssen. Sie blickte zu Boden, schüttelte den Kopf und schwieg. Plötzlich lag eine Spannung zwischen uns. Ich spürte, wie sie mit sich ringen musste, um weitersprechen zu können. Sie schwenkte noch immer den Kopf hin und her. Ihre Lippen zuckten. Dann brachte sie es heraus: »Das war so schrecklich, das könnt Ihr jungen Leute euch nicht vorstellen.« Jetzt wirkte sie erleichtert. »Von hier aus kann ich ja auf den Bahndamm gucken. Jeden Morgen und jeden Abend habe ich das miterleben müssen, wie die zur Arbeit hin- und zurückgeführt worden sind. Rappeldürr waren die. Sie trugen gestreifte Sträflingskleider und Holzschuhe. Abends, auf dem Rückweg zum Lager, konnten sie kaum noch gehen und die, die mit den Uniformen dabei gewesen sind, die Bewacher, schlugen mit ihren Knüppeln auf sie drauf. Schrecklich war das. Das konnte man überhaupt nicht verstehen. Ganz komisch, man hat das jeden Tag gesehen, tatsächlich miterlebt, aber es war so, als wäre es nicht wahr. Man konnte das einfach nicht glauben, obwohl es sich jeden Tag vor der eigenen Haustür abgespielt hat. Ich kann das jetzt noch nicht glauben. Das war, wie wenn man träumt. Einfach schrecklich.«

»Was haben sich denn die Leute hier aus dem Ort darüber erzählt?«, wollte Christa wissen.

»Ja Kind, da wurde nicht viel drüber geredet. Die Männer waren ja alle fort, im Krieg, und wir Frauen hatten Angst. Außerdem war das ja alles so unwirklich. Wir Frauen, wir hatten von Politik und all dem, was da passierte, sowieso keine Ahnung. Das war damals alles Sache der Männer. Und wir haben gemeint, was die sagten, das wäre auch richtig. Gott sei Dank ist das heute nicht mehr so. Früher, Kind, da wurden wir Frauen doch dumm gehalten. Deshalb konnten wir uns auch nicht einmischen. Aber was hätten wir auch tun sollen? Du hättest sehen müssen, wie die mit den armen Kerlen umgegangen sind. Getreten und geschlagen worden sind die. Manche wurden vom Tunnel ins Lager zurückgetragen, weil sie nicht mehr gehen konnten. Die, denen es am schlechtesten ging, bekamen die meisten Prügel. Nein, nein, das kann man alles gar nicht glauben.«

Wir hatten ihr aufmerksam zugehört und saßen eine Weile ergriffen, wortlos unter dem Eindruck ihrer Erzählung. Dann fügte sie noch hinzu und lachte dabei: »Aber manchmal gingen wir Frauen an den Zaun des Lagers und steckten den Gefangenen Äpfel und ein Stück Brot zu. Da musste man sehr aufpassen, dass um Himmels Willen keiner von den Aufsehern Wind davon bekam. Aber das haben viele Frauen gemacht, viele.«

»Darf ich wiederkommen?«, fragte ich bei der Verabschiedung an der Haustür.

»Ja, gern. Aber Sie müssen sich zu erkennen geben«, sagte sie, weil sie nicht jedem die Tür öffne. Man wisse ja nie … und sie sei ja auch ganz allein im Haus.

Ein Gerücht machte sich breit, von dem sich bald herausstellte, dass es völlig aus der Luft gegriffen war. Es hieß, der Bahndamm in Bruttig solle abgerissen werden. Oben auf dem Bahndamm hatte das Lager gestanden. Auch Frieda H. hatte das erzählt.

Falls noch Gebäude oder Teile der Lageranlage stehen, überlegte ich, werden diese jetzt womöglich mit dem Bahndamm dem Abriss zum Opfer fallen. Ich machte mich, mit dem Fotoapparat ausgerüstet, auf den Weg nach Bruttig. Dort war Kirmes. Die Leute waren mit sich und ihren Festtagsgästen beschäftigt, was mir ganz recht war, denn so konnte ich mich unbeobachtet fühlen. Ich ging zu der Baracke hin, die uns ja auch schon aufgefallen war, verknipste hier und nachher auf dem Friedhof einen ganzen Film. Abgesehen von der erwähnten Baracke und einem kleinen Schuppen standen an der Stelle, wo sich das Lager befand, kleine Einfamilienhäuser mit gepflegten Vorgärten. Ich hielt diese Häuser damals für Neubauten, weil sie sich in recht ordentlichem Zustand befanden. Später habe ich erfahren, dass es sich bei den Häusern um restaurierte, ehemalige Häftlingsbaracken des KZ-Außenlagers in Bruttig handelt.

Auf dem Bruttiger Friedhof hinter der Kirche wurde ich unerwartet fündig. Direkt neben dem Treppenaufgang befinden sich Grabsteine, wie sie gewöhnlich auf Kriegsgräbern stehen. Ich entsann mich, dass Frieda H. darüber gesprochen und gesagt hatte, dass auf dem Bruttiger Friedhof tote KZ-Gefangene begraben worden seien.

»Früher lagen noch mehr da, die hier gestorben sind«, hatte sie gesagt. »Die sind aber fortgekommen.«

»Fortgekommen, wohin?«, hatte ich gefragt, und sie hatte geantwortet, dass sie das nicht wisse.[2]

Auf sieben Grabsteinen von insgesamt zwölf stehen Namen, die fremdländisch klingen. Das Todesdatum der Begrabenen fällt ohne Ausnahme in das Jahr 1944, das Jahr, in dem das Lager Bruttig existierte.

Die sieben Grabinschriften lauten:

Adolf Czech	* 01.10.1910	† 26.07.1944
Josef Anoilczyk	* 02.05.1894	† 30.07.1944
Louis Christian Vervooren	* 09.10.1895	† 31.03.1944
Hendrikus Rempe	* 21.02.1903	† 26.03.1944
Josef Dunal	* 13.01.1896	† 01.08.1944
Ignatz Chrzuszoz	* 14.01.1909	† 31.07.1944
Jan Krolak	* 24.04.1904	† 30.07.1944

Über das Leben und die Umstände des Todes einiger der hier Begrabenen sollte ich noch manches mehr erfahren, als ich an dem Bruttiger Kirmestag ahnte. Davon werde ich dir später berichten.

---

1 Siebzehn auf dem Bruttiger Friedhof in einem Massengrab verscharrte Leichen von KZ-Häftlingen wurden auf Anordnung der französischen Besatzungsbehörden am 30. September und 1. Oktober 1947 exhumiert. Sieben der Toten wurden später auf dem Bruttiger Friedhof bestattet, die übrigen zehn Toten wurden überführt und in ihren jeweiligen Heimatorten beigesetzt. Quelle: Gespräch mit dem ehemaligen Bruttiger Bürgermeister Manfred Ostermann, vgl. hierzu auch Exhumierungsbericht von Dr. Paul Geis, Koblenz in Guido Pringnitz: Deckname »Zeisig«, 1. Auflage, Treis 2016

Abb. 4: Überreste des Konzentrationslagers in Bruttig. Die Abbildungen 4 – 7 zeigen die zentrale und größte Baracke des ehemaligen Lagers, den »Speisesaal« der Häftlinge. Das Gebäude befindet sich auf den Abbildungen aus dem Jahr 1986 noch weitestgehend im Originalzustand. (Fotos: E. Heimes aus dem Jahr 1986)

Abb. 5

Abb. 6

Abb. 7

Abb. 8: Eines der Gebäude des ehemaligen Lagers Bruttig, in dem sich »sanitäre Anlagen« befanden. (Foto: E. Heimes aus dem Jahr 1986)

Abb. 9: Der Bahndamm auf dem sich das Lager befand, führt in Bruttig quer durch den Ort. Über der Unterführung ist eine ehemalige Häftlingsbaracke (»Speisesaal«) zu erkennen. (Foto: Christian Gasterstädt).

Das sogenannte Stammlager

Im folgenden Winter fuhr ich ins Elsass. Natzweiler. Besichtigung der Gedenkstätte *KZ Natzweiler*. Ein Versuch, mehr zu begreifen. Rückte ich mir das bisher Unvorstellbare näher, weil ich die Anlagen besichtigte? Ich hatte vor gehabt, viele Fotos zu machen, diese zu Hause zu zeigen und zu sagen: Seht mal! Nach dem zweiten Auslösen versagte die Kamera. Vor Kälte. Also keine Fotos. Aber die Notwendigkeit, die Eindrücke aufzuschreiben, sie blieb. Dennoch ging ich tagelang Papier und Bleistift aus dem Weg. Ich schrieb damals nur diesen einen kurzen Text:

Am Eingangstor stand nicht Arbeit macht frei, obwohl es geplant gewesen sein soll, sondern lediglich Konzentrationslager Natzweiler. *Beim kurzen Gespräch mit dem Herrn an der Pforte hätte ich diesem gern verheimlicht, dass ich Deutscher bin. Ich begegnete meiner Unsicherheit mit dem Gedanken, dass er mir mein Alter ja ansehen müsse und dass ich aus einer anderen Generation komme, als der, die hier gemordet hatte.*

Die Kälte lähmte meine Finger. Ich packte den Fotoapparat in die Tasche. Die Kleider der Lagerinsassen waren dünne Leinenanzüge gewesen. Konnte ich auch nur ahnen, wie schrecklich es gewesen sein muss, hier zu erfrieren? Ich schob meine Hände, in wollenen Handschuhen steckend, tief in die Manteltaschen. Zwei oder drei Minuten lang blieb ich stehen, reckte den Kopf in den schneidenden Wind. Bevor der Schmerz kam, rieb ich mir eine meiner Wollhände durch das Gesicht, um die Eiseskälte zu vertreiben. In den Folterkammern, dem Sektionsraum und den Tötungsräumen suchte ich vergeblich nach Spuren von Gewalt. Alles gereinigt und zur Besichtigung frei gegeben. Das Büro des Arztes, der für medizinische Versuche an Menschen zuständig war, ist ein leerer Raum. Er unterscheidet sich nur durch die Größe und die Höhe des Fensters von den Gefängniszellen, die sich in einer anderen Baracke befinden. Ein bei den Einzelzellen des Bunkers abgetrennter Raum war ursprünglich zum Aufstellen eines Ofens vorgesehen. Viel zu klein für einen menschlichen Körper. Es sollen aber manchmal sogar zwei Menschen darin eingepfercht worden sein. Nicht sitzen, nicht stehen, nicht liegen, irgendetwas dazwischen und das mitunter vierzehn Tage lang. Und dann diese Kälte! Doch meine Fantasie ließ mich im Stich. Der Schrecken wurde nicht spürbar. Ich betrachtete mir andere Besucher der Gedenkstätte. Ob diese mehr begriffen? Im Krematorium stand ich vor dem Verbrennungsofen wie bei einer Schlossbesichtigung vor dem Bett des Bayernkönigs Ludwig auf Neuschwanstein. Die Nazis haben ganze Sache gemacht. Nicht nur das Leben von Menschen, auch das Wesen der Dinge scheinen sie ausgelöscht zu haben, so, dass sie zu mir jetzt nicht mehr sprachen. Nur der Zaun, drei Meter hoch zwischen doppelreihigen Holzpfosten gespannt, ließ mich seine Undurchdringlichkeit spüren.

Das Lager wurde in einer Höhe von achthundert Metern mitten in den Vogesen von den Häftlingen unter Zwang aufgebaut. Ich wäre an der Einsamkeit zu Grunde gegangen, die hier zu spüren war, die trotz aller Besuchergeschäftigkeit mehr nachzuempfinden war, als der Schrecken von Folter- und Tötungsgeräten. Deshalb hat mich auch der Zaun so sehr erschüttert, dieser verfluchte Zaun war es, der diese Vergessenheit, dieses weg sein von der Welt *besiegelt haben muss.*

Eine Ahnung überkam mich: Ich bin völlig unwichtig und egal. Es ist der Welt und den Menschen einerlei, ob ich lebe, leide oder sterbe. Ich werde geschlagen auf dem Prügelbock. Bäume und Felsen schweigen. Meine Schreie enden an den Wänden der Baracke. Wenn ich tot bin, wird mein Körper verbrannt und die Asche in das Gemüsebeet des Lagerkommandanten gekippt werden. Niemand wird fragen: Wer war er? Völlig egal.

Es war eine sehr ruhige Zeit in Natzweiler mit vielen Gelegenheiten zum Nachdenken. Wieder zu Hause machte ich mich sofort an die Arbeit und schrieb eine Erzählung, die im Wesentlichen das beinhaltete, was ich Dir bis hier hin erzählt habe. Alle Dialoge, verfasste ich allerdings im moselfränkischen Dialekt, so, wie ich sie mit vielen Einheimischen tatsächlich gesprochen habe. Bei späteren Lesungen und Vorträgen trug ich diese Passagen auch im Dialekt vor. Heute weiß ich: Meine Erzählung war nur der Anfang einer jahrelangen Auseinandersetzung mit dem KZ-Außenlager Cochem und seinen Nebenlagern Bruttig und Treis.

Wenn ich mich mit den Menschen hier vor Ort unterhalte, sprechen die wenigsten von *Konzentrationslagern* in Bruttig und Treis. Sie sagen *Arbeitslager*. Das klingt weniger dramatisch. Und Arbeit ist ja schließlich nichts Schlechtes. Oder? Weit gefehlt, die Annahme, es habe sich

Abb. 10: Das Lagertor des Konzentrationslagers Natzweiler Struthof (Foto: E. Heimes Januar 1985)

hier um eine mildere Abstufung eines der bekannten KZs gehandelt. Die Verhältnisse in den Außenlagern waren die Fortsetzung der Verhältnisse in den großen Konzentrationslagern an anderen Orten. Sie unterschieden sich durch die Größe. Das KZ-Außenlager Cochem war nicht so ausgestattet wie das Lager Natzweiler. Es gab keine Gaskammern und keine Verbrennungsöfen. Auch wurden in Cochem keine medizinischen Versuche an Gefangenen durchgeführt. Aber: In der Mitte des Lagers in Bruttig stand der Galgen, als immer gegenwärtige Drohung, in den Zwingern wurden Hunde gehalten, verkommen zu lebenden Waffen, genau wie in Natzweiler auch. In Treis bedurfte es keines Galgens. Hier wurden die Menschen an den Bäumen erhängt, die im Lager standen. Alle Anweisungen für Cochem kamen aus Natzweiler. Es herrschten die gleichen Vorschriften. Die Post für die Gefangenen in Cochem wurde in Natzweiler zensiert. Das Schrecklichste, was Cochem mit Natzweiler gemein hatte: die Gefangenen waren hier wie dort zu einem bestimmt, zur *Vernichtung durch Arbeit*.

Cochem mit seinen Nebenlagern Bruttig und Treis war nur eines von 72 Außenlagern des KZ Natzweiler. Andere große KZs hatten ähnlich viele. Man stelle sich das vor. Deutschland war gespickt von Lagern, übersät von Stätten der Folter und des Todes. Und schenkt man den Zeitgenossen Glauben, die davon nichts gewusst haben wollen, sollen sie doch heute endlich zur Kenntnis nehmen, dass in der Nähe von fast allen deutschen Städten und Ortschaften solche Terroreinrichtungen platziert waren. Der *Internationale Suchdienst* von Arolsen gibt die Zahl der Konzentrationslager im damaligen Reichsgebiet mit 1.037 an. Dreiundzwanzig seien Hauptlager, 1.014 Nebenlager gewesen. Ferner habe es acht Vernichtungslager und unzählige andere Lager gegeben. Wie Treis und besonders Bruttig zeigen, befanden sich die Außenlager teilweise inmitten der Ortschaften.

Das KZ Natzweiler-Struthof, ungefähr fünfzig Kilometer südwestlich von Straßburg gelegen, wurde am 1. Mai 1941 eröffnet. Bereits im September 1944 wurde es geschlossen, nachdem die Gefangenen nach Dachau deportiert worden waren. In den allgemeinen Publikationen über die Konzentrationslager im SS-Staat wird Natzweiler-Struthof als Vernichtungslager charakterisiert. Es gehörte jedoch, misst man die Größe eines Konzentrationslagers an der Anzahl der dort hin Deportierten und Ermordeten, nicht zu den größten Vernichtungslagern. Allerdings war Natzweiler berüchtigt wegen der Durchführung medizinischer Versuche an lebenden Personen. Natzweiler war *Endstation* für viele Widerstandskämpfer aus den Staaten westlich des Reichsgebietes.

Die Benennung des Lagers ergab sich aus dem Namen der kleinen, im Tal gelegenen Gemeinde Natzweiler und dem Struthof, eines Hotels mit angrenzendem Bauernhof. Oberhalb des Struthofs wurde an einem Berghang das Konzentrationslager errichtet. Um die Arbeiten auszuführen, wurden im Mai 1941 die ersten Gefangenen hierher gebracht. Die Besitzer des Struthofs hatten zu dem Zeitpunkt das Hotel und den Hof bereits geräumt. Ein erstes provisorisches Lager wurde im Struthof errichtet. Die Gefangenen wurden gezwungen, rund achthundert Meter oberhalb des Struthofs das Lager aufzubauen. Die Strecke dazwischen, über die das gesamte Baumaterial von den Gefangenen geschleppt werden musste, war extrem steil und führte damals durch unwegsames Gelände.

Der Beschluss, das Lager an diesem Ort zu errichten, war durch das Vorhaben der Nazis bestimmt, die in der Nähe gelegenen Granitvorkommen durch den Einsatz der Gefangenen abzubauen. Dieses Vorhaben wurde in den Folgejahren unter Ausnutzung der Arbeitskraft der Häftlinge verwirklicht. Natzweiler wurde das einzige Konzentrationslager auf französischem Boden. In seinen vierzehn Häftlingsbaracken war Platz zur Unterbringung von 1.500 Menschen. Zu Beginn des Jahres 1944 lag die Zahl der Häftlinge noch unter 2.000, im September des gleichen Jahres, kurz vor der Umsiedlung und Schließung des Lagers, war es mit 7.000 Menschen völlig überbelegt.

Von den 150 Häftlingen, die im Mai 1941 mit dem ersten Transport auf dem Struthof ankamen, befanden sich 145 Deutsche. Fünf Häftlinge waren Polen. Die Deutschen, zum großen Teil politische Gefangene, mussten den *Roten Winkel* als Kennzeichnung tragen. Andere, aufständische Matrosen aus Kiel, waren der *Spezialabteilung Wehrmacht* (SAW) zugeordnet. Wieder andere, sogenannte Asoziale, trugen den *Schwarzen Winkel,* Homosexuelle den *Rosa Winkel* und so genannte Gemeinverbrecher den *Grünen Winkel* auf ihrer Kleidung. Als diese Männer die ersten drei Baracken fertig gestellt hatten, wuchs die Zahl der Häftlinge auf 400 Personen an. In der Folgezeit veränderte sich die Zahl der Gefangenen wie folgt: zum 1. Januar 1942 auf 419 Häftlinge; zum 1. Januar 1943 auf 709 Häftlinge und zum 1. Januar 1944 auf 1.840 Häftlinge. Die höchste nachweisbare Gefangenenzahl lag am 27. August 1944 bei 5.538 Häftlingen.

Neben den 14 Häftlingsbaracken hatte das Lager eine Küche, ein Gebäude mit Gefängniszellen und ein Krematorium. Die Baracken standen stufenförmig in einem Nordhang auf der Schattenseite eines Berges. Auf der untersten Stufe der Anlage befand sich eine Grube, in der die Asche und die Knochenreste von verbrannten Häftlingsleichen verscharrt wurden. Auf der obersten Stufe überragte ein Galgen auf der

Mitte des Appellplatzes das Lager. Durch die doppelte Stacheldrahtumzäunung floss elektrischer Strom. Acht hölzerne Wachtürme machten das Gelände zu einer Festung, aus der es kein Entrinnen gab. Außerhalb der Umzäunung, standen die Unterkünfte der Wachmannschaft, die Hundezwinger und die Villa des Kommandanten mit Schwimmbad. Eine Gaskammer wurde auf dem Struthof eingerichtet. Hierzu wurde die Kühlkammer des ehemaligen Hotels umfunktioniert.

Wie viele Menschen insgesamt das Lager Natzweiler durchleiden mussten, ist nicht genau festzustellen. Die Zugänge und Abgänge von Häftlingen wurden zwar peinlich genau festgehalten. Viele sogenannte *Angehörige minderwertiger Rassen*, also Russen, Polen, Angehörige der Sinti und Roma, verächtlich *Zigeuner* genannt, wurden jedoch ermordet, *ohne Hinterlassung von Spuren*. Ebenso erging es vielen Gefangenen, die dem französischen Widerstand angehörten. Nach ihrer Ergreifung wurden sie nach Natzweiler gebracht und umstandslos exekutiert. Die Zahl von rund 45.000 Häftlingen wurde offiziell erfasst. Von diesen sind jedoch nur 10.000 bis 15.000 im Hauptlager Natzweiler, die übrigen in den Außenlagern gewesen. In der Zahl von 15.000 sind etwa 3.000 nicht offiziell erfasste Häftlinge mitgerechnet.

Ein ehemaliger luxemburgischer Gefangener erinnert sich. Er sei in der Schreibstube des Lagers eingeteilt gewesen und habe über alle Zugänge und Abgänge Protokoll führen müssen. Er berichtet:

In Natzweiler sind immer wieder nachts Leute aus dem bewaffneten französischen Widerstand eingeliefert worden, die Maquisards, Mitglieder der Partisanenbewegung, die sich Maquis nannte. Ihre Mitglieder lebten in den Wäldern Frankreichs, daher auch ihr Name, der für dichten Buschwald steht. Sie wurden in Natzweiler oft sofort nach ihrer Ankunft durch Genickschuss getötet oder mit Gift totgespritzt, ohne registriert zu werden. Wenn nachts eine Gruppe Gefangener gebracht wurde, musste ich aufstehen, weil ich ja Buch zu führen hatte. Wenn ich dann von der SS wieder zurückgeschickt wurde, ohne meine Eintragungen machen zu müssen, wusste ich, was geschehen würde. Ich habe mir das aber nie anmerken lassen. Es war zu gefährlich, wenn man zu viel wusste. Ebenso sind auch Russen ohne weiteres einfach umgebracht worden, weil es ja nur *Russen waren.*[2]

Alle Häftlinge, auch die in den Außenkommandos, wurden in den Listen als Gefangene von Natzweiler geführt. Viele betraten aber das Lager in Natzweiler nicht, sondern wurden sofort einem Außenlager zugeteilt. Dadurch erhöht sich die Zahl der Häftlinge, die in den Büchern von Natzweiler auftauchen erheblich. Am 3. Mai 1944 sind beispielsweise 850 Russen und Polen direkt von Auschwitz nach Cochem gekommen, wurden aber in Natzweiler als Zugänge registriert. Im Sommer 1944 sollen etwa 10.000 Häftlinge allein in den Außenlagern von Natzweiler gearbeitet haben. Ende September 1944 erreichte diese Zahl mehr als 16.000 und Ende Oktober 1944 sogar 20.822 Häftlinge, darunter 2352 Frauen.

Die Zahl der Toten von Natzweiler lässt sich nicht exakt rekonstruieren. Es müssen jedoch mehrere Tausend gewesen sein, die hier den Tod fanden. In der Broschüre *KZ Lager Natzweiler-Struthof* ist von 108 Gefangenen die Rede, die allein in der Nacht zum 2. September 1944 umgebracht worden seien. *Die Überlebenden entsinnen sich,* heißt es darin, *der Kamin des Krematoriums war die ganze Nacht über rot.*[3]

Alle Häftlinge mussten zur Erkennung unterschiedliche Abzeichen auf ihrer Kleidung tragen. Diese bestanden aus der Häftlingsnummer und den bereits erwähnten Winkeln, worunter man sich ein gleichschenkliges Dreieck vorzustellen hat, dessen Fläche farbig gefüllt war. Ein in den *Grünen Winkel,* Spitze nach oben, gedrucktes *SV* stand für *Sicherheitsverwahrung,* woraus sich im Laufe der Zeit die Bezeichnung *Schwerverbrecher* entwickelte. Bibelforscher und Zeugen Jehovas wurden durch ein lila Dreieck, Angehörige der Sinti und Roma durch ein schwarzes Dreieck gekennzeichnet. Die Spitze zeigte nach unten, wenn sie zusätzlich als asozial galten. Juden waren in Natzweiler nicht besonders gekennzeichnet. Sie trugen rote, einige auch grüne oder schwar-

2 Persönliche Aufzeichnung des Autors aus Gesprächen mit Ernest Gillen, Luxemburg

3 Quelle: KZ Lager Natzweiler Struthof, Nancy 1982

ze Winkel. Ein schwarzes Dreieck erhielten zusätzlich sogenannte Rassenschänder. Den *Rosa Winkel*, Spitze nach unten, gab es für Homosexuelle. Ausländer trugen ab dem Frühjahr 1944 in ihren Winkeln den Anfangsbuchstaben ihrer Nationalität. Angehörigen der Strafkompanie wurde zusätzlich ein schwarzer Punkt aufgenäht. Fluchtverdächtigen wurde auf Brust und Rücken eine rot-weiße Zielscheibe aufgenäht oder aufgemalt. Die SS hatte eine besondere Kennzeichnung für sogenannte Blöde. Auf einer Armbinde mussten die Betroffenen den Satz *Ich bin blöde* tragen. Die Kategorie der *Nacht-und-Nebel-Häftlinge*, kurz mit *N.N.* bezeichnet, der überwiegend Belgier, Franzosen, Holländer, Norweger, Luxemburger aber auch einige Häftlinge anderer Nationen angehörten, war mit den Initialen N.N. gekennzeichnet.

Einlieferungsgründe in das KZ Natzweiler ergaben sich aus den Kategorien: politische Häftlinge wegen ihrer Aktivitäten gegen das faschistische NS-Regime, andere wegen ihrer Zugehörigkeit zu einer sogenannten minderwertigen Rasse, sowie die sogenannten Asozialen und Arbeitsscheuen, die Homosexuellen und die Kriminellen. Dabei bleibt zu berücksichtigen, dass hinter den Bezeichnungen arbeitsscheu, asozial oder kriminell die menschenverachtende Gesinnung des faschistischen NS-Staates stand.

Kriminelle, echte Kriminelle, gemeint sind bösartige Menschen, die vor Brutalitäten nicht zurückschreckten, wurden bevorzugt als sogenannte Kapos eingesetzt. Kapos waren Funktionshäftlinge, denen von der SS die Aufsicht über die übrigen Gefangenen übertragen wurde. Sie sollen häufig brutaler als die SS selbst, ja, teilweise völlig enthemmt, gegen ihre Mitgefangenen vorgegangen sein.

In das KZ Natzweiler wurden Menschen aus Belgien, Deutschland, Frankreich, Griechenland, Italien, Luxemburg, Norwegen, Polen, der Sowjetunion, Spanien und der Tschechoslowakei verschleppt. In geringer Zahl gab es auch Häftlinge anderer Nationen. Für viele der Gefangenen aus dem politischen, bewaffneten Widerstand, die von den Nazis die Bezeichnung N.N. erhalten hatten, war eine sogenannte Sonderbehandlung vorgesehen, nämlich die Vernichtung bei *Nacht und Nebel*. In sogenannten Nacht-und-Nebel-Aktionen wurden Menschen von der Straße verschleppt und blieben für immer verschwunden. Den N.N. Gefangenen, die nach ihrer Einlieferung nicht sofort getötet wurden, erging es von allen Häftlingen im Lager am schlechtesten. Sie hatten praktisch überhaupt keinen Schutz mehr und durften jeder Zeit gequält und getötet werden. Der Formulierung *bei Nacht und Nebel* oder *Nacht-und-Nebel-Aktion* begegnet man auch heute noch. Manchmal wird sie von älteren Menschen benutzt, die es vielleicht besser wissen könnten, oft aber auch von jungen Leuten, die nichts über den nationalsozialistischen Gebrauch dieser Redewendung wissen.

Begründet wurde diese *Sonderbehandlung* durch den *Nacht-und-Nebel-Erlass* des Generalfeldmarschalls Wilhelm Keitel, dem Chef des Oberkommandos der Wehrmacht. Er führte in dem umfangreichen Schreiben aus, wie mit den N.N. zu verfahren sei. Damit folgte er dem Willen Hitlers, *den Angriffen gegen das Deutsche Reich oder gegen die Besatzungsmacht in den besetzten Gebieten mit abschreckenden Maßnahmen entgegenzutreten und zwar durch den Tod oder durch Verschickung nach Deutschland.* In der geheimen Mitteilung Keitels von 12. Dezember 1941 heißt es: *Eine wirksame und nachhaltige Abschreckung ist nur durch Todesstrafen oder durch Maßnahmen zu erreichen, die die Angehörigen und die Bevölkerung über das Schicksal des Täters im Ungewissen halten.*

Das KZ Natzweiler-Struthof wurde daraufhin zu einer Stätte, die nach dieser Anordnung arbeitete: schnelle Vernichtung von Gegnern des Regimes, ohne Hinterlassung von Spuren. Es ist schwer, all die Grausamkeiten und verschiedenen Strafen aufzuschreiben, die sich die SS für die Häftlinge ausgedacht hatte. Dennoch will ich Dir einen Eindruck vermitteln, wie es den Menschen in Natzweiler ergangen ist, denn Natzweiler war das Stammlager von Cochem und damit maßgebend.

Der Augenzeuge René Marx berichtet: *Außerdem wurde von der SS eine Jagd auf Widerstandskämpfer begonnen. (…) Das Ergebnis dieser Offensive ließ nicht auf sich warten. Noch am gleichen Abend, gegen Mitternacht, kam ein Lastwagen nach dem anderen und fuhr zum Krematorium. Von dem Motorenlärm geweckt, bezog ich wieder meinen Beobachtungsposten am Fenster, das auf die Hauptstraße ging. Der Kamin des Krematoriums, vom Schein des Feuers gerötet, hob sich unheimlich von der Dunkelheit ab. Was ging da vor? Vielleicht, sagte ich mir, verbrennt die SS ihre Akten, bevor sie das Lager evakuieren würde. Am nächsten Tag war ich erstarrt. Ein Kamerad aus Luxemburg, der die Nacht im Ankleidungsblock direkt über dem Krematorium verbracht hatte, erzählte mir, dass stundenlang Scharen von Männern und Frauen auf*

Lastwagen gebracht wurden und dass man die ganze Zeit ein Geräusch gehört habe, das an das Zuknallen einer Tür erinnerte und gleichzeitig erstickendes Schreien und Singen. Von all diesen Menschen, die man zum Krematorium gebracht hatte, war nicht mehr übrig, als ein brenzliger Geruch im Lager und grauer Rauch, der unaufhörlich vom großen Kamin aufstieg und dann in das Tal hinabsank. Es war leicht zu verstehen, was geschehen war. Die Menschen, die man ins Krematorium gebracht hatte, waren die Widerstandskämpfer aus der Umgebung. Man hatte sie eingekreist, gefangengenommen, auf Lastwagen geladen und zu den Verbrennungsöfen gebracht. Das Geräusch, das einer schlagenden Tür ähnelte, war das Knallen der Sechsmillimeter-Revolver der SS, die ihre Opfer durch Genickschuss tötete.[4]

Die Anforderungen in der Strafkompanie waren so schwer, dass die Zuteilung in diese für viele Gefangene einem Todesurteil gleich kam. Mit der Zunahme der N.N. Häftlinge, die ja die brutalste Behandlung überhaupt erfuhren, verlor die Strafkompanie allmählich an Bedeutung. Die Bestraften wurden einfach den *N.N.* gleichgesetzt.

Nach der regulären Arbeitszeit, die im Sommer bereits um 4:00 Uhr morgens begann, mussten häufig noch Strafarbeiten ausgeführt werden. Dabei handelte es sich meist um völlig unsinnige Beschäftigungen, wie das Tragen von Schnee oder Material von einem Ort zum anderen und zurück.

Eine harte Strafe war das *Torstehen*. Je nach Schwere der *Vergehen* mussten die Häftlinge stunden- oder tagelang am Lagertor stehen. Sie bekamen während dieser Zeit nichts zu essen. Ihre Mütze mussten sie abnehmen und in der Hand halten. Viele brachen vor Erschöpfung zusammen.

Bestrafungen für Verstöße gegen die Disziplin waren in drei Stufen unterteilt. Erste Stufe: Drei Tage Holzpritsche in einer hellen Zelle mit Wasser und Brot. Zweite Stufe: Bis zu 24 Tage Holzpritsche in einer dunklen Zelle bei Wasser und Brot, nur jeden vierten Tag normale Ernährung. Dritte Stufe: Eingepfercht in eine Wandnische, die eigentlich als Heizungsschacht vorgesehen war. Ein Mensch konnte darin nicht liegen, nicht sitzen, nicht aufrecht stehen. Die Höhe der Nische

---

4 Quelle: KZ Lager Natzweiler Struthof, Nancy 1982

betrug ein Meter dreißig. Der Grundriss des Schachtes war so klein, dass einer, der diese Strafe erhielt, dort hineingezwängt werden musste. An dieser Folter sind viele gestorben.

Gefoltert wurde auch auf dem Prügelbock, auf den der Häftling festgeschnallt und mit einem Stock geschlagen wurde. Je nach Schwere der Strafe wurden zwischen 10 und 50 Schläge auf das Gesäß oder auf den Rücken in Höhe der Nieren verabreicht. Dabei musste der Gefolterte die Stockschläge selbst zählen. Verzählte er sich, wurde wieder bei *eins* angefangen. Viele verloren bei der Prozedur das Bewusstsein.

Todesstrafen durch Erhängen wurden am Galgen in der Mitte des Lagers öffentlich vollzogen. Alle Häftlinge mussten den Exekutionen ihrer Kameraden zusehen. Wurden mehrere erhängt, ging es der Reihe nach. Der Zweite und der Dritte sahen zu, wie der Erste, der Dritte sah zu, wie der Zweite erhängt wurde, bis er selber an der Reihe war. Der Tod soll jeweils nach einigen Minuten eingetreten sein, wurde also nicht durch einen schnellen Genickbruch, sondern durch langsames Erwürgen durch den Strang herbeigeführt. Die Erhängten wurden in Holzkisten durch das Lager zum Krematorium getragen. Automatisiertes Auslöschen von Leben.

Das Lager Natzweiler diente den Deutschen auch als Hinrichtungsstätte für Nicht-Lagerinsassen. Eine regelrechte Mordindustrie hatte die SS hier geschaffen. Delinquenten wurden von außerhalb zur Tötung ins Lager gebracht. In der Regel wurden diese *in aller Stille* im Krematorium erhängt und verbrannt. An der Decke waren zu diesem Zweck eine Reihe von Eisenhaken angebracht worden. Die einzigen Zeugen dieser Hinrichtungen sollen der Henker und dessen Helfer gewesen sein.

Mit der Bitte um *Sonderbehandlung* brachte die Gestapo Gefangene nach Natzweiler. Mit diesem Hinweis Eingelieferte wurden sofort getötet.

In einer Kiesgrube, in der Nähe des Lagers fanden Erschießungen statt. Die Menschen wurden durch Exekutionskommandos oder durch Genickschuss mit der Pistole durch einzelne SS-Leute getötet. Die Leichen wurden verbrannt.

Andere wurden durch Injektionen giftiger Substanzen getötet. Viele wurden, wie es hieß, *auf der Flucht* erschossen. Sie wurden in den Tod getrieben, erschlagen oder starben an Erschöpfung.

Besonders wegen der Durchführung medizinischer Versuche hat sich das Lager Natzweiler einen grauenvollen Namen gemacht. Es handelte sich dabei um Experimente an lebenden Personen. Mit der ausdrücklichen Genehmigung des Reichsführers SS, Himmler, wurden unter der Leitung des berüchtigten Professors Dr. August Hirt Versuche an KZ-Häftlingen durchgeführt. Manche ausgesuchte Häftlinge wurden eigens zur anschließenden Obduktion getötet. Ein Raum mit Seziertisch befand sich im Gebäude des Krematoriums. Der Umbau des Kühlraumes des ehemaligen Hotels Struthof in eine Gaskammer geschah auf Veranlassung von Prof. Hirt. Zur Gaskammer gab es ein Fenster, von dem aus er den Vorgang der Vergasung seiner Opfer von außen beobachten konnte. Hier wurden Leichen und Leichenteile nach Vorschrift *hergestellt*, die für medizinische und sogenannte rassenspezifische Untersuchungen Verwendung fanden. Die Leichen wurden auf der Stelle seziert und untersucht oder in bestimmten Fällen zur Universität Straßburg gebracht. Das Anatomische Institut der Universität wurde aus dem Konzentrationslager mit Leichen oder Leichenteilen beliefert, um seine *kriegswichtigen Geheimversuche* durchführen zu können. Ein Briefwechsel, der heute im Bundesarchiv in Koblenz archiviert ist, befasst sich mit der Lieferung eines *Versuchs-Tiefkühlschrankes* durch die Firma LINDE an die Reichsuniversität Straßburg.

Manchen Gefangenen wurden testweise Viren oder Giftpräparate injiziert. Im Jahr 1944, so ist in den Nürnberger Prozessakten nachzulesen, wurden im KZ Natzweiler zweihundert Personen Typhusviren eingeimpft.

Eines Tages kamen im Lager der schon erwähnte Universitätsprofessor aus Straßburg und ein Fliegeroffizier an. Sie verlangten dreißig junge und kräftige Internierte, die sie in einem Block isolierten. Eine Hälfte des Blockes wurde abgeschlossen, und niemand außer dem Professor, dem Offizier und mir durfte hineingehen. Man bestimmte mich dazu, die Kranken zu versorgen und den Ablauf der Krankheit zu beobachten. Es war den SS-Leuten verboten, in den Block hineinzugehen. Es war uns verboten zu erzählen, was dort geschah.

Ich habe folgendes gesehen: Der Offizier und der Professor setzten ihre Gasmasken auf. Sie spritzten dann in die Handfläche und auf die Innenseite des Vorderarmes etwa zehn Kubikzentimeter eines Produktes ein. Zehn Gefange-

ne bekamen sodann fünfzehn Tropfen Vogan, zehn andere acht solcher Tropfen und der Rest nichts.

(...) Am ersten Abend begannen die Kranken vor Schmerzen zu schreien. Die Impfstelle hatte sich entzündet und glich einer Verbrennung. Bald war ihr ganzer Körper damit überzogen. Sie hatten Schmerzen in den Augen und den Lungen. Ich tat mein Möglichstes, um ihnen zu helfen. Ich legte mich um Mitternacht zu Bett, und am nächsten Tag musste ich feststellen, dass auch ich kaum noch etwas sehen konnte. Der Offizier kam, nicht um die Kranken zu pflegen, sondern um sie zu fotografieren. Von diesem Tag an fotografierte man sie alle Tage, aber man kümmerte sich nicht um die Kranken, die wie Tiere brüllten. Sie waren bald willenlos, bald wie verrückt. Der erste starb nach vierzehn Tagen (am 21.12.42). Seine Leiche wurde nach Straßburg geschickt. In der Folgezeit durfte keine Leiche mehr das Lager verlassen. Man machte die Versuche an Ort und Stelle. Die Autopsie ergab folgende Resultate: Rückgang des Gehirns, die Lungen mit Eiter angefüllt und zerfressen, die Leber ebenso. Die übrigen waren halb blind und lungenkrank.[5]

(...) diese Ärzte machten Versuche mit Gasen an diesen Unglücklichen in einer Gaskammer außerhalb des Lagers. An einem einzigen Tag, am 10. August 1943, wurden 86 Frauen vergast und ihre Leichen sofort nachher verbrannt.[6]

Tatsächlich handelte es sich bei der hier geschilderten Begebenheit um 87 jüdische Häftlinge. Es waren 30 Frauen und 57 Männer.

Gearbeitet wurde in dem schon erwähnten, 700 Meter oberhalb des Lagers gelegenen Steinbruch. Für die Beaufsichtigung der Arbeiten und die Einhaltung der Vorgaben durch die SS waren die Kapos verantwortlich. Diese gingen in der Regel brutal und rücksichtslos gegen die Gefangenen vor. Sie hatten dafür zu sorgen, dass ein gewisses Arbeitspensum erledigt wurde. Lagen sie unter dem Limit, hatten sie selbst eine Bestrafung zu erwarten. Dieser konnten sie nur dann entgehen, wenn sie nachweisen konnten, dass sie die Häftlinge massiv durch

---

5 Konzentrationslager Dokument F 321 für den Internationalen Militärgerichtshof. Nürnberg, herausgegeben von Eugène Aroneanu. Französisches Büro des Informationsdienstes über Kriegsverbrechen

6 Konzentrationslager Dokument F 321 für den Internationalen Militärgerichtshof. Nürnberg, herausgegeben von Eugène Aroneanu. Französisches Büro des Informationsdienstes über Kriegsverbrechen

Schläge zur Arbeit angetrieben hatten. Beim morgendlichen Marsch der Kolonnen in den Steinbruch wurde von der SS Anweisung gegeben, wie viele Häftlinge am Abend ins Lager zurück *getragen* werden mussten. Diese hatten entweder völlig erschöpft oder tot zu sein. Von dieser Anweisung waren vorwiegend die N.N. Häftlinge, die Russen und die Polen betroffen.

In den Hallen auf dem Gelände des Steinbruchs mussten Junker-Motoren abgeschossener Flugzeuge durch die Häftlinge demontiert und auf Wiederverwendung überprüft werden. Bei diesen Arbeiten kam es immer wieder zu Sabotageakten. Später wurde die Tätigkeit für die Flugzeugindustrie intensiviert und weitere Montagehallen entstanden. Mit dem Ziel, die Arbeiten unter die Erde zu verlegen, begannen Häftlinge, zum Teil fünfzig bis sechzig Meter tiefe Stollen in die Granitfelsen des Steinbruches zu treiben. Zu einer unterirdischen Produktion, wie im Tunnel Bruttig-Treis, kam es in Natzweiler jedoch nicht.

Ein erschütterndes Zeugnis gibt der ehemalige Häftling Doktor Ragot in seinem Bericht über eine Weihnacht in Natzweiler: *Weihnachten kam … und an zwei Tagen hintereinander wurde uns nachmittags die Arbeit erlassen und wir wurden eine Stunde später geweckt. Vierzehn Tage vorher hatten wir einen anderen Kapo bekommen, einen »grünen« Deutschen, der schon seit vielen Jahren Gefangener war. Ungefähr fünfzig Jahre alt, trieb er uns zu schneller Arbeit an, aber meiner Meinung nach hatte er das große Verdienst, gerecht zu sein.*

Von unseren Liedern am Sonntag eingenommen, bat er uns, etwas für den Heiligen Abend vorzubereiten, und er selbst besorgte einen Tannenbaum, Girlanden und sogar kleine Kerzen. Ein Freudenfest war vorgesehen, das vor allem aus zusätzlichem Essen bestehen sollte. Es ist überflüssig zu sagen, dass uns dies am meisten interessierte. Aber es gab auch andere Freuden …

Gleich mittags, bei der Rückkehr von der Arbeit, bietet man uns die erste. Zwei Galgen sind auf dem Podium errichtet, davor steht die ganze Belegschaft im Viereck, und so werden zwei Häftlinge erhängt; langsames Erhängen, nicht durch den Fall des Körpers herbeigeführt, sondern durch einfaches Erwürgen. Das Opfer braucht mindestens zwei Minuten um zu sterben.

Als dieses Schauspiel vorbei war, mussten wir mit Mützen ab *in Fünferreihen zwischen den beiden baumelnden Leichen hindurchgehen, rechts und links von uns der Generalstab der SS, wo Kramer, der Lagerkommandant, thronte, seine ewige Zigarre in der Schnauze; mit den Augen Wahnsinniger genossen sie es und beobachteten die Nachwirkung, die es auf uns ausübte. Aber wir zogen vorbei, automatisch, gleichgültig, den Blick ins Ungewisse gerichtet und dachten vor allem an unsere Suppe, die auf uns wartete und in unseren Essnäpfen kalt wurde.*

Dieses Schauspiel hinderte uns nicht daran, fünf Minuten später drei Kartoffeln und etwas Fleischsauce zu genießen und am Nachmittag zu singen und Musik zu machen. Man lebte und starb, man lebte und arbeitete, man ging vor Hunger ein, aber man verlor nie die Hoffnung. Man starb oft allein, ohne Kameraden, um den Toten die Augen zu schließen, ohne geistlichen Beistand für die Gläubigen, und wenn sich die armen geopferten Körper einmal in Rauch aufgelöst hatten, blieb kaum die Erinnerung an sie zurück.[7]

7 Quelle: KZ Lager Natzweiler Struthof, Nancy 1982

Neuer Antrieb

Inzwischen war meine Erzählung über das KZ-Außenlager Cochem in einer kleinen Auflage erschienen. Wegen dieses schmalen Bändchens wurde ich für ein Reisestipendium vorgeschlagen, das der *Verband deutscher Schriftsteller, VS,* zusammen mit dem Auswärtigen Amt jährlich vergibt. Wenig später erhielt ich tatsächlich die Zusage und wurde Stipendiat. Ich empfand diese Anerkennung als Aufforderung, weitere Recherchen zum Thema KZ-Außenlager Cochem anzustellen. Ich entschied mich nach Luxemburg zu reisen.

Du weißt, mit welchem Eifer ich in meiner Kindheit und Jugend als Messdiener tätig war. Ich fuhr damals mit einer kleinen Gruppe aus unserer Gemeinde zu einem religiösen Fest nach Malmedy in Belgien. In einer Gaststätte, in der wir zu Mittag essen wollten, wurden wir nicht bedient. Das war mir damals unverständlich. Auch die Art und Weise, in der man uns die Bewirtung verweigerte, irritierte mich sehr. Unser orts- und geschichtskundiger Pfarrer, der sich mit auf der Tour befand, erzählte mir später von einem Massaker deutscher Soldaten an Zivilisten aus Malmedy. Bei dem Gedanken, nach Luxemburg zu fahren, um dort Kontakt zu ehemaligen Häftlingen zu suchen, fiel mir diese Begebenheit wieder ein.

Post. Über die Frankfurter Geschäftsstelle der Vereinigung der Verfolgten des Naziregimes (VVN) erhielt ich Kontaktadressen in Luxemburg. Die Landesbildstelle Rheinland-Pfalz antwortete auf meine Anfrage: *Wir bedauern, Ihnen mitteilen zu müssen, dass in unserem Bildarchiv keine Aufnahmen zum Thema ›KZ-Außenkommando Cochem‹ vorhanden sind.*

Vom Verband der Schriftsteller in Luxemburg kam die Einladung, ich möge als Vertreter der rheinland-pfälzischen Autoren bei der im Herbst geplanten Literatur-Biennale in Clerf als Gastautor aus meinen Texten lesen. Die Veranstaltung sollte an einem Wochenende stattfinden, das in die Zeit fiel, in der ich vorhatte, mich in Luxemburg aufzuhalten. Natürlich sagte ich zu.

Luxemburg. Ich wollte mich auf das kleine Land einlassen. Was gab es an Büchern über Luxemburg? Ich hatte im VLB, dem Verzeichnis lieferbarer Bücher, nachgesehen. Es gab einiges über Landschaften und Sehenswürdigkeiten. Die Auswahl war abgestimmt auf den Bedarf von Gästen, die in Luxemburg Erholung suchten, und sich für Besichtigungen interessierten.

Luxemburg, das hatte für mich immer irgendwie zu Deutschland gehört, irgendwie. Das war kein richtiges Ausland gewesen. So wie Bayern. Und wenn wir früher als Kinder aufzählten, in welchen Ländern wir schon gewesen sind, dann wurde die Nennung von Luxemburg immer mit einem gelangweilten *Ach ja, Luxemburg* und mit einer ausladenden Handbewegung abgetan. Dass Luxemburg nicht zu Deutschland gehört, wurde mir tatsächlich und endgültig erst klar, als ein Freund eine Luxemburgerin heiratete.

»Ah, aus Luxemburg!«, sagten alle erstaunt, denen er die Frau vorstellte. Ihr Vater sei ein hohes Tier in der luxemburgischen Regierung, hatte der Freund gesagt. Erst damit wurde Luxemburg endgültig als 12. Bundesland abgeschrieben – für Kopf und Bauch.

Luxemburg war das Land gewesen, wohin man billige Zigaretten einkaufen fuhr, wenn man nahe genug an der Grenze wohnte und wohin man eine Tagestour unternahm und Zigaretten mitbrachte, wenn man nicht so nah an der Grenze wohnte. Luxemburg war das Land gewesen, durch das man beiläufig hindurch fuhr, wenn man aus Richtung Mosel kommend nach Paris wollte. Luxemburg war die preiswerte Abschussrampe für Flieger in alle Welt gewesen. Luxemburg, die Stadt, hat einen schönen großen Platz für warme Sommerabende. Hier hatte es sich einen Abend lang aushalten lassen, wenn der Flieger erst am nächsten Morgen startete.

Ich schaute über den Fluss, hinter Trier, in ein anderes Land. Den Fluss kannte ich gut und das Tal. Aber das Land?

Post. Ich erhielt eine wahre Briefflut freundlicher Antwortschreiben aus Luxemburg. Zahlreich Schreiben meinerseits waren diesen nach Luxemburg vorausgegangen. Der luxemburgische Kulturminister machte mich auf seinen Landsmann Ernest Gillen[8] aufmerksam. Auch in anderen Schreiben wurde ich immer wieder an ihn verwiesen. Er schien der Mann in Luxemburg zu sein, bei dem die Fäden zusammenliefen, was die Kenntnis über das KZ Natzweiler und seine Außenlager betraf. Wenige Tage später erhielt ich auch von ihm einen Brief. Ich hatte daran gedacht, dass er selbst im Außenlager Cochem gewesen sein könnte und mir vorgestellt, ihn einzuladen, um mit ihm gemeinsam die ehemaligen Lagergelände in Bruttig und Treis zu besuchen.

Er schrieb, dass er selbst nicht im Lager Cochem gewesen sei und auch keinen noch lebenden Luxemburger kenne, der in diesem Lager war. Er sei gern bereit, sich mit mir in Luxemburg zu treffen und hoffe, auch von mir Einzelheiten über Bruttig und Treis erfahren zu können. Er fragte, was ich über die verstorbenen KZler wisse, die in Bruttig beerdigt sind. Ich kannte zwar deren Gräber, schrieb aber, um eventuell mehr zu erfahren, an den Pfarrer von Bruttig und fragte, ob die Kirchenbücher Eintragungen über verstorbene KZ-Häftlinge enthielten. Die Antwort kam jedoch nicht vom Pfarrer, sondern vom Inhaber eines Bruttiger Weingutes, von Manfred Ostermann.

Im Auftrag unseres Herrn Pfarrers teile ich Ihnen folgendes mit: (...) Über das Schicksal der Lagerinsassen und deren Todesumstände gibt es in der Pfarrei und der Gemeinde keine amtl. Informationen, da die Lagerverwaltung mit dem Dorf nichts zu tun hatte. Informationen allgemeiner Art, die das Lager Bruttig-Treis betreffen, können hier bei uns von Ortsansässigen gegeben werden. Dazu wäre notwendig, mit den Leuten persönlich zu sprechen. Für weitere Rückfragen stehe ich Ihnen gern zur Verfügung.

8 Der ehemalige luxemburgische Häftling des KZ Natzweiler-Struthof, Ernest Gillen, hat nach dem Krieg wie kein anderer maßgeblich zur Aufarbeitung der Geschichte des Konzentrationslagers Natzweiler-Struthof und seiner Außenlager beigetragen. Er ist sozusagen eine Schlüsselfigur in der Forschung und Vertiefung des Themas, und sein Name ist bekannt. Ohne ihn wären auch viele Einzelheiten in diesem Buch über das KZ-Außenlager Cochem verborgen geblieben. Im Jahr 2004 ist Ernest Gillen mit 83 Jahren gestorben. In dieser völlig überarbeiteten Neuausgabe wird sein Name in Gänze genannt und nicht wie in bisherigen Ausgaben mit dem Kürzel Ernest G. Eine Online-Biografie über Ernest Gillen ist unter folgendem Link zu finden: http://www.sintiundroma.de/uploads/media/ernest_gillen.pdf

»Sin sie nich der, der bei 'er Abschlussfeier die Jitarre jespielt hat?«

»Richtig!«

Am Tresen beim Waldfest hatte er mich wiedererkannt. Ich erinnerte mich an ihn wegen seiner Fliegergeschichten, die er immer wieder erzählte, bevor er dann kurz vor Ende der Wirtschaftsgeografiestunde auf die Uhr schaute, »oh, wir ham ja noch jarnich jemacht« sagte und dann mit dem eigentlichen Unterrichtsstoff begann. Seine Stunden waren wegen der Fliegergeschichten durchaus beliebt, immer recht unterhaltsam, witzig und wurden von uns Schülern, wenn nicht zur Belustigung, zumindest aber als Ruhestunden genutzt. Schlechte Noten konnte man von Schmitze sowieso nicht bekommen.

»Ick hab ja viele Schüler in den letzten fünfundzwanzig Jahren hier jesehn, aber ihr Jesicht hab ick mir behalten.«

Und schon kamen wir ohne Umschweife zu den Fliegergeschichten, dann zu den »eijentlichen deutschen Grenzen« und den »janzen Drückeberjern«, die »jarnich arbeiten wollen« nach Kreta, wo »ick vor zween Jahren jewesen bin.

Mich wundert det, dat die Leute da jarnich jejen uns haben, die sind so friedlich zu uns Deutsche.« Er lachte.

Im zweiten Weltkrieg, erzählte er, sei eine Partisanengruppe auf Kreta von der Bevölkerung eines kleinen Dorfes unterstützt worden. Dort habe man die Widerstandskämpfer vor den Deutschen auch versteckt. Das gesamte Dorf sei damals von den Deutschen »dem Erdboden gleich jemacht« worden, als das mit den Partisanen heraus gekommen sei. Das Dorf, sagte Schmitze, habe er bei seiner Reise wieder besucht.

»Da steht jetzt keen einziet altet Haus mehr. Lauter neue Häuser.« Und dann lachte er wieder, der kleine Schmitze, und lieb und nett fragte er, ob ich ein Bier mit ihm trinke.

»Ja gerne.«

Mit wem, der hier über sechzig war, hätte ich denn ein Bier trinken können, hätte ich mit keinem Ex-Nazi eines trinken wollen? Also trank ich auch mit Schmitze. Er hatte so ein dummes, liebliches Opagrinsen in seinem runden Gesichtlein stehen, wenn er »dem Erdboden gleich jemacht« sagte.

»Prost, Schmitze!«

Ganz in der Nähe des Dorfes auf Kreta habe er ein deutsches Denkmal entdeckt. Damit habe das Deutsche Reich seinen tapferen Söhnen gedankt, die in Griechenlands Hitze ihr Leben für ihr Vaterland ließen.

»Die Griechen haben det wahrscheinlich jarnich lesen können. Ick bin in 'en nächsten Ort jejangen, hab 'nen Blumentopf jekooft und hab den vor dat Denkmal jestellt.«

Prost, Schmitze!

Ich habe Ihren Brief an meinen KZ-Kameraden Ernest Gillen weitergeleitet. Er wird gerne bereit sein, Sie evtl. mit anderen Widerstandskämpfern in Verbindung zu bringen, schrieb mir der luxemburgische Minister für Justiz und Kultur, Robert Krieps. An diesen Worten erfuhr ich einmal mehr, dass Luxemburg nicht Deutschland, sondern ein völlig anderes Land ist, als das unsere.

Ein Versehen

Ein großer Teil der Unterlagen, die ich mir inzwischen besorgt hatte, waren Ablichtungen der Dokumente NS 4 NA aus dem Bundesarchiv Koblenz. Ich hatte mich schleunigst dort um einen Besuch bemüht, damit ich, wenn ich nach Luxemburg fahren würde, außer meiner Erzählung, die ja hauptsächlich subjektive Schilderungen enthält, dort auch Zahlen und Fakten vorzuweisen hatte. Du kannst sehen, die Luxemburger erhofften sich auch Informationen von mir. Gegenseitigkeit.

Der überraschend große Umfang, der im Bundesarchiv vorhandenen NS-Akten hatte mich neugierig gemacht. Jetzt auf einmal die Original-Schriftstücke in den Händen zu halten, anhand von Namen und Daten die Vorgänge nachvollziehen zu können, das brachte mich vollends an die Arbeit. Ich durchblätterte die Akten einen ganzen Vormittag lang, ohne genau zu wissen, was ich nun konkret damit anfangen sollte. Zum ersten Mal wurde mir die Notwendigkeit der Archivierung von Akten überdeutlich, worüber ich mir bisher, offen gestanden, noch nie Gedanken gemacht hatte. Auf einmal hatte ich auch ein Gefühl für die Wichtigkeit auch meiner Arbeit. Diese ganzen Aktenstapel vor mir waren nichts als Papier, wenn nicht jemand etwas daraus machen, sie durchkämmen, entschlüsseln, übertragen und interpretieren würde. In diesen Papieren ruhte, was dem *kollektiven Vergessen* einen Strich durch die Rechnung machen könnte, würde es nur erweckt und aus den Aktenschränken nach draußen getragen werden.

Zu meiner Verwunderung verschaffte man mir seitens der Archivverwaltung Einsicht in sämtliche Akten, bei denen die Möglichkeit bestand, dass ich darin etwas finden könnte, was mit meinem Thema in einem Zusammenhang stand. Ich wurde bedient, fast umsorgt. Ich traf eine ehemalige Schulkameradin, Simone. Sie arbeite hier, sagte sie, als Sachbearbeiterin. Simone interessierte sich sofort für mein Anliegen und konnte mir aus dem Stand heraus einige Informationen an die Hand geben, die, wie sich für mich herausstellte, meine Sucharbeit erheblich verkürzen sollten.

»Hier hast du meine Telefonnummer. Wenn du mit irgendwas nicht klar kommst, ruf mich kurz an oder komm nach oben in mein Büro.«

Was hatte ich ein Glück! Simone wurde unaufgefordert aktiv und sprach ihre Mitarbeiter an, die sich mit dem Stoff, für den ich mich interessierte, auskannten. Ich erhielt Vorschläge, Hinweise.

Alle Dokumente, die mir wichtig zu sein schienen, ließ ich fotokopieren, um sie zu Hause in Ruhe lesen und auswerten zu können.

Ich ordnete zunächst alle Listen, die mit *Namentliche Aufstellung der Häftlinge des Arbeitslagers Kochem,* bei einer Liste heißt es ... *des Arbeitslagers Kochem-Bruttig,* überschrieben sind, nach ihrem Datum. Die übrigen Dokumente heftete ich ebenfalls chronologisch hintereinander ab. Die ältesten vorn, die jüngsten hinten. Leider musste ich dabei feststellen, dass sie keineswegs vollständig waren, so dass Schlussfolgerungen, zum Beispiel über die jeweilige Zahl von Häftlingen zu einem bestimmten Zeitpunkt, nicht immer möglich waren. Die vorliegende Korrespondenz aus dem Jahr 1944 bewegte sich ausschließlich zwischen Natzweiler und der *Lagerkommandantur Kochem,* nie zwischen Natzweiler und Bruttig oder Treis. Deswegen war es schwierig, genau zu klären, welche Häftlinge sich in Bruttig und welche sich in Treis befunden hatten.

Es brachte mich Anfangs durcheinander, dass mal von *Kochem,* damals mit *K* geschrieben, mal von Bruttig, mal von Treis die Rede war. Das Außenlager wurde vom sogenannten Stammlager Natzweiler als *Außenkommando Kochem* bezeichnet. Dieses unterteilte sich in die Nebenlager Bruttig und Treis. Alle Angaben, die in den Dokumenten zu finden sind, beziehen sich also auf beide Nebenlager. *Außenkommando Kochem* war mehr oder weniger die verwaltungsmäßige Bezeichnung. Ein Häftlingslager wie in Bruttig und Treis hat es in der Stadt Cochem nicht gegeben. Aber der SS-Führungsstab, dem die Gesamtleitung des Projektes A7 oblag und die SS-Bauleitung hatten ihren Sitz in Cochem. Ihre Unterkünfte befanden sich im Cochemer Hotel Germania, ihre Büros gleich daneben im Haus Steuer.

Anfang Februar 1944 begannen die Alliierten mit der intensiven Bombardierung der Industrieanlagen, in denen für die deutsche Luftfahrt gearbeitet wurde. Auch die Bosch-Werke in Feuerbach wurden am

21. Februar 1944 durch einen Luftangriff schwer getroffen. Die verheerenden Zerstörungen der Anlagen und der nur verminderte Fortgang der Luftwaffenrüstung veranlassten die Reichsführung zu einem entscheidenden Schritt, der zu einem der größten Rüstungsanstrengungen des *Dritten Reiches* wurde. Die Anlagen der Luftwaffenindustrie mussten entweder dezentralisiert oder bombensicher untergebracht werden. Die Verlagerung in unterirdische Stollen, Tunnelanlagen, Bergwerke und Steinbrüche wurde in Erwägung gezogen. Damit diese Vorhaben schnell und unbürokratisch umgesetzt werden konnten, wurde durch einen Erlass Görings vom 1. März 1944 beim Rüstungsministerium der sogenannte *Jägerstab* gegründet. Ihm gehörten Offiziere der Luftwaffe, Vertreter der in der Luftwaffenrüstung bedeutenden Unternehmen, sowie Vertreter von Zulieferbetrieben an. Sie sollten mit dem Ziel zusammenarbeiten, unter allen Umständen die Flugzeugproduktion zu steigern.

In einer seiner ersten Sitzungen legte der Jägerstab bereits fest, mehr als zwanzig Großfabriken unterirdisch zu errichten. Dem SS-Gruppenführer und SS-Generalleutnant Dr. Ing. Hans Kammler wurde der Auftrag zum Ausbau der unterirdischen Räume erteilt. Er war bereits Chef einer Amtsgruppe im *SS-Wirtschafts- und Verwaltungshauptamt* (WVHA). In dieser Eigenschaft hatte er auch die Krematorien in Auschwitz gebaut. Ab dem 4. März 1944 war Hans Kammler Mitglied des Jägerstabs und zuständig für sogenannte Sonderbauaufträge. Er verfasste am 16. März 1944 die *Zusammenstellung der wesentlichen Voraussetzungen für die Durchführung der A-Vorhaben, des Sofortprogramms für bombensichere Unterbringung der Jägerindustrie.*

Als *A-Vorhaben* wurde ein Teil der unterirdischen Bauvorhaben bezeichnet. Der Reichsbahntunnel Treis-Bruttig wurde zum Bauvorhaben A7. Dessen Ausbau war eines der ehrgeizigsten Projekte des SS Generals Hans Kammler.

Der Tunnel zwischen Bruttig und Treis bot eine Nutzfläche von insgesamt 21.000 Quadratmetern. Für den weiteren Ausbau der Röhre veranschlagte Kammler gigantische Mengen von Baustoffen: 505 Tonnen Baueisen, 275 Tonnen Maschineneisen, 145 Festmeter Rundholz, 610 Kubikmeter Schnittholz, 1500 Tonnen (!) Zement und 200.000 Ziegelsteine. Das Gesamtbauvolumen betrug dreieinhalb Millionen Reichsmark. Die Durchführung der Bauplanung, sowie die Bauleitung wurden dem Architekturbüro Heese in Berlin und dort federführend dem Dipl. Ing. Remagen übertragen. Die ausführende Baufirma war die Firma FIX aus Dernau gewesen. Der Reichsbahntunnel wurde der Firma BOSCH in Stuttgart zur Fertigung von Zubehör für Flugzeugmotoren zur Verfügung gestellt. Sie agierte in Cochem unter dem Tarnnamen *Widu GmbH.*[9]

Ein großes Problem stellte jedoch zunächst die mangelhafte Zahl an Arbeitskräften dar, die diese umfangreichen Großprojekte realisieren sollten. Doch Göring bestimmte in seinem Erlass vom 4.3.1944, dass der Reichsführer SS Himmler Schutzhäftlinge, damit meinte er KZ-Häftlinge, als Hilfskräfte für Bau und Fertigung zur Verfügung zu stellen habe. Die SS bot sich daraufhin auch bereitwillig an, zu Genüge Arbeitskräfte zu liefern. Die Konzentrationslager boten hier eine scheinbar unerschöpfliche Quelle für *Menschenmaterial*. KZ-Häftlinge wurden also zum Arbeitseinsatz herangezogen und dort für die deutsche Rüstungsproduktion verschlissen. Von den jeweiligen Betriebsleitungen der unter die Erde verlagerten Industriefirmen wurde der massenhafte Einsatz von KZ-Häftlingen als durch den Krieg bedingte Notwendigkeit akzeptiert. Sie bedienten sich ohne jede Zurückhaltung.

Der Führungsstab des Projektes A7, Reichsbahntunnel Bruttig-Treis, setzte sich ab Anfang März wie folgt zusammen:

Die Leitung hatte ein SS-Obersturmführer O. Meyer. Zweiter Führer war SS-Untersturmführer Karl-Heinz Burckhard, der speziell den Auftrag hatte, die Baustelle im Tunnel Bruttig-Treis zu überwachen. Unterführer waren ein Wachtmeister Funke und der SS-Mann Felder. Führer der Amtsgruppe D war der SS-Obersturmführer Rudolf Beer, zuweilen auch *Bär* geschrieben. Der SS-Sturmscharführer und Kreissekretär Friedrich Schulze von der Gestapo in Koblenz war mit den sogenannten sicherheitsdienstlichen Aufgaben betraut. Als Energiesachbearbeiter war ein Regierungs-Baurat Prieur tätig. Die Hochbauaufsicht hatte ein Regierungs-Bauassistent Bräuer.

---

9 Quelle: Johannes Bähr, Paul Erker: Bosch. Geschichte eines Weltunternehmens, Seite 213, C. H. Beck Verlag, München 2013

Die Besetzung des SS-Führungsstabes in Cochem änderte sich jedoch im Laufe der nächsten Monate. Schon Anfang Mai 1944 hatte der SS Hauptsturmführer Gerrit Oldeboershuis, genannt Oldenbuhr, die Leitung des Führungsstabes übernommen. Oldeboershuis tanzte scheinbar auf allen Hochzeiten. Er war gleichzeitig Leiter der SS Sonderinspektion III in Bad Wimpfen am Neckar. Bei Kriegsende war er als Lagerkommandant des KZ-Außenlagers in Ohrdruf in Thüringen tätig, wo das unterirdische Führerhauptquartier gebaut werden sollte. Dort hatte er kurz vor Ende des Krieges eine telefonische Unterredung mit Himmler, bei der dieser ihm anheimstellte, alle BVer (KZ-Häftlinge, bezeichnet mit BV = Befristete Vorbeugehaft bzw. Berufsverbrecher) und für besonders gefährlich erachtete politische Häftlinge zu beseitigen. Wenig später hat dann auch tatsächlich ein Todesmarsch von Ohrdruf nach Buchenwald stattgefunden, bei dem Häftlinge massenhaft den Tod fanden. Ursache waren Erschöpfung und Erschießungen. Andere wurden erschlagen oder hilflos ihrem Schicksal überlassen.

Der Hauptverantwortliche der Konzentrationslager in Bruttig und Treis war der Kommandoführer. Ihm oblagen sämtliche Häftlingsangelegenheiten wie Unterbringung, Verpflegung, Bekleidung, gesundheitliche Betreuung, Disziplinarmaßnahmen, Bereitstellung zum Arbeitseinsatz, Bewachung der Häftlinge. Für die Bewachung stand ein Luftwaffen-Wachkommando unter der Leitung des Hauptmanns Rückert zur Verfügung. Die Funktion des Kommandoführers wurde nacheinander durch SS-Obersturmführer Rudolf Beer, SS-Obersturmführer Walter Scheffe und SS-Untersturmführer Heinrich Wicker ausgeübt. Der Arbeitseinsatz der Häftlinge unterstand dem SS-Führungsstab, dessen Büro sich in Bruttig, Am Kirchweg, in den Räumen des Gasthauses Treffpunkt der Familie Hess befand.

Zu dem Schicksal des Kommandoführers Rudolf Beer ist mir, nachdem er das Kommando in Cochem abgeben musste, nichts bekannt.

Walter Scheffe, der die Hauptverantwortung für die Verbrechen in Bruttig-Treis trug, wurde nach dem Krieg im Rastatt-Prozeß zum Tode verurteilt. Das Urteil wurde in einem späteren Verfahren am 8.11.1947 in 15 Jahre Zwangsarbeit umgewandelt. Bereits am 9.7.1956 wurde Walter Scheffe durch Gnadenerweis aus der Haft entlassen.

Ein Sonderbefehl des Kommandanten des KZ Natzweiler vom 26.9.1944 stellte fest, dass Heinrich Wicker ab sofort als Kompanieführer der 10. Kompanie eingesetzt werden und zur besonderen Verfügung stehen soll. Wickers Funktion in Cochem war zu diesem Zeitpunkt also bereits beendet.

Am 13. und 14. April 1944 tagte in Berlin der Arbeitsstab des Reichsministeriums für Rüstung und Kriegsproduktion. Haupttagungspunkt war die *Unterirdische Verlagerung*. Die sogenannten U-Bauvorhaben, U stand für *unterirdisch*, gingen insgesamt nicht so zügig voran, wie man sich das vorgestellt und erhofft hatte. Bei vielen Projekten gab es Probleme. So konnten in Nordhausen beispielsweise 6000 Quadratmeter unterirdischer Fabrikraum nicht zur Verfügung gestellt werden, obwohl sie bereits fest eingeplant waren. Die *Seengrotte Mödling* und der *Keller Nußdorf* stellten sich für die Vorhaben als ungeeignet heraus. Bezüglich des *Felsenkellers Dresden* konnte jedoch festgestellt werden: Bauarbeiten kurz vor der Fertigstellung. Über das Projekt A7, *Reichsbahntunnel Bruttig-Treis* heißt es in einer Niederschrift vom 17. April 1944 kurz: Bauarbeiten laufen.

Die Zeit arbeitete jetzt schon gegen die Nazis. Die Häftlinge in den Konzentrationslagern bekamen den Zeitdruck allerdings in Form von Schlägen und Misshandlungen zu spüren.

Eine gewisse Nervosität lässt sich in der Niederschrift der Besprechung, die als *Geheime Kommandosache* in vierzig Exemplaren verschickt wurde, herauslesen. Es heißt darin: *Die nachstehenden Bauvorhaben wurden durchgesprochen. Die Ingenieurbüros des Arbeitsstabes U wurden mit Nachdruck darauf hingewiesen, soweit noch nicht geschehen, mit allen Mitteln nunmehr endgültige Objekte für die zu verlagernden, bisher noch zögernden Fertigungsbetriebe festzulegen, die Planung hierfür sofort durchzuführen, R-Kartenentwürfe vorzulegen, wo erforderlich, Bauleitungen zu stellen und im Einvernehmen mit dem* Hauptausschuss Bau *die Bauarbeiten sofort in Gang zu bringen und beschleunigt durchzuführen.*

Geheime Kommandosache ist per Stempel auf den blauen Aktendeckel gedruckt, der mit *Flächen- und Bauarbeiterbedarf und Dringlichkeitsstufen für U-Bauten* betitelt ist. Ein leuchtend roter Streifen, quer über dem

Aktendeckel unterstrich eindrucksvoll die Wichtigkeit des Dokumentes, das vor mir lag. Der Reichsbahntunnel Bruttig-Treis ist darin mit der höchsten Dringlichkeitsstufe versehen. Die U-Objekte hatten Decknamen erhalten. Sie hießen Fanny, Reh, Brunhild, Hering und Hai. Das Objekt A7, der Tunnel an der Mosel trug den Decknamen *Zeisig*. Er hatte die Objektnummer 211.

Im ersten Halbjahr 1944 wurden Häftlinge aus unterschiedlichen Konzentrationslagern nach Cochem deportiert. Es waren Menschen aus fast ganz Europa: aus Holland, Belgien, Luxemburg, Lothringen, aus Jugoslawien, Italien, Kroatien, Griechenland und Norwegen. Einige waren aus Deutschland.

Die angeblich auf Befragung und der Treiser Pfarrchronik beruhende Behauptung in der Studie *Das Konzentrationslager Treis zwischen 1942 und 1944*, auf die ich später bei Nachforschungen stieß, es habe sich eine kleinere Anzahl von Häftlingen bereits seit ungefähr zwei Jahren, also bereits seit 1942 in Treis aufgehalten, erscheint fragwürdig. Es gibt hierüber kein mir bekanntes Dokument oder sonstige Hinweise.

Der erste große Häftlingstransport kam Anfang März aus Natzweiler. Er bestand aus überwiegend französischen N.N. Häftlingen. Diese wurden in der ersten Aprilwoche wieder abgezogen und hauptsächlich durch Polen und Russen ersetzt. Auf diesen Vorgang gehe ich aber später noch genauer ein.

Aus den Meldelisten des Außenkommandos Cochem konnte ich für jeden Gefangenen die folgenden Angaben entnehmen: die laufende Listennummer, die Häftlingsnummer, die Staatsangehörigkeit, den Namen, das Geburtsdatum und den Beruf. Außerdem sind alle Häftlinge darauf, entsprechend ihrer Einlieferungsgründe, mit Abkürzungen wie folgt gekennzeichnet: *S.V.* steht für Sicherheitsverwahrung, *B.V.* für Befristete Vorbeugehaft. Hieraus ist später die Bezeichnung *Berufsverbrecher* entstanden. *Aso* steht für Asoziale, *AZA* für Ausländische Zivilarbeiter, *Kgf.* für Kriegsgefangene, *Pol.* für Politische Häftlinge und *Paragraph 175* für Homosexuelle. Ab und zu fand ich die Bezeichnung *Bifo* für Bibelforscher und einmal *SAW* für Sicherheits-Abteilung Wehrmacht.

Seitenweise sind vor allem Franzosen aber auch Häftlinge aus Belgien und den Niederlanden mit der Kennzeichnung *N.N.* versehen, was ja für *Nacht und Nebel* stand. Fünf N.N. Häftling waren Polen, was eher selten vorkam.

Die Polen und Russen sind vor allem als Politische Gefangene und Kriegsgefangene, viele aber auch mit *AZA* bezeichnet. Als *Ausländische Zivilarbeiter* wurden Menschen bezeichnet, die zur Zwangsarbeit nach Deutschland verschleppt wurden.

Die Häftlinge kamen aus allen Berufsgruppen. Viele waren Handwerker, Arbeiter, Bauern, andere Techniker, Lehrer, Offiziere, Händler, Ärzte und Angestellte. Einige waren noch Lehrlinge, Schüler oder Studenten.

Die Jüngsten unter ihnen waren noch keine achtzehn Jahre alt. Nur wenige waren über fünfzig. Der französische Junge Raymond Boule wurde mit einem der ersten Transporte in das Außenkommando Cochem gebracht. Wenig später, am 2. April 1944, wurde er hier sechzehn Jahre alt. Am 15. Juni 1944 kam er in das Zuchthaus in Brieg. Sein weiteres Schicksal ist unbekannt. Ein französischer Häftling war mit 61 Jahren der älteste. Ein anderer, ebenfalls Franzose, am 18.4.1884 geboren, wurde in Cochem 60 Jahre alt.

Auf allen Listen, auf denen N.N. Häftlinge zusammengestellt sind, steht der handschriftliche Vermerk *Quarantäne*. Zunächst konnte ich mir den Zusammenhang nicht erklären, fand aber dann ein Zitat des französischen N.N. Häftlings Doktor Andrè Ragot: *Quarantäne ... Wir malen uns gegenseitig unsere Kleider mit roter Farbe an, Zeichen der N.N., Häftlinge der Kategorie III, während die gelbe Farbe die Kategorie II bezeichnet. Dieses Zeichen sah folgendermaßen aus: Ein Streifen auf der Hosennaht von oben bis unten. Ein N vorne auf jedem Schenkel. Auf dem Jackenärmel oberhalb des Ellenbogens ein Querstreifen. Ein rotes Kreuz im Rücken mit einem N auf jeder Seite oder oben und unten. Ein rotes Kreuz auf der Mütze. Sind wir noch Menschen oder vielmehr gekennzeichnete und nummerierte Sachen? Erste Stufe der Demoralisierung.*[10]

Das KZ-Außenlager Cochem wurde am 10. März 1944 eröffnet. So steht es im Haftstättenverzeichnis. Das heißt, die ältesten, noch vorhandenen Akten über das KZ Cochem stammen vom 10. März 1944. Die letzte Erwähnung findet das Lager am 29. September 1944. Es bestand

---

10 Quelle: KZ Lager Natzweiler Struthof, Nancy 1982

demnach also ein gutes halbes Jahr. Im Verzeichnis der Haftstätten ist weiter unter *Außenkommando Kochem* nachzulesen: *Arbeitgeber: SS Wirtschaftsverwaltungshauptamt, Amtsgruppe C/Jägerstab/SS Führungsstab A7, Bauinspektion-Reich-West, Art der Arbeit: Arbeiten an einem Tunnel und Verladearbeiten am Bahnhof.*

Die Angabe *10. März 1944*, als Zeitpunkt der Eröffnung des Lagers, dürfte der Termin sein, an dem die ersten Gefangenen in Cochem eintrafen.

In Bruttig ließ die SS kurzerhand das am Dorfrand gelegene Hotel *Zum guten Onkel* mit Stacheldraht verschlagen und sperrte die Häftlinge in den Saalbau, von wo aus sie das Lager *Auf der Kipp* errichten mussten.

In Treis verlief es ähnlich. Die SS requirierte das *Hotel Wildburg* am Moselufer. In dessen Saalbau errichtete sie das erste Lager, in das die KZ-Häftlinge zunächst gesperrt wurden, bevor sie von dort in die selbst errichteten Bauten *Auf der Kipp* umzogen.

Auf der Kipp, so wurden und werden heute noch die Erdaufschüttungen genannt, die als Erdaushub beim Bau des Tunnels anfielen und vor den Tunnelmündungen als Wälle oder Dämme aufgeschüttet, aufgekippt wurden.

Mit dem 10. März 1944 sind auch die am weitesten zurückliegenden *Namentlichen Aufstellungen der Häftlinge in Cochem* datiert. Offenbar hat sich auch der Ersteller des Haftstättenverzeichnisses an diesen Unterlagen orientiert. Es handelt sich hierbei um zwei Listen, auf denen ausschließlich N.N. Häftlinge aufgeführt sind und um eine Liste mit der Kennzeichnung *nicht N.N.* Insgesamt sind genau 300 Personen aufgeführt, davon 232 N.N. Häftlinge. Diese Zahl dürfte der Anfangsbelegung der beiden Lager Bruttig und Treis entsprochen haben. Einer der N.N. war der belgische Rechtsanwalt Albert Aerts. Er überlebte Cochem und Natzweiler und erzählte später über den Häftlingstransport, dem er angehörte und die Ankunft in Cochem:

Mein Leben in den deutschen Gefängnissen und Konzentrationslagern ist eine dauernde Steigerung des Elends gewesen.

Ich dachte, Natzweiler würde alles übertreffen, was man sich an Leiden und Entbehrung vorstellen kann. Aber ich hatte Treis-Bruttig noch nicht gesehen.

K.L. Natzweiler
Abtlg. III-Arbeitseinsatz.

Natzweiler, den 10.3.44

nicht NN

Namentliche Aufstellung der Häftlinge des Arbeitslagers K o c h e m.

1.	S.A.W.	25	Ehlscheidt	Friedrich	2. 8.21	Arbeiterpfleger
2.	B.V.	177	Gräper	Adam	24. 2.06	Krankenpfleger
3.	"	1595	Kerber	Otto	22.11.11	Arbeiter
~~4.~~	~~Pole~~	~~2547~~	~~Kosinsky~~	~~Stanisl.~~	~~9.11.05~~	~~"~~
~~5.~~	~~"~~	~~2562~~	~~Sliwa~~	~~Waldim.~~	~~21. 3.19~~	~~"~~
6.	"	4015	Wlodarski	Johann	24. 9.24	"
7.	Pol.RD	4259	Leski	Kurt	11. 2.11	"
8.	B.V.	5006	Nagel	Heinr.	7. 1.08	Schlosser
9.	Belg.	4537	Klein	Pierr.	13.11.00	Kaufmann
~~10.~~	~~Pole~~	~~5773~~	~~Siehla~~	~~Josef~~	~~24.12.11~~	~~Arbeiter~~
~~11.~~	~~Russe~~	~~5888~~	~~Krasnoswjosdow~~	~~Piotr.~~	~~20. 5.28~~	~~"~~
~~12.~~	~~Franz.~~	~~6202~~	~~Mantelin~~	~~Emile~~	~~17. 3.23~~	~~Automechan.~~
13.	Aso	6242	Saur	Eugen	30. 5.14	Leder-Zuschn.
~~[illegible]~~	~~"~~	~~6245~~	~~Schütz~~	~~Johann~~	~~31. 1.16~~	~~Arbeiter~~
[illegible]	B.V.	6644	Nagel	Karl	15. 7.17	M-Schlosser
~~16.~~	~~Pol.Lux.~~	~~7052~~	~~Lelle~~	~~Johann~~	~~20.12.10~~	~~Fl.Techn.~~
17.	" "	7086	Bruck	Nikol.	28. 1.15	Elektriker
~~18.~~	~~Pole~~	~~7133~~	~~Nowak~~	~~Stanisl.~~	~~21.12.21~~	~~Landwirt~~
~~19.~~	~~AZA Pole~~	~~7278~~	~~Piontek~~	~~Anton~~	~~30. 3.94~~	~~Arbeiter~~
20.	Aso	7288	Abecker	Valentin	20. 5.09	Schleifer
~~21.~~	~~AZA Russe~~	~~7307~~	~~Melniczaiko~~	~~Pawel~~	~~5. 7.98~~	~~Arbeiter~~
22.	" "	7323	Tkatschenko	Hrytzko	1926	"
23.	" Pole	7472	Black	Waldisl.	19. 9.98	Bergmann
24.	Pol.Jug.	7488	Doenowic	Lubka	28.11.09	"
25.	AZA Pole	7533	Zientek	Johann	5. 3.20	Landwirt
~~26.~~	~~" Russe~~	~~7559~~	~~Deschinskij~~	~~Nikol.~~	~~1926~~	~~Arbeiter~~
~~27.~~	~~" "~~	~~7568~~	~~Tomatschneko~~	~~Wladim.~~	~~4. 7.26~~	~~"~~
~~28.~~	~~" "~~	~~7571~~	~~Wasillenko~~	~~Michael~~	~~11.10.26~~	~~"~~
29.	B.V.	7639	Baumann	Jakob	24. 5.98	Maurer
30.	"	7641	Birnkott	Heinr.	10. 7.07	Betonarb.
31.	"	7642	Böhm	Josef	6.11.92	Schiffbauer
~~32.~~	~~"~~	~~7643~~	~~Dörnte~~	~~Ernst~~	~~22. 6.02~~	~~Kaufmann~~
[illegible]	"	7644	Düsel	Franz	11.12.11	Maurer
~~[illegible]~~	~~Aso~~	~~7645~~	~~Erler~~	~~Friedr.~~	~~15.11.19~~	~~Landarb.~~
35.	§ 175	7647	Graf	August	2.12.03	Sanitäter
36.	Aso	7650	Küsters	Heinr.	27. 2.10	Maler
~~37.~~	~~"~~	~~7652~~	~~Pöhlmann~~	~~Christian~~	~~1.10.97~~	~~Kaufmann~~
38.	" Zig.	7653	Paul	Josef	21. 4.11	Bauarb.
39.	B.V.	7654	Schmid	Lorenz	8. 5.00	Melker
40.	"	7655	Schmith	Herm.	25.11.94	Bäcker
41.	"	7656	Schuldis	Karl	19. 8.12	Arbeiter
~~42.~~	~~Aso~~	~~7658~~	~~Stierer~~	~~Josef~~	~~11.12.90~~	~~Klempner~~
~~43.~~	~~" Zig.~~	~~7659~~	~~Weiss~~	~~Anton~~	~~13. 6.94~~	~~Arbeiter~~
44.	AZA Pole	7660	Sliwinski	Stanisl.	24. 2.21	Tischler
45.	" Russe	7661	Aschmitow	Alim	14. 8.04	Arbeiter
46.	" "	7662	Botscharniwok	Leonid	16. 7.07	"
47.	" "	7663	Bespalko	Alex.	5. 5.25	"
48.	" "	7665	Dostschaty	Alex.	9. 8.24	"
49.	" "	7666	Gostjew	Viktor	7. 9.22	"
50.	" "	7667	Grischtschenko	Iwan	3. 6.21	"
51.	" "	7669	Kratt	Iwan	7. 9.25	"
52.	" "	7670	Krawez	Wassil	10. 1.24	"
53.	" "	7671	Krawec	Michael	19.10.11	"
10.	Pol.Ndl.	7788	NN Brugmann	Johannes	6.3.20	F-Mechaniker
12.	B.V.	6364	Hoffmann	Gustav	20.3.04	Tapez.Dekor.
16.	AZA Russe	7711	Nikitin	Nikolai	23.2.25	Arbeiter

175

Abb. 11: »Namentliche Aufstellung der Häftlinge des Arbeitslagers Kochem – nicht NN« (Quelle: Bundesarchiv Koblenz/Potsdam NS 4 NA, R 3/331,R7/1214)

~~54.~~	~~AZA~~	~~Russe~~	~~7672~~	~~Lositschnij~~	~~Michael~~	~~28. 9.03~~	~~Arbeiter~~
~~55.~~	~~"~~	~~"~~	~~7673~~	~~Lichoschwa~~	~~Iwan~~	~~25. 5.26~~	~~"~~
56.	"	"	7674	Mowtschan	Nikolai	22. 5.26	"
~~57.~~	~~"~~	~~"~~	~~7675~~	~~Pijanenko~~	~~Wassili~~	~~3.10.25~~	~~"~~
58.	"	"	7676	Tiriza	Iwan	7. 7.05	"
59.	B.V.	Lux	7682	√Hardy	Viktor	6. 1.09	Bergmann
60.	AZA	Russe	7684	Krzyworronczka	Franz	5.11.25	Arbeiter
61.	B.B.		7685	√Kiffmeier	Erich	17. 7.06	Mechaniker
62.	Aso		7686	√Münz	Robert	27. 8.97	Bergmann
63.	B.V.		7687	√Peters	Josef	6. 6.12	Kranführer
64.	"		7689	√Schwister	Johann	8. 2.02	Arbeiter
65.	"		7691	√Weiser	Paul	25. 3.14	Schlosser
66.	AZA	Jtal.	7692	√Allesandroni	Martin	12.11.21	M-Schlosser
~~67.~~	~~"~~	~~Pole~~	~~7693~~	~~Joszyk~~	~~Josef~~	~~9. 8.26~~	~~Arbeiter~~
68.	"	"	7694	√Niedzilski	Waclaw	11.12.24	"
69.	"	"	7695	√Rolka	Kaczm.	3.11.20	"
70.	"	"	7696	√Wykrentowiz	Eduard	16. 9.21	"
71.	KGF	Russe	7697	Alipow	Pawel	16. 7.06	"
72.	AZA	"	7699	Baranow	Alexei	26. 6.25	Schuster
73.	"	"	7700	Baranow	Dimitri	7.11.24	Arbeiter
[illegible]	"	"	7701	Bujalski	Alexan.	1925	"
75.	"	"	7702	Fedam	Leonid	16. 8.24	Dreher
~~76.~~	~~KGF~~	~~"~~	~~7703~~	~~Federenko~~	~~Jegor~~	~~12. 8.07~~	~~Schmied~~
77.	AZA	"	7705	Garminowitsch	Georgi	26. 6.25	Tischler
78.	"	"	7706	Garminowitsch	Alexej	17.12.21	Arbeiter
~~79.~~	~~"~~	~~"~~	~~7707~~	~~Konowenko~~	~~Wassili~~	~~7. 2.25~~	~~"~~
80.	"	"	7708	Kurilow	Wladim.	2. 2.26	Dreher
81.	"	"	7709	Lasskij	Josef	4. 9.24	"
82.	"	"	7710	Moiscew	Iwan	8. 3.22	Arbeiter
~~83.~~	~~"~~	~~"~~	~~7712~~	~~Nikitin~~	~~Sergej~~	~~3.10.01~~	~~Buchhalter~~
84.	"	"	7713	Kikolejew	Anatoli	19. 4.22	Schleifer
~~85.~~	~~"~~	~~"~~	~~7715~~	~~Poleschajew~~	~~Nikolai~~	~~15. 5.25~~	~~Arbeiter~~
86.	"	"	7716	Sobolewskj	Dimitri	26.10.93	"
87.	"	"	7717	Sejitow	Petro	1. 5.26	"
88.	"	"	7718	Schipurin	Alex.	20. 8.25	Tischler
~~89.~~	~~"~~	~~"~~	~~7720~~	~~Tkatschenko~~	~~Luka~~	~~8. 7.10~~	~~Arbeiter~~
~~90.~~	~~"~~	~~"~~	~~7721~~	~~Tolmatschiw~~	~~Peter~~	~~29. 6.25~~	~~"~~
~~91.~~	~~"~~	~~"~~	~~7722~~	~~Trigub~~	~~Alexej~~	~~1927~~	~~"~~
92.	KGF	"	7723	Woleschin	Michael	8.11.99	"
	~~Pol.~~	~~Lothr.~~	~~7015~~	~~Plontz~~	~~Herm.~~	~~11. 6.22~~	~~Schuhmacher~~
94.	"	"	√6502	Juste	Ludwig	17. 9.20	"
95.	Aso		√6605	Fischer	Alfred	30.11.93	Schneider

68 Häftlinge <u>(nicht NN)</u>

Die hier vermerkten Häftlinge sind auch a. d. Liste 24.11.44 aufgeführt

Abb. 11a

K.L.Natzweiler
Abtlg.III-Arbeitseinsatz.

Natzweiler, den 10.3.44

Quarantäne

Namentliche Aufstellung der Häftlinge des Arbeitslagers K o c h e m .

45 NN-Häftlinge

~~1.~~	~~Pol.~~	~~Nwg.~~	~~NN~~	~~4076~~	~~Holling~~	~~Thorstein~~	~~9. 7.06~~	~~Gärtner~~
2.	"	"	"	4093	Onsrud	Nils	11. 8.09	Polizeibeamter
3.	"	Frz.	"	4326	Bidaux	Andre	8. 6.99	Pfarrer
4.	"	"	"	4330	Champion	Paul	12. 4.11	Kraftfahrer
5.	"	"	"	4331	Chanteloup	Roger	6.12.08	Eisenbahner
6.	"	"	"	4332	Chapalain	Jacques	13. 3.22	Mechaniker
7.	"	"	"	4362	Mengue	Blaise	19.12.10	Schweisser-Löter
8.	"	"	"	4364	Morvan	Mathurin	22. 7.11	Angestellter
9.	"	Ndl.	"	4391	van Broeckhoven	Con.	29.12.03	Bohrer
~~10.~~	~~"~~	~~"~~	~~"~~	~~4402~~	~~van Vestele~~	~~Hendrik~~	~~21. 4.99~~	~~Mechaniker~~
~~11.~~	~~"~~	~~"~~	~~"~~	~~4420~~	~~Buys~~	~~Jan~~	~~10.11.00~~	~~Postbeamter~~
12.	"	"	"	4453	von Trotzenburg	Herm.	12. 2.16	Polizeibeamter
13.	"	"	"	4454	de Vaal	Johannes	18. 5.22	Arbeiter
14.	"	"	"	4461	van der Zwet	Johannes	27.10.18	Koch-Bäcker
15.	"	Frz.	"	4493	Riss	Prosper	27. 2.29	Angestellter
16.	"	"	"	4498	Vieux	Moris	5. 8.17	Jngenieur
17.	"	"	"	4502	Laporte	Roger	26.12.06	Professor
18.	"	"	"	4511	Pechin	Aimé	14. 9.02	Postbeamter
19.	"	"	"	4555	Arnaud	Pierre	23. 8.14	Gießerei-Arb.
20.	"	Pole	"	4561	Biernacki	Thad.	3.12.18	Student
21.	"	Frz.	"	4574	Duffing	Francois	27. 7.22	Landwirt
22.	"	Belg.	"	4586	Payot	René	1. 3.20	Koch
23.	"	Frz.	"	4590	Le Roy	Marcel	26.10.19	Landwirt
24.	"	Els.	"	4596	Spitz	Amei	23. 1.09	Vers.Jnsp.
~~25.~~	~~"~~	~~Nwg.~~	~~"~~	~~4590~~	~~Christiansen~~	~~Johann~~	~~9. 5.02~~	~~Kaufmann~~
26.	"	"	"	4816	Tornaas	Knut	17. 8.09	Disponent
27.	"	"	"	5069	Johannsen	Ricard	15. 5.12	Malergeh.
28.	"	"	"	5238	Holst	Trygve	31. 3.07	Kontorist
29.	"	"	"	5283	Engelsrud	Arthur	19. 3.11	Sekretär
30.	"	"	"	5385	Barmentloo	Hendrik	27. 6.16	Heizer
31.	"	"	"	5326	van Cameryk	Otto	19. 5.21	Student
32.	"	Ndl.	"	5494	Onvlee	Johannes	7.10.09	Zeichner
33.	"	Belg.	"	5503	Vermeulen	Antoine	28.11.18	Metallarb.
34.	"	"	"	5504	Meulemeester	Viktor	19. 6.08	Angestellter
35.	"	Frz.	"	5521	Kempf	Michel	19. 3.13	Direktor
~~36.~~	~~"~~	~~Ndl.~~	~~"~~	~~5565~~	~~Bouwense~~	~~Pietter~~	~~17. 7.12~~	~~Lehrer~~
~~37.~~	~~"~~	~~"~~	~~"~~	~~5571~~	~~van Deden~~	~~Gofert~~	~~11. 7.14~~	~~Volkswirtsch.~~
38.	"	"	"	5597	Mees	Jacob	23.10.05	Kaufmann
39.	"	"	"	5605	Puitto	Alex	15. 2.01	Stadtangest.
40.	"	"	"	5617	Vervooren	Louis	9.10.95	M-Jngenieur
~~41.~~	~~"~~	~~"~~	~~"~~	~~5626~~	~~Bakhuizen~~	~~Arnoldus~~	~~21. 3.88~~	~~Gärtner~~
42.	"	"	"	5639	Haagsma	Chatharinus	17. 8.07	Maler
43.	"	"	"	5673	Bleeuwenhoeck	Dirk	16. 5.17	Zollbeamter
~~44.~~	~~"~~	~~Nwg.~~	~~"~~	~~6343~~	~~Friis-Paulus~~	~~Odd~~	~~6. 6.19~~	~~Kontorist~~
~~45.~~	~~"~~	~~"~~	~~"~~	~~6348~~	~~Jössang~~	~~Kaut~~	~~21. 7.05~~	~~Mechaniker~~
~~46.~~	~~"~~	~~Belg.~~	~~"~~	~~6815~~	~~Sougné~~	~~Gustav~~	~~6. 2.98~~	~~Tiefbau-Jngr.~~
~~47.~~	~~"~~	~~Nwg.~~	~~"~~	~~7261~~	~~Holte~~	~~Per-Simon~~	~~13. 8.81~~	~~Polizeibeamter~~
~~48.~~	~~"~~	~~"~~	~~"~~	~~7264~~	~~Landsvik~~	~~Jacob~~	~~18.11.19~~	~~Elektriker~~
49.	"	Ndl.	"	7747	van der Bol	Albert	14. 7.19	Angestellter
50.	"	"	"	7749	Benedic	Nicolaus	2. 3.03	Bergmann
51.	"	"	"	7768	Brinkmann	Jon	1. 8.93	Bergmann
52.	"	"	"	7769	Duran	Karol	12. 1.08	Zimmermann
53.	"	"	"	7784	Duhan	Johannes	27.11.01	Angestellter
54.	"	"	"	7787	Fröhlings	Hermann	7.12.04	Bergmann
55.	"	"	"	7792	Coenradi	Hermann	30. 6.15	Filialleiter
56.	"	"	"	7785	Balter	Hendrik	6. 8.17	Bergmann
11.	"	"	"	7766	Rempe 177	Hendrik	212.o3	Hafenarbeiter

Abb. 12: »Namentliche Aufstellung der Häftlinge des Arbeitslagers Kochem – Quarantäne« Die beiden Dokumente (jeweils die erste Seite der Aufstellungen) sind die zeitlich am weitesten zurückliegenden Unterlagen über das KZ-Außenlager Cochem. Datiert mit dem 10. März 1944 geben sie klar Auskunft über den Zeitpunkt der Eröffnung.

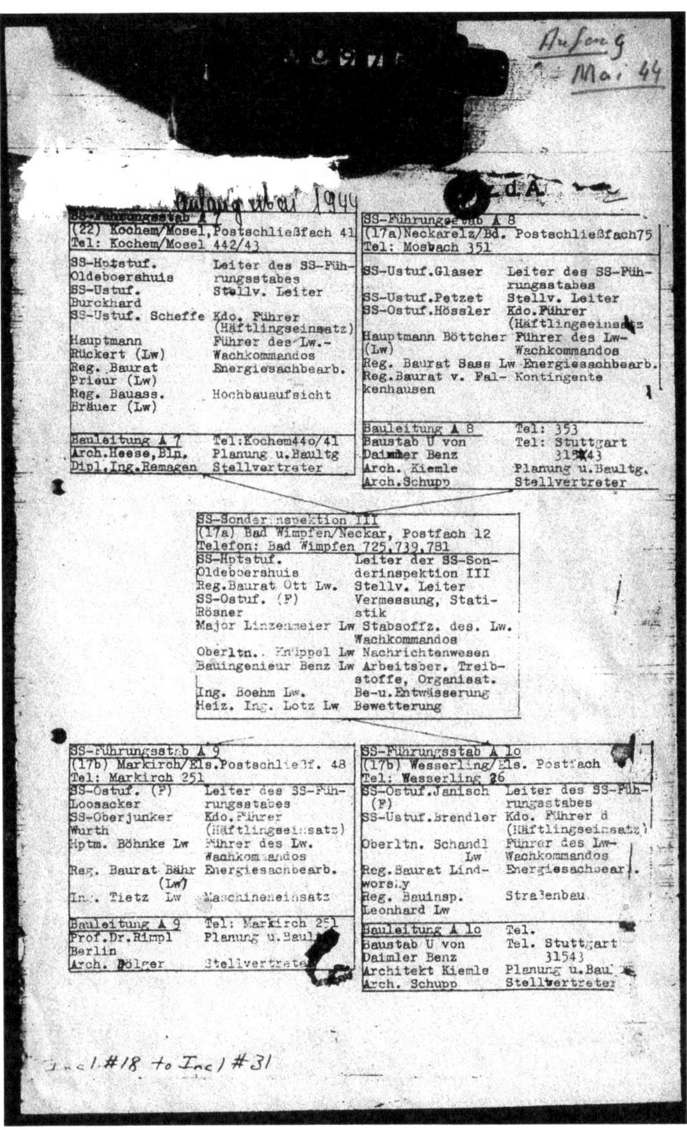

Anfang Mai 44

Anfang Mai 1944

z.d.A.

SS-Führungsstab A 7
(22) Kochem/Mosel, Postschließfach 41
Tel: Kochem/Mosel 442/43

SS-Hptstuf. Oldeboershuis	Leiter des SS-Führungsstabes
SS-Ustuf. Burckhard	Stellv. Leiter
SS-Ustuf. Scheffe	Kdo. Führer (Häftlingseinsatz)
Hauptmann Rückert (Lw)	Führer des Lw.-Wachkommandos
Reg. Baurat Prieur (Lw)	Energiesachbearb.
Reg. Bauass. Bräuer (Lw)	Hochbauaufsicht
Bauleitung A 7	Tel: Kochem 44o/41
Arch. Heese, Bln.	Planung u. Baultg
Dipl. Ing. Remagen	Stellvertreter

SS-Führungsstab A 8
(17a) Neckarelz/Bd. Postschließfach 75
Tel: Mosbach 351

SS-Ustuf. Glaser	Leiter des SS-Führungsstabes
SS-Ustuf. Petzet	Stellv. Leiter
SS-Ostuf. Hössler	Kdo. Führer (Häftlingseinsatz
Hauptmann Böttcher (Lw)	Führer des Lw-Wachkommandos
Reg. Baurat Sass Lw	Energiesachbearb.
Reg. Baurat v. Falkenhausen	Kontingente
Bauleitung A 8	Tel: 353
Baustab U von Daimler Benz	Tel: Stuttgart 31543
Arch. Kiemle	Planung u. Baultg.
Arch. Schupp	Stellvertreter

SS-Sonderinspektion III
(17a) Bad Wimpfen/Neckar, Postfach 12
Telefon: Bad Wimpfen 725, 739, 781

SS-Hptstuf. Oldeboershuis	Leiter der SS-Sonderinspektion III
Reg. Baurat Ott Lw.	Stellv. Leiter
SS-Ostuf. (F) Rösner	Vermessung, Statistik
Major Linzenmeier Lw	Stabsoffz. des. Lw. Wachkommandos
Oberltn. Knüppel Lw	Nachrichtenwesen
Bauingenieur Benz Lw	Arbeitsber. Treibstoffe, Organisat.
Ing. Boehm Lw.	Be-u. Entwässerung
Heiz. Ing. Lotz Lw	Bewetterung

SS-Führungsstab A 9
(17b) Markirch/Els. Postschließf. 48
Tel: Markirch 251

SS-Ostuf. (F) Loosacker	Leiter des SS-Führungsstabes
SS-Oberjunker Wurth	Kdo. Führer (Häftlingseinsatz)
Hptm. Böhnke Lw	Führer des Lw. Wachkommandos
Reg. Baurat Bähr (Lw)	Energiesachbearb.
Ing. Tietz Lw	Maschineneinsatz
Bauleitung A 9	Tel: Markirch 251
Prof. Dr. Rimpl Berlin	Planung u. Baul[illegible]
Arch. Bölger	Stellvertreter

SS-Führungsstab A 1o
(17b) Wesserling/Els. Postfach
Tel: Wesserling 26

SS-Ostuf. Janisch (F)	Leiter des SS-Führungsstabes
SS-Ustuf. Brendler	Kdo. Führer d (Häftlingseinsatz)
Oberltn. Schandl Lw	Führer des Lw-Wachkommandos
Reg. Baurat Lindworsky	Energiesachbearb.
Reg. Bauinsp. Leonhard Lw	Straßenbau
Bauleitung A 1o	Tel.
Baustab U von Daimler Benz	Tel. Stuttgart 31543
Architekt Kiemle	Planung u. Bau[illegible]
Arch. Schupp	Stellvertreter

Incl #18 to Incl #31

Abb. 13: Aufstellung über den SS Führungsstab in Cochem vom Mai 1944.
(Quelle Abb. 12 + 13: Bundesarchiv Koblenz/Potsdam NS 4 NA, R 3/331, R7/1214)

Am 2. Februar 1944 wurden wir zu ein paar Hundert in Zellenwagen geladen. Man warf uns aufeinander wie schmutzige Leinentücher. Als der Wagen schon übervoll war, wurden immer noch mehr hinzugeladen. Das ging so: Ein Häftling wurde rückwärts gegen das nach Luft schnappende, röchelnde Menschenknäuel hineingedrückt. Ein SS-Mann setzte seinen Stiefel dem Kerl auf den Bauch und in kürzester Zeit war der auch drinnen.

Die Reise nach unten war schrecklich. Die Leute hingen mitten im Wagen. Am Bahnhof von Rothau wurden wir in Viehwaggons geladen. Glücklicherweise lag darin ein wenig schmutziges Stroh.

Über Straßburg erreichten wir Kochem, ein malerisches Moseldorf, dreißig Kilometer von Koblenz entfernt. Die Aussicht war prachtvoll. Hoch oben auf einem Berg eine Burg. Am anderen Ufer der Mosel standen deutsche Menschen und gafften, einfach aus Neugierde. In Bruttig übernachteten wir in einer Garage. Am anderen Tag erreichten wir Treis nach einem Fußmarsch über den Bergrücken. Wir wurden untergebracht in einem abgedankten Tanzsaal, neben einer ebenfalls abgedankten Weinstube. Rund um den ganzen Komplex war Stacheldraht gespannt. Das war ein neues Kommando. Wir weihten es ein. Wir, das waren vor allem Franzosen, einige Russen und Polen. Ich denke, dass ich der einzige Belgier war. Wir mussten zuerst einen Weg anlegen, an der Mosel entlang, fünf Kilometer lang. Dieser mündete in einen Tunnel, den wir später zu einer unterirdischen Halle ausbauen mussten, wahrscheinlich zu einer Fabrik für V1 und V2. Die Deutschen fühlten, dass es für sie ein Wettlauf gegen die Zeit wurde, und obwohl wir bloß über Pickel verfügten, jagten sie uns mit Fußtritten und mit Stößen an zu einem höllischen Tempo. Der Weg musste innerhalb einer Woche fertig sein, und so geschah es dann auch. Wir bekamen praktisch nichts zu essen. Die Bewacher verschacherten unsere Rationen an die Dorfbevölkerung, die selbst Not litt. Zum ersten Mal wurden wir Tag und Nacht vom Hunger geplagt. Von Seiten der Bürger kam uns wenig Sympathie entgegen. Die SS hatte das Gerücht verbreitet, dass wir Schwerverbrecher wären. Wenn wir Deutschen in der Nähe der Mosel begegneten, geschah nicht selten, dass sie uns voll Hass zuriefen: ›Der Krieg dauert noch sechs Jahre, dann seid ihr alle krepiert.‹

Ein paar Menschen scheinen doch gewusst zu haben, dass wir gewöhnliche politische Gefangene waren und hatten Mitleid mit uns. Hin und wieder lag ein Apfel auf der Straße oder ein Kohl oder, anscheinend auf einem Haufen zusammengefegt, ein paar Möhren und Rüben mit grünen Blättern dar-

Abb. 14: Blick auf den nördlichen Teil der Ortschaft Treis. Im Hotel Wildburg (zweites Haus von links) wurden die Häftlinge zunächst provisorisch einquartiert. Foto aus den 1930er oder Anfang der 1940er Jahre. (Historische Aufnahme, Markus Bleser, Treis)

über. Das Schwierige war, daran zu kommen, denn aus der Reihe zu treten war lebensgefährlich. Hier und da stahlen wir etwas. Die Arbeit im Tunnel war unmenschlich schwer. Da war eine Abwasserleitung, die kaputt war. Wir mussten die Rohre aus dem Boden herausnehmen, den Graben vertiefen und neue Rohre legen. Wir standen bis zum Bauch in einem klebrigen, stinkigen Brei, um kleine Loren zu füllen. Da verlor ich meine zweite Brille.[11]

Viele der Häftlinge, die mit dem gleichen Transport wie Bert Aerts von Natzweiler nach Cochem kamen, tauchten in späteren Unterlagen wieder auf. Daher ließ sich folgendes rekonstruieren.

Die beiden 34-jährigen französischen N.N. Häftlinge Raymond Tourneur und François Le Corre, der 43-jährige Niederländer Alexander Putto und der gleichaltrige Franzose Max Douillere wurden schon

11 Quelle: Bert Aerts: Advokaat in Nacht en Nevel. Amsterdam 1972, Übersetzung ins Deutsche von Ernest Gillen

einige Tage nach ihrer Ankunft in Cochem, am 20. März, wieder nach Natzweiler zurückgebracht. Den Grund für die sogenannte *Rücküberstellung* und was in Natzweiler mit den vier Männern weiter geschah, habe ich nicht herausfinden können. Eines nur ist sicher: Der Franzose Raymond Tourneur starb elf Tage später, am 31. März 1944, im KZ Natzweiler. Über das Schicksal der drei anderen schweigen die Akten.

Ein Franzose schrieb später über den Transport von Natzweiler nach Cochem und über die Gefangenschaft des französischen Arztes Doktor Ragot im KZ-Außenlager an der Mosel:

Franzosen, hinaus! André Ragot ist er erste, der dran ist, hinauszugehen und der erste, der einen mächtigen Faustschlag in die Kinnbacken bekommt. Ein SS notiert die Nummern der Gefangenen. Die gleiche Szene in Block 10. Appell. Der Tag verstreicht mit Stampfen in den Schnee, mit Fragen: ›Was bereiten sie für uns vor?‹ Ein SS-Arzt macht eine Durchsicht.

›Ihr werdet ins Außenlager kommen. Das gleiche Essen wie die Zivilisten! Arbeit im Sitzen!‹

Zwei Kapos werden für die Bewachung bestimmt, Leski und Fritz. Zwei deutsche Politische. Zwei brutale Kerle.

Name, Vorname, Nummer, Geburtsdatum, Beruf. Die Verwaltung hält ihre Listen in Ordnung. Man verteilt gestreifte Uniformen, die ›Zebras‹. Eine Jacke, ein Mantel und eine runde Mütze. Und alle werden in Block 14 eingesperrt. Georges drängt sich gegen Ragot, um sich zu wärmen. Er hat eine Rippenfellentzündung. Er war denunziert worden durch den Liebhaber seiner Frau. Wie schmutzig. Der Liebhaber war trotzdem auch nicht entkommen. Er ist im selben Transport gelandet wie er. Aber keine Moral. Der Liebhaber ist zurückgekehrt. Nicht Georges.

Am nächsten Tag um sechzehn Uhr. Ein Zellenwagen vor Block 14. Man pfercht die Gefangenen zusammen. Um die Tür zu schließen, setzt man einen Fuß auf den Bauch des letzten. Und man drückt stark. Der Bahnhof von Rothau. Die Waggons mit Stroh. Ragot drückt sich in eine Ecke mit Grandjean und Georges, der vierzig Grad Fieber hat und schnauft wie ein Ochse. Zwei junge Soldaten der Luftwaffe steigen in den Wagen ein. Die Wachen. Die Türe schließt sich wieder hinter ihnen. Sie haben Angst. Das ist zu sehen. Diese zweihundert verstörten Augen, die sie scharf beobachten. Sie öffnen die Tür wieder, um sich ein bisschen sicherer zu fühlen. Und die Kälte breitet sich im Wagen aus.

Straßburg fünfhundert Gramm Brot, vierzig Gramm Margarine und zwei Portionen Wurstersatz. Alles ist sofort verschlungen. Wo fahren sie hin? Noch eine Nacht in dem eisigen Waggon. Grandjean und Ragot haben Georges in die Mitte genommen. Damit er es ein bisschen wärmer hat.

Endlich Kochem. Eine kleine Stadt an der Mosel. Die Mosel, breit, fließt zwischen zwei begradigten Ufern. Weinstöcke bedecken die Hänge. Vorne, auf einem Hügel, ein Schloss.

›Siehst du sie, die N.N. auf der anderen Seite? Sie nehmen die Metro.‹ Georges phantasiert. Es sind sieben Kilometer zu Fuß. Ragot stützt ihn. Und er kommt an. Man pfercht sie in einer Scheune zusammen. Es sind dreihundert. Franzosen und Holländer, Russen, Belgier und Deutsche. Am nächsten Tag eine Überraschung. 750 Gramm Brot mit Wurst. Das Leben ist schön! Die Küchen werden eingerichtet. Grandjean gelingt es, angestellt zu werden, bis Leski ihn bemerkt und ihn mit festen Faustschlägen vertreibt.

›Du bist wirklich Arzt? Beweise es doch. Als erstes, was macht man, um ein Nagelgeschwür zu öffnen?‹ Ragot zieht sich ohne Mühe aus der Affäre. Aber ausführlich, mit vielen Details. Der Kapo, ein alter Seemann, war überzeugt.

›Gut, so geht es! In Ordnung. Du kommst in ein Nachbar-Kommando, nach Treis, wo man dir eine leichtere Arbeit geben wird. So kannst du abends deine Kameraden pflegen.‹

Ausgezeichnet. Aber er muss Georges in Bruttig zurücklassen. Dieser starb auf dem Rücktransport nach Struthof.

Wieder ein langer Marsch. Beladen mit Säcken und Koffern der Wachen. Die Gefangenen werden in einem Tanzsaal eines Hotels am Ufer der Mosel einquartiert. Ein großes Gebäude, gut durchlüftet durch riesige Türöffnungen. Man teilt Äpfel an sie aus.

›Ragot, der Arbeitskapo verlangt nach dir!‹ André folgt gefügig Zauer, einem anderen Kapo.

›Bist du der große Arzt, dumm wie die Nacht?‹ Eine erste Ladung Schläge prasselt auf Ragot. Den ganzen Nachmittag über wird er drangsaliert.

Sie müssen eine kleine Straße bauen. In 8 Tagen ist sie fertig. Am Rand, zwischen den Steinen, Nüsse. Ab und zu eine Schnecke. Eine kleine, weiße Schnecke, die einen glauben lässt, dass man in der Nacht nicht an Hunger sterben wird. Eines Tages entdeckt die Kolonne ein Rübensilo. Das ist ein

Andrang! Die Russen als erste. Kopf gesenkt. Sie tauchen in das Loch und holen große Rüben heraus. Das Gedränge findet mit unerbittlicher Grausamkeit ein Ende. Faustschläge und Fußtritte. Die Ochsenriemen der Kapos. Und Entziehung der Suppe.

Die Straße ist fertig. Alle kommen in den Tunnel. Das ist die schlechteste Arbeitskolonne. Eine wirkliche Gemeinheit. Man zählt die Toten nicht mehr. Der Tunnel ist eine ehemalige Pilzzucht, errichtet von Kriegsgefangenen von vierzehn/achtzehn. Der alte Wasserabfluss soll zerstört und ein ausgedehnter Graben gebaut werden. Am Eingang beaufsichtigen Zivile die Arbeiten, Beleidigungen auf Deutsch, den Knüppel in der Hand. Die Kapos passen auf und verteilen Schläge, um den Zivilen zu gefallen, die dem Kommandoführer Bericht erstatten. Und der Hunger … Die Gefangenen erhalten niemals die kleinsten Mengen Wurst oder Margarine. Es kommen Pakete an. Aber die SS-Männer nehmen sie an sich. Selbst ein Großteil des Brotes wird ihnen geklaut. Sie essen fast nur noch Unkräuter und weiße Schnecken.

Am Morgen aufstehen um vier Uhr. Ein Glas Hafersaft und dann zur Arbeit.

›Die Kranken zurück!‹ Leski amüsiert sich wie ein Verrückter. Ragot wird gerade während des Appells ohnmächtig. Er steht wieder auf, folgt einem Dutzend seiner Kameraden, die den unerwarteten Befehl des Kapos gehört haben. Zwei Faustschläge für jeden. Es ist besser umzukehren, um nicht noch mehr zu bekommen. Die Kolonne setzt sich in Bewegung. Fünf Kilometer bis zum Tunnel. Sie gehen stumpf, abgezehrt, völlig abgemagert, erschöpft, den Bauch zerrissen von einem schrecklichen Hunger. Sie stützen sich gegenseitig, steigen über die, die fallen, ohne anzuhalten, stoßend gegen Schieferbrocken auf der schlechten Straße, die Füße blutend, umwickelt mit alten Lumpen, hustend und spuckend.

›Los, weiter mit euch! Solche wie euch kann man haben, so viele man will.‹

›Solche wie euch‹, das sind die Gefangenen. Vorrat an Arbeitskräften – unerschöpflich und fast umsonst. Der Betrieb zahlt der SS nur vier Mark pro Tag für jeden Gefangenen.

Täglich werden die Lungenkranken zahlreicher. Viele haben die Ruhr. Zwanzig mal am Tag gehen sie und kauern sich neben einer Kiste nieder, kommen zurück, waten durchs Wasser und mit ihren abgemagerten und müden Armen heben sie die Picke über den Kopf.

›Wie alle Ausgehungerten, sprachen wir viel über Kochrezepte, die uns das Wasser im Mund zusammenlaufen ließen, zu unserem Unglück, denn das

hatte zur Folge, dass wir uns regelrecht selbst aufzehrten. Ich wusste das, und weil ich das vermeiden wollte, suchte ich ein anderes Thema, über das ich nachdachte. Aber unweigerlich, fünf Minuten später, dachte ich wieder an Croissants am Morgen, an Hammel mit Bohnen oder an andere Hirngespinste. Ein langsamer moralischer Abbau.‹

Mittags eine dreiviertel Stunde Pause. Man ›stellt‹ sie auf einem mit Stacheldraht umzäunten Gelände ab. Da essen sie ihre Suppe.

Die Hände sind vom Pickelhalten zerschunden. Sie können ihre steifen Finger nicht mehr krümmen. Wie haben sie Angst auch nur einen Tropfen von der lauen Flüssigkeit zu verschütten.

Nachschlag. Einen halben Liter Suppe Nachschlag. Aber anstatt der Reihe nach zu verteilen macht man sich einen Spaß. Die Suppe wird in einem Napf an den Zaun gestellt, den sie erreichen müssen. Man lacht über die Schlacht, die folgt. Zusätzlich muss man sich den Brutalitäten widersetzen, die auf sie hinab prasseln, um das Recht zu haben, eine zusätzliche Portion zu erhalten. Ein großer Russe, den die Deutschen ›Stalin‹ getauft haben, erhält jeden Tag eine zusätzliche Portion. Er verdient sie sich. Er ist besonders stark und scheint gefühllos gegen Schläge zu sein. Er schlingt gierig einen halben Liter hinunter, zusammen mit dem Blut, das ihm aus der Nase läuft.

Vier Wasserkannen für dreihundert Häftlinge. Unmöglich an sie heran zu kommen. Nur ›Stalin‹ schafft es. Nachts, eingesperrt in die Schlafsäle haben sie nur einen großen Kübel für ihre Notdurft, den sie morgens beim Aufstehen um vier Uhr in die Mosel leeren. Aber bis Mitternacht ist der Kübel voll. Es bleibt nur die Hose. Oder das Kochgeschirr.

›Arbeit! Bewegung!‹ Ragot zuckt mit den Schultern. Zwanzig mal Stuhlgang am Tag. Fieber lässt seine Glieder zittern. Alles ist ihm egal.

›Ich gehe zum Kapo!‹ – Egal. Ein Fußtritt ins Gesicht.

Bei der Rückkehr von der Arbeit, hinter der Kolonne, einige Schubkarren. Für die Tagestoten.

Schlägereien und Diebstähle werden immer häufiger. Die Russen tun sich zusammen. Aufgepasst! – das Brot verschwindet in der Tasche oder unter'm Arm.[12]

---

12 Quelle_ Allainmat: Auschwitz en France. Paris 1974. Übersetzung ins Deutsche von Dorothee Mendner

Doktor Ragot überlebte trotz aller Schikanen und Entbehrungen Cochem und Natzweiler. Er starb jedoch im September 1954 im Alter von vierundvierzig Jahren an den Folgen seiner Deportation. Seine Aussagen haben wesentlich zur Aufarbeitung der Geschichte des Konzentrationslagers Natzweiler beigetragen. Jetzt tragen sie zur Aufarbeitung des Außenlagers Cochem bei. In der Gedenkbroschüre des KZ Natzweiler wird ganz unzweideutig festgestellt:

Unter den Außenkommandos war Kochem eines der schrecklichsten. Es musste ein Kanal durch den Tunnel gelegt werden und das Bahnhofsmaterial musste abgeladen und transportiert werden. Wenige haben Kochem überlebt, nur einige N.N., darunter Doktor Ragot, wurden auf wunderbare Art gerettet, als der Lagerverwaltung klar wurde, dass die N.N. nicht in Außenkommandos arbeiten durften. Er wurde folglich nach Natzweiler zurückgebracht. In einem Monat starben in Kochem vierzig von hundertfünfzig Franzosen.[13]

Dem Lebensweg und Schicksal einiger der im KZ-Außenlager Cochem verstorbener Franzosen und mancher ihrer Kameraden anderer Nationen konnte ich auf die Spur kommen.

Der Niederländer Louis Vervooren, ein N.N.-Häftling, war 48 Jahre alt, als er nach Cochem kam. Von Beruf war er Maschinenbauingenieur. Er verbrachte nur noch wenige Tage im Nebenlager Bruttig. Am 31. März 1944 ist er dort gestorben. Die amtliche Todesursache lautete: Herz- und Atemstillstand. In den von der SS täglich angefertigten Veränderungsmeldungen wird er am 5. April 1944 morgens als verstorben gemeldet.

Diese Veränderungsmeldungen wurden zentral in Natzweiler erstellt und enthalten alle Abgänge und Zugänge des *Stammlagers* und der Außenkommandos. Das Grab des Louis Vervooren befindet sich noch heute auf dem Bruttiger Gemeindefriedhof. Hier wurde sein Körper, mit noch sechzehn anderen Häftlingsleichen auf Anweisung des SS Führungsstabes ohne polizeiliche Genehmigung verscharrt. Das Todesdatum auf dem Grabstein stimmt mit der Angabe auf der Auflistung des Amtes Cochem-Land über *Grabstätten von Angehörigen der Verein-*

---

13 Quelle: KZ Lager Natzweiler Struthof, Nancy 1982

Abb. 15: Grabstein des Louis Christian Vervooren. Er war einer der Häftlinge, die gleich in den ersten Wochen zu Tode gekommen sind und von der SS auf dem Bruttiger Friedhof verscharrt wurden. (Foto: E. Heimes aus dem Jahr 1986)

ten Nationen überein. Andere Häftlingsleichen wurden per LKW in das Mainzer Krematorium gebracht und verbrannt.

Auch Vervoorens Landsmann, Hendrikus Rempe, ein damals 40-jähriger Hafenarbeiter, überlebte die Strapazen von Bruttig nur wenige Tage. Er verstarb laut Eintragung schon am 26. März 1944. *Vermutlich akute Herzschwäche* ist nachzulesen. Er wurde auf dem Bruttiger Friedhof verscharrt. Sein Grab ist heute noch dort.

Der Norweger Richard Waldemar Johannsen, N.N. Häftling, von Beruf Malergehilfe, starb am 2. April in Bruttig und wurde dort auf dem Friedhof verscharrt. Im Mai 1944 wäre er 32 Jahre alt geworden. Als Todesursache wurde Herz- und Atemstillstand vermerkt.

Der N.N. Franzose Josef Labouret wird in der Veränderungsmeldung der SS am 5. April als verstorben gemeldet. Auf der gleichen Meldung steht auch Louis Vervooren. Labouret wurde nicht auf dem Bruttiger Friedhof begraben. Es könnte sein, dass er im Treiser Lager gewesen ist.[14] Als er starb, war er 37 Jahre alt. Von der Verbandsgemeindeverwaltung Treis-Karden lagen mir keine Sterbelisten vor, aus denen ich Näheres über Josef Labouret hätte erfahren können. Über die Weigerung des Standesamtes Treis-Karden, Einsicht in die standesamtlichen Sterbelisten zu gewähren, werde ich noch zu sprechen kommen.

Konkrete Angaben lassen sich noch über folgende N.N. Häftlinge machen. Leider waren die mir vorliegenden Auflistungen nur sehr lückenhaft.

Die Franzosen Alexandre Martineau, 36 Jahre, Landwirt; Alexandre Norois, 43 Jahre, Maler und Pierre Clowez, Angestellter, werden auf der Veränderungsmeldung der Lagerverwaltung am 8. April 1944 als in Cochem verstorben gemeldet. Der Todestag von allen dreien ist der 5. April. Pierre Clowez hatte drei Tage vorher seinen 33. Geburtstag. Während alle bisher in Bruttig verstorbenen Häftlinge auf dem Friedhof des Ortes hinter der Kirche verscharrt wurden, hat man diese drei Toten erstmals nach Mainz ins Krematorium überführt und verbrannt.

Nur zwei Tage zuvor war zuletzt der am 3. April 1944 verstorbene Franzose Pierre Tarle auf dem Bruttiger Friedhof verscharrt worden. Er war 44 Jahre alt und von Beruf Gymnasiallehrer. Als Todesursache wurde kurz und bündig *Herz- und Atemstillstand* vermerkt. Fünfeinhalb Jahre später, im September 1949, wurden seine Überreste exhumiert und wahrscheinlich in seine französische Heimat überführt.

---

14 Josef Labouret war tatsächlich Häftling im Treiser Lager, was ich jedoch erst viel später nachweisen konnte, als ich nach langem Kampf und viel Gezerre die Sterbelisten des Standesamtes Treis in den Händen hielt. Josef Labouret war nach dem 31-jährigen Marcel Vernot der zweite Treiser Häftling, der vom dortigen Standesamt als verstorben gemeldet wurde.

Insgesamt wurden auf dem Bruttiger Friedhof siebzehn Häftlingsleichen begraben. Zehn von diesen wurden nach dem Krieg exhumiert und in mir unbekannte Orte, wahrscheinlich in ihre jeweilige Heimat, zur Bestattung überführt.

Die Veränderungsmeldung vom 13. April 1944 weist fünf Todesfälle auf, drei davon im Außenkommando Cochem. Es handelt sich bei den Toten um den N.N. Franzosen Henry Douat, 36 Jahre, Landwirt; Arthur Portier, 57 Jahre, ebenfalls Landwirt und um den 18-jährigen Schüler André Chinier. Alle drei kamen am Karfreitag, den 7. April 1944 zu Tode. Ihre Körper wurden in Mainz verbrannt.

In dem Dokument mit dem Titel *Nachweisung über Todesfälle von KZ-Häftlingen in der Gemeinde Bruttig* werden insgesamt 50 Todesfälle belegt. Es zeigte sich wieder die Lückenhaftigkeit der noch vorhandenen Unterlagen, denn drei der auf der Liste als verstorben mitgeteilten Personen sind in den überlieferten namentlichen Häftlingsaufstellungen nicht verzeichnet.

Henri Gourdier, Lager Bruttig, gelernter Uhrmacher, verstarb dort am 20. März 1944 im Alter von 36 Jahren angeblich an einer Grippe.

Jules Heidet, Lager Bruttig, verstarb dort am 28. März 1944 im Alter von 50 Jahren angeblich an einer Darmvergiftung.

René Quillem, Lager Bruttig, verstarb am 29. März 1944. Er war 36 Jahre alt. Todesursache: Herz- und Atemstillstand. Alle drei wurden auf dem Bruttiger Gemeindefriedhof hinter der Kirche verscharrt, im September 1949 exhumiert und vermutlich zur Bestattung in ihre Heimatorte überführt.

Am 27. März starb 31-jährig der Franzose Marcel Vernot, in Bruttig oder in Treis. Von Beruf war er Mechaniker gewesen.

Wie schon erwähnt, sind auf zwei Häftlingslisten ausschließlich N.N. Häftlinge aufgeführt. Die dritte Liste trägt den handschriftlichen Vermerk *nicht N.N.* Hierauf sind die Namen von 95 Personen aufgelistet, von denen 27 wieder durchgestrichen wurden. Am Ende der Liste war der Vermerk zu lesen *68 Häftlinge nicht N.N.*

Streichungen einzelner Personen befinden sich auch auf den beiden anderen Listen mit N.N. Häftlingen. Über die Gründe der Streichungen äußerte sich der ehemalige Natzweiler-Häftling Ernest Gillen, den ich ja demnächst besuchen sollte, in einem späteren Schreiben an mich, das in Auszügen am Ende dieses Kapitels dokumentiert wird.

Aber zurück zur Aufstellung der *Häftlinge nicht N.N.* Es befinden sich darauf viele Reichsdeutsche, die als Berufsverbrecher, politische Gefangene, Asoziale, Zigeuner oder Homosexuelle bezeichnet werden. Andere werden als russische und polnische Kriegsgefangene oder sogenannte ausländische Zivilarbeiter geführt. Es befinden sich ein Belgier, ein Jugoslawe, ein Niederländer, ein Luxemburger und zwei Italiener darauf.

Angeführt wird die Liste von dem damals 23-jährigen Friedrich Ehlscheid. Er trug als einziger die Häftlingsbezeichnung SAW.

Ernest Gillen hatte ihn in Natzweiler kennengelernt.

»Sie kannten ihn? Tatsächlich?«

»Ja. Friedrich Ehlscheid, oder auch Fritz, wie wir ihn nannten, war mit der ersten Gruppe von Häftlingen am 21. Mai 1941 vom KZ Sachsenhausen ins KZ Natzweiler gekommen. Er war ein SAWer. Das war die Abkürzung von Sonderabteilung Wehrmacht. In dieser Kategorie von Häftlingen figurierten Reichsdeutsche, die zur Wehrmacht eingezogen waren und denen ein Verstoß gegen Wehrmachtsbestimmungen vorgeworfen wurde. Sie trugen einen roten Winkel wie die Politischen, jedoch mit der Spitze nach oben. Nur wenige Häftlinge gehörten in Natzweiler dieser Kategorie an. Ich lernte Fritz Ehlscheid kurz nach meiner Ankunft in Natzweiler kennen, Ende Januar und Februar 1943. Damals war Fritz Ehlscheid Vorarbeiter, das heißt, zweiter Mann, oder Gehilfe des Kapos des Kommandos Straßenbau eins, auch Zugangskommando genannt. Die Häftlinge in diesem Kommando wurden besonders schwer behandelt, da nach der Gepflogenheit der SS die Häftlinge sofort bei ihrer Ankunft ein möglichst abschreckendes Bild vom KZ bekommen mussten. Der Kapo dieses Kommandos kam diesem Wunsch oder Befehl der SS-Verantwortlichen auch nach und genoss einen recht schlechten Ruf, was ihm auch schließlich zum Verhängnis wurde. Fritz Ehlscheid, der vom Kapo auch in dieselbe Richtung gedrängt wurde, war wesentlich gemäßigter. Er wusste den Kapo umzustimmen und zu einem menschlichen Handeln zu bringen. Fritz Ehlscheid war ein lustiger Mensch, gern zu einem Scherz, leider auch gelegentlich zu einem schlechten Scherz bereit. Großes Unrecht tat er jedoch nicht. Sein Einfluss war sicher als positiv zu werten. Ich selbst freundete mich mit ihm an, da er mir im Allgemeinen behilflich war und mich gegen den Kapo in Schutz nahm, wenn dieser seine Wut oder schlechte Laune an mir auslassen wollte. Durch solche und ähnliche Taten überwarf sich Fritz Ehlscheid mehrmals mit dem Kapo und bekam dann selbst dessen schlechte Seiten zu spüren. Dank seines Ranges im Lager konnte der Kapo jedoch nicht alles gegen ihn ausrichten, da dieser durch sein freundliches Wesen eine Reihe von Freunden unter den älteren KZlern hatte. Später kam Fritz Ehlscheid in ein anderes Kommando, das er als Kapo leitete. Hierüber weiß ich jedoch keine Einzelheiten. Nach Cochem kam Fritz Ehlscheid, wenn ich mich nicht irre, mit dem ersten Transport und war sicher als einer der Kapos von Natzweiler aus bestimmt worden. Er verblieb jedoch nicht lange in Cochem, da er am 25. April 1944 entlassen wurde, wahrscheinlich zur Wehrmacht.«

In dem Bericht über Doktor Ragots Zeit im Außenkommando Cochem ist ja auch von dem Kapo Fritz die Rede. Dieser dürfte identisch mit Fritz Ehlscheid gewesen sein. Allerdings wird er dort anders charakterisiert als von Ernest Gillen. Ob er sich in dem dazwischen liegenden Jahr vom fröhlichen und freundlichen Menschen in einen *echten Kapo* verwandelt hatte?

In Ragots Bericht ist auch die Rede von einem Kapo namens Leski. Auch ihn fand ich in der Auflistung der Häftlinge. Vorname: Kurt. Geboren am 11.2.11. Arbeiter. Er war der einzige deutsche Politische Gefangene in Cochem. Leski kam später zurück ins Stammlager, möglicherweise im August 1944 und von dort in das Nebenlager Leonberg.

Ehlscheid hatte die Häftlingsnummer 25. Diese wurden der Reihe nach bei der Ankunft im KZ vergeben. Er war demnach einer der allerersten Häftling in Natzweiler. Eine ebenfalls auffallend niedrige Häftlingsnummer, die 177, hatte der Häftling Adam Gräper, der in späteren Dokumenten auch mit dem Namen Heinrich Gräper auftaucht. Alle anderen Häftlinge auf den mir vorliegenden Listen hatten vierstellige Häftlingsnummern.

»Gräper, kennen Sie den auch? In der Liste steht, er sei Krankenpfleger oder Sanitäter gewesen. War er nicht auch vielleicht ein Kapo?«

»Ich kenne den ehemaligen Häftling Adam Gräper nicht«, antwortete Ernest Gillen »Es ist anzunehmen, dass er als Sanitäter nach Cochem abgestellt worden war. Solche Posten erhielten normalerweise ältere Häftlinge, also solche, die schon länger im KZ waren und in der Gunst der Häftlinge und auch der SS-Lagerleitung standen. Bei der Eröffnung eines Lagers kamen gewöhnlich einige altgediente Häftlinge mit, die mit der lokalen Lagerleitung betraut wurden und dort die führenden Stellungen einnahmen.« Ernest Gillen hatte eine Kopie des Nummernbuches des KZ Natzweiler vor sich auf dem Tisch liegen. Er blätterte darin.

»Hier steht er. Heinrich Gräper. Das muss sein richtiger Name gewesen sein. Es ist nicht ausgeschlossen, dass Gräper bereits zu diesem Zweck nach Natzweiler gekommen und dort im Revier bereits als Sanitäter beschäftigt war. Er war dort am 23. Mai 1941 angekommen. Was er in Cochem tatsächlich tat, weiß ich nicht. Es ist bekannt, dass ein französischer Häftlingsarzt nach Cochem kam.«

»Ja, Dr. André Ragot.«

»Richtig, der hatte die Aufgabe, Häftlinge ärztlich zu betreuen. Er war anfangs in Bruttig und später in Treis, wurde jedoch von einem Kapo an der Ausübung seiner Arzttätigkeit gehindert. Es ist nicht ausgeschlossen, dass Heinrich Gräper ein Gegenspieler dieses Arztes war, dass er also Sanitäter war, oder sein wollte, aber keinen anderen neben sich duldete, der lagermäßig ihm unterstellt, andererseits aber Arzt war. Gräper war Sanitäter, vielleicht ohne offizielle Ausbildung. Er blieb laut Nummernbuch bis zur Auflösung des Lagers in Cochem und kam am 15. September 1944 ins KZ Buchenwald.«

Über den deutschen Maurer Franz Düsel, Kategorie B.V., und die beiden polnischen Arbeiter Waclaw Niedzilski und Kaczim Rolka, beide sogenannte ausländische Zivilarbeiter, alle drei fand ich auf der Liste *nicht N.N.*, habe ich noch Näheres in Erfahrung bringen können, worüber ich Dir aber später berichten werde.

Von den 68 Häftlingen der Aufstellung *nicht N.N.* lebten am 24. Juli 1944 – an diesem Tag wurde eine Gesamtaufstellung aller in Cochem internierter Häftlinge angefertigt – noch 37 Personen, wahrscheinlich im Nebenlager Treis. Was war mit den übrigen Männern geschehen?

Das Schicksal von drei Häftlingen lässt sich noch ein Stück weit nachverfolgen. Über die anderen schweigen die mir vorliegenden Akten.

Einer, der als asozial bezeichnete Eugen Saur, war in der Zwischenzeit gestorben. Das geht aus einer Meldung der SS vom 9. Juli 1944 hervor. Saur war damals dreißig Jahre alt. Von Beruf war er Lederzuschneider.

Der 17-jährige Russe Petro Sejitow wurde zusammen mit drei Franzosen und einem Niederländer am 20. Mai 1944 von Cochem nach Natzweiler zurück gebracht, *rücküberstellt* nannte sich das damals. Gründe dafür sind mir nicht bekannt.

Bereits einen Monat vorher, am 19. April 1944 war auch Fritz Ehlscheid *rücküberstellt* worden. Sechs Tage später wurde er in Natzweiler entlassen.

Die nächste chronologisch geordnete *Namentliche Aufstellung der Häftlinge*, die mir vorlag, stammte vom 22. März 1944. Der für das Schreiben der Listen Zuständige hatte sich nur scheinbar klar formuliert, als er schrieb: *Aufstellung des Lagers Kochem-Bruttig*. Mein erster Gedanke war, dass die in der Aufstellung benannten Personen auch tatsächlich im Bruttiger Lager eingewiesen wurden. Es tauchen in der Folgezeit jedoch immer wieder unterschiedliche Schreibweisen auf, wenn das KZ-Außenlager Cochem mit seinen Nebenlagern Bruttig und Treis gemeint war. Eine Information über die tatsächliche Zuordnung der Häftlinge in ein bestimmtes Lager war damit nicht verbunden.

Auf der Liste stehen die Namen von 106 Personen, alle der Kategorie N.N. Häftlinge zugeordnet. Bis auf einen damals 19-jährigen belgischen Schüler waren alle Franzosen. Dieser Transport von Natzweiler nach Cochem war die erste Aufstockung von Häftlingen seit Eröffnung des Lagers. Die Zahl der Häftlinge in Bruttig und Treis dürfte zu diesem Zeitpunkt knapp unter 400 Personen gelegen haben.

Doch die Belegung der Lager Bruttig und Treis sollte sich schnell wieder ändern. Allein in den letzten März- und den ersten Apriltagen reduzierte sie sich um mindestens 13 N.N. Häftlinge. Sie mussten in der kurzen Zeit zwischen dem 20. März und dem 7. April in Bruttig ihr Leben lassen. Die Letzten noch zwei Tage bevor ihre Kameraden die *Hölle von Cochem* wieder verlassen durften.

Der Lagerverwaltung in Natzweiler war mit der Deportation der N.N. Häftlinge in das Außenkommando Cochem ein erheblicher Fehler unterlaufen. Es bestand die Anweisung, dass N.N. Häftlinge das Stammlager nicht verlassen durften, um in den Außenkommandos zu arbeiten. Da es sich bei den N.N. Häftlingen um politisch motivierte Gefangene handelte, von denen viele aktiv gegen das faschistische Deutschland gekämpft hatten, wurden sie für besonders *gefährlich* erachtet. Der Lagerverwaltung wurde ihr Missgeschick erst klar, nachdem sie mehr als dreihundert N.N. Häftlinge in Cochem eingesetzt hatte. Der Fehler wurde korrigiert, mit der sofortigen Anweisung, alle *N.N.* aus Cochem schnellstens nach Natzweiler zurückzubringen. So geschah es denn auch um den 9. April, dem Vorabend des Ostersonntags 1944.

Am Abend. ›Die belgischen und die französischen N.N. nach draußen! Ihr seid aus Versehen hier. Die N.N. dürfen das Lager nicht verlassen!‹ Und ihre Freude ist so groß, dass sie gleichgültig beobachten, wie drei von ihnen gequält werden, zwei Russen und ein Pole, die zu flüchten versucht hatten. Sie waren schnell wieder eingefangen. Die Handschellen, mit denen zwei von ihnen aneinandergekettet waren, sind unter der Wucht der Schläge zerbrochen. Man hängt sie an den Füßen auf, die Hände auf dem Rücken verschränkt, in der dritten Etage der Bettgestelle. Fest gezerrt mit Stacheldraht. Erdrosselt. Sie sterben in wenigen Minuten.

Ostermorgen. Das ist Rothau. Es regnet. Der Lagerstab ist auf dem Bahnsteig. Man reißt die Drahtverhaue der Waggons ab, und bald sind sie draußen. Nackte Füße auf dem nassen und gefrorenen Pflaster. Fünf steife Körper sind auf den Boden geworfen worden. Durcheinander. Siebenunddreißig Fehlende von Einhundertfünfzig.[15]

Der Häftling M. Alexis Maroter erlebte im KZ Natzweiler die Ankunft der Cochemer N.N. Häftlinge: *Zwei Tage nach unserer Ankunft, am Ostersonntag, erlebten wir die Rückkehr der Franzosen, die drei Wochen zuvor nach Cochem abgefahren waren. Ich habe viele schreckliche Sachen gesehen, aber das war meine erste alptraumhafte Erscheinung und ich habe sie sehr klar in Erinnerung bewahrt. Es regnete. Es war Sonntagnachmittag und wir arbeite-*

---

15 Quelle: Allainmat: Auschwitz en France. Paris 1974. Übersetzung ins Deutsche von Dorothee Mendner

ten nicht. Auf der Straße, am Rande des Lagers, absteigend zum Krematorium hin, sahen wir nackte Füße gehen. Die Menschen bekleidet mit unbeschreiblichen Lumpen. Einige hatten nicht mehr auf dem Körper als ein Hemd. Ihre schmutzige Hose hielten sie in der Hand. Sie hatten sie ausgezogen, weil sie Durchfall hatten und die Hose sie behinderte, beim Verrichten ihrer Notdurft. Schatten von Menschen, völlig abgemagert und blass. Die weniger Kranken stützten oder trugen richtige Skelette, bedeckt mit grünlichen Exkrementen, die nichts menschliches mehr an sich hatten.[16]

… und diese Brille verlor ich nun im Schlamm von diesem verfluchten Tunnel in Treis. Das geschah so: Ein paar Wochen nach uns kam ein Konvoi mit frischen Franzosen an. Direkt aus Paris. Und die Jungens fingen an zu arbeiten wie die Narren. für eine Extraration Essen. Wir, wir waren erschöpft, konnten ihrem Tempo natürlich nicht folgen. Die Bewacher merkten, dass wir zurückblieben und prügelten lustig drauf los. ›Dummköpfe‹ zischte ich zwischen den Zähnen, ›hört doch auf, euch so abzumühen. Ihr vergeudet viel mehr Energie, wie die armen fünfzig Extrakalorien wert sind, die man euch versprochen hat.‹

›Langsam‹, flüsterte ich, ›langsam.‹

Ein Aufseher hörte das. Ich versuchte mich herauszureden, ich hätte etwas anderes gemeint.

›Du hast gemeutert!‹, brüllte er und er schlug mich mit der Faust zwischen die Augen. Meine Brille zerbrach in hundert Stücke. Nun musste ich im Zwielicht herumtasten. Um mich herum sah ich undeutliche Gestalten. Sind es Mithäftlinge, Bewacher oder SS-Leute? Ich konnte ein paar Schlägen nicht entgehen. Da war vor allem ein holländischer Aufpasser, der, obwohl er selbst ein politischer Häftling war, drauf los schlug, wie ein Verrückter. Ein Aufpasser trug als Zeichen seiner Würde einen Stock, meistens einen Stock aus grünem Holz. Es ist nichts schmerzlicher als ein Schlag mit so einer schwingenden Rute, das dringt ein, und dein Fleisch schwillt ganz rot davon auf. Ich persönlich bekam lieber einen Schlag mit einem Kolben, als einen Hieb mit so einer Gerte. Ich habe gesehen, wie dieser Holländer einen Franzosen tot schlug, weil er bei einer Leibesvisitation ein paar Schnecken in seiner Tasche gefunden hatte.

---

16 Quelle: Allainmat: Auschwitz en France. Paris 1974. Übersetzung ins Deutsche von Dorothee Mendner

Die Franzosen machten übrigens mit Nachdruck Jagd auf Schnecken. Meistens aßen sie diese schleimigen Tierchen roh auf. Wenn die Aufseher ein Feuer angelassen hatten, das noch nachschwelte, dann warfen die Franzosen ihre Schnecken hinein. Das war schon hohe Gastronomie. Das Unglück war, dass es streng verboten war, Schnecken zu essen. Gras essen übrigens auch, ebenfalls Gemüse. Die Deutschen hielten lange Reden, in denen der allgemein verbreitete Durchfall, die Ruhr und die vielen Sterbefälle dem Essen der verbotenen Waren zugeschrieben wurden. Ich selber hatte vor dem Krieg noch niemals Schnecken gegessen. Dr. Chazette versicherte mir jedoch, dass diese schmutzigen Tiere viele Vitamine enthielten. Eine Schnecke, sagte er, und du bleibst wieder einen Tag auf den Beinen. Ich musste das dann doch auch mal probieren. Eines Tages hatte ich direkt neben dem Rad einer Dampfwalze zu arbeiten. Es hatte viel geregnet und eine Weinbergschnecke hatte sich auf dem Rad fest gemacht. Ich nahm sie herunter, stichelte die Schnecke aus ihrem Haus, schloss meine Augen und schluckte sie roh herunter.

Ich werde das nie wieder anfangen! Es schmeckte wie ein rohes Ei. Das war also nicht so schlimm, aber der Nachgeschmack war schrecklich. Tagelang lief ich mit klebrigen Mundschleimhäuten herum. Das war ekelhaft.

In der Nähe unseres Lagers stand ein Privathaus und da wohnte eine Frau alleine. Sie hielt Hühner in einer Umzäunung. Wenn sie das Hühnervieh fütterte, landeten immer ›irrtümlich‹ einige Brocken Brot in unserem Bereich. Ich bin sie nach dem Krieg mit meiner Frau besuchen gegangen. Ich war neugierig, ob sie mich noch wiedererkennen würde.

Die Einwohner von Bruttig-Treis sahen uns oft vorbeilaufen und sie konnten sehen, dass ich ein Belgier war, denn unter meiner Nummer und dem roten Winkel, dem Zeichen für politische Häftlinge, trug ich den Buchstaben B auf der Brust. Ich hatte einmal einen Blick mit der Frau gewechselt und sie hatte mich einige Augenblicke angeschaut.

Wir haben also bei der Frau geklingelt, 1946, und sie sagte tatsächlich: ›Der Belgier ist da!‹ Als Dank für die paar Brotkrümel, die sie mir und meinen Kameraden geschenkt hatte, habe ich ihr ein Kilo Kaffee gegeben, eine äußerst seltene Ware in jener Zeit.

Es ging bergab mit uns. Täglich verloren wir Kameraden. Wir wurden immerwährend angetrieben, wir kannten keinen Augenblick Ruhe. Der Hunger nagte an uns und zehrte uns auf. Wir waren steif, untertemperiert und gerädert. Ich hatte wieder einen seltsamen Mann als Freund, ein einäugiger

Hirte aus den Pyrenäen. Wenn wir sorgfältig das letzte Restchen Suppe aus unserer Schüssel geschlürft hatten, setzte er sich zu mir. Er erzählte über sein Hirtenleben, über das Töpfchen, das er sich kochte, hoch oben in den Bergen. Ich sah Thymian und Rosmarin, ich saß dabei wie ein Kind, das nach seiner Geschichte lauscht vor dem Schlafengehen. Ich gab ihm hier und da ein Stückchen von meinem Brot, denn er war hoch gewachsen, und er brauchte mehr als ich. Kurz vor Ostern verlor ich ihn. Ich litt schwer unter diesem Verlust. Niemand rechnete noch mit mir. Die Leute aus unserem Konvoi waren nicht mehr da für mich, ich war wie ein Fremder. Bis dass ich meinem ewigen Freund begegnete, Nicolai Pita. Er ist ein Sänger, er ist ein Dichter im vollen Sinne des Wortes. Er ist Ukrainer. Jeden Tag machte er Gedichte und übersetzte sie dann in mangelhaftes Deutsch, das noch ein Stückchen schlechter war, als das meine.

›Das Schönste das besteht
ist ein Mensch, der geht
auf dem Weg
an dem anderen Ufer der Mosel.
Es gibt nichts so schönes
als ein Mensch, der geht.
Es gibt nichts so schönes
als ein Baum, der blüht
außerhalb des Stacheldrahtes.‹

und:

›Wenn ich hier sterbe, Albert
und du überlebst,
komm dann noch einmal hierher zurück.
Aus meinem Land wird niemand
mich besuchen,
und Flandern liegt in der Nähe.

Es wird jedes Jahr wieder Frühling werden,
aber Tote sehen das nicht.
Komm du einmal hierher zurück
und erzähle dann, dass die Apfelbäume blühen

oder dass der Weißdorn duftet.
Ich werde es bestimmt hören.

Pass auf, ich werde ein Zeichen geben
in dem Rauschen der Tannen
oder durch eine Grille,
die ihre Flügel wetzt.‹

Oft haben seine Gedichte einen traurigen Unterton. In der Art von Multatuli: ›Ich weiß nicht, wo ich sterben werde.‹

›Es ist ohne Belang‹, sagte er, ›wo ich sterben werde, aber doch habe ich Angst vor dem Tod. Ich würde noch sterben wollen, ohne zu begreifen, dass ich weggehe. Ich habe nicht mehr viele Illusionen, aber trotzdem trage ich noch Liebe in meinem Herzen. Wenn ich mir bewusst bin zu sterben, wenn ich gehen muss, ohne die Liebe, die in mir lebt, weitergeben zu können, wird das Verlassen der Welt sehr schmerzlich sein.‹

Am Tag darauf machte er wieder Gedichte voller Hoffnung. Er sang auch seine Verse. Ich übersetzte dann für die Umstehenden. Nicolai sollte bei mir bleiben bis zur Befreiung, er sollte dieselben Kalvarienlager *mitmachen, wie ich.*

Es war erstaunlich, dass Nicolai noch eine solche Lebenslust und die Andacht fand, Gedichte zu machen. Die meisten von uns verblieben in einer Scheinwelt. Durch Krankheit und Unterernährung waren wir ganz heruntergekommen und kraftlos geworden. Wie auch die Aufpasser auf uns losschlugen, unsere Leistung war praktisch auf Null gesunken. Die Firma, welche die Arbeiten im Tunnel angenommen hatte, sah, dass ihr die Sache aus der Hand lief und dass die Liefertermine mit so einem Haufen Arbeiter keinesfalls eingehalten werden konnten. Wir sprachen ein paar Mal mit dem Ingenieur, der nicht begreifen konnte, warum wir nicht vor Gesundheit strotzten. Die Firma schickte jeden Tag Extrarationen, so schien es wenigstens. Der gute Junge hatte keine Idee davon, dass die Aufpasser alles, was einigermaßen essbar war, für sich selbst beschlagnahmten.

Am Karfreitag wohnten wir einer Kreuzigung bei. Zwei Häftlinge wurden mit den Armen an einen Ast eines Lindenbaums aufgehängt. Wir standen stundenlang, ihrem Todeskampf zuzuschauen. Sie hatten es gewagt, einen Fluchtversuch zu unternehmen, durch einen Schacht, der unter der Mosel hindurch führte. An den Armen aufgehängt zu werden ist schrecklich.

Ich verstand meinen Gottesdienst jetzt besser denn je. Es drang mir wie ein glühender Pfriem quer durchs Herz. Hier wurde Christus ein weiteres Mal gekreuzigt. Sie hingen dort stundenlang in schrecklichen Schmerzen. Als sie steif geworden waren und sich kaum noch bewegen konnten, zuckte einer der beiden wild auf und aus seiner Kehle kam das halberstickte Geröchel: ›Ich habe Durst‹.

Vor meinen Augen vollzog sich das ganze gewaltige Drama, das der Evangelist Markus kurz und markig so beschreibt: ›Und dann brachte man ihn auf eine Anhöhe, und dann wurde er gekreuzigt und dann rief er: ›Ich dürste‹, und dann kam jemand herbeigelaufen mit einem Schwamm und etwas Essig drauf, um ihn zu laben, und dann stieß er einen Schrei aus, und dann war er tot.‹ So spielte sich das ab, rudimentär, ohne Umstände.

Ein Soldat zog seinen Revolver und schoss beide tot.

Das sind die Dinge, die stets wieder bei mir zum Vorschein kommen, wenn ich die Deutschen so romantisch vom ›Lindenbaum‹ singen höre.

An einem Morgen hörten wir die unglaubliche Neuigkeit: ›Die französischen und belgischen N.N. Häftlinge müssen weg von hier. Ihr wurdet irrtümlich hierher gebracht. N.N. Häftlinge dürfen das Lager nicht verlassen.‹

Es gab noch einige wenige Überlebende. Wir befanden uns in einem Zustand von unglaublichem Elend. Wir wurden in Zellenwagen geworfen, dann wurden wir in einen Zug verladen. Ich weiß nicht, warum sie noch Angst vor uns hatten, wir waren wehrlos, schlapp wie Lumpen, aber jedenfalls wurden wir im Zuge unter Stacheldraht geschoben, der in fünfundsiebzig Zentimeter Höhe über dem Boden der Viehwaggons gespannt war. In der Mitte war ein Loch und da standen Wachleute mit Maschinenpistolen. Eine völlig überflüssige Maßnahme, denn der Stärkste unter uns war nicht mehr fähig, hundert Meter weit zu laufen. Und doch bekamen wir bei der geringsten Bewegung Kolbenschläge. Ein Freund von mir lag hier mit einem zerschmetterten Bein, das vollkommen im Zustand der Verwesung war. Er war bei der Sprengung von Felsen nicht gewarnt worden. Wir lagen zwei Tage lang in diesem Viehwaggon mitten im Staub und in Exkrementen von früheren Transporten. Einmal warf man uns eine Brotrinde zu. Danach gingen wir zu Fuß unseren Kalvarienberg, den Natzweilerberg hinauf. Nach Hause! Wir waren nur mehr Gerüste mit etwas Dreck rundum. Der eine konnte nicht gehen, der andere konnte nicht folgen, Kolbenschläge und Ochsenriemen halfen diesem elendigen Zug nicht mehr vorwärts. Wir lagen verstreut über den ganzen Weg von Rothau bis Natzweiler. Einige Krüppel humpelten, strauchelten weiter. Menschen, die im Koma waren, wurden mit fortgeschleppt von Menschen, die selbst jeden Augenblick zusammenbrechen konnten. Die Kameraden, die in Natzweiler zurückgeblieben waren, empfingen uns mit Bestürzung. Ich sah harte Knochen weinen.

Man drückte uns ins Krematorium hinein, um uns zu waschen. Tardieu, ein Franzose, stürzte unter dem ersten Wasserstrahl zu Boden. Tot.

Père Pinson, den ich den ganzen Weg mitgeschleppt hatte, konnte ich noch bis zur Baracke bringen. Er starb dort ein paar Tage später. Übrigens, jeder, der von Bruttig-Treis zurückkam, konnte wohl abgeschrieben werden. Unsere Organismen waren so sehr angegriffen, dass unser Tod nur noch eine Frage von Tagen oder Wochen war.

Ich konsultierte Doktor Chazette, er erzählte mir, dass meine Lungen angegriffen waren. Ich nahm das nicht so sehr tragisch. Ich fühlte mich ganz matt. Alle Lungenkranken haben das. Das ist eine Abwehrhaltung des Organismus, der seine Kräfte sparen will.

Franz Krajewsky, der Stubenälteste, versprach mir eine passende Arbeit. Ich musste für die Unterhalt der Barackenumgebung sorgen. ›Albert‹, sagte er, ›trotz allem, ich erkenne dich nicht wieder, du warst früher so energiegeladen, du warst stets bereit mit anzupacken und nun schleppst du dich dahin‹.[17]

Was ist aus ihnen geworden?

Ein Schicksal, das viele bereits in Cochem ereilte, wartete auch *zu Hause* in Natzweiler, der Tod. Kurz nachdem sie das Außenkommando Cochem verlassen hatten, starben noch mindestens acht Männer an Unterernährung, Erschöpfung und an den Folgen von Misshandlungen:

- der Gärtner Charles Varin, 49 Jahre, bereits am 8. April 1944, wahrscheinlich auf dem Transport von Cochem nach Natzweiler
- der Landwirt Yves Piocont, 53 Jahre, am 10. April 1944
- der Landwirt Pierre Constantin, 46 Jahre, am 11. April 1944
- der Postangestellte Jean Injudie, 35 Jahre, am 13. April 1944
- der Elektriker Edourd Lafevier, 32 Jahre, am 20. April 1944
- der Schweißer Ange Leparquier, 35 Jahre, am 7. Mai 1944

17 Quelle: Bert Aerts: Advokaat in Nacht en Nevel. Amsterdam 1972, Übersetzung ins Deutsche von Ernest Gillen

– der Landwirt Josef Rupin, 28 Jahre, am 20. Mai 1944
– der Holzfäller Alfonse Allier, 59 Jahre, am 24. Juni 1944.

Zehn Tage nach ihrer Ankunft in Natzweiler wurden am 19. April 1944 mindestens acht der N.N. Häftlinge in das Jugendgefängnis/Zuchthaus Wohlau überführt. Wohlau, das heutige polnische Wołów, lag in der damaligen Provinz Niederschlesien. Mir ist nicht bekannt, was dort mit ihnen geschehen ist. Es handelte sich um

– den Landwirt Henry Jourdain, 44 Jahre
– den Schiffer Leon Maqaert, 23 Jahre
– den Gärtner Emile Rouland, 45 Jahre
– den Friseur Gibert Sauvannet, 24 Jahre
– den Metallhändler Gaston Thibeulet, 46 Jahre
– den Landwirt Josef la Tily, 41 Jahre
– den Heizungsmonteur Marcel Carpentier, 46 Jahre
– den Arbeiter Josef Sarzyaski, 39 Jahre, einer von insgesamt vier Polen, die als N.N. Häftlinge von Natzweiler nach Cochem gekommen waren.

Mindestens 21 der Cochemer N.N. Häftlinge wurden am 15. Juni 1944 und am 19. Juli 1944 von Natzweiler in das 100 Kilometer südöstlich von Wohlau gelegene Zuchthaus Brieg, überführt. Was dort mit ihnen weiter passierte, ist mir nicht bekannt. Es handelte sich am 15. Juni um

– den Kraftfahrer Louis Caillard, 51 Jahre
– den Metzger Roger Culeron, 21 Jahre
– den Metzger Jean Lepicq, 21 Jahre
– den Arbeiter Morise Rocu, 31 Jahre
– den Elektromechaniker André Vanderstappen, 23 Jahre

und am 19. Juli um

– den Bäcker Andre Moroy, 19 Jahre
– den Geschäftsführer Raymond Brule, 46 Jahre
– den Landwirt Georges Comte, 43 Jahre
– den Versicherungsangestellten Alfred Duros, 48 Jahre
– den Monteur Jean Maurice, 42 Jahre
– den Hochschullehrer Regis Massac, 50 Jahre
– den Fotograf Paul Simon, 27 Jahre
– den Arbeiter Jean Combaas, 34 Jahre

– den Student Jean Chaterine, 18 Jahre
– den Landwirt Jean Couturier, 18 Jahre
– den Lehrer Eugene Guilbaut, 36 Jahre
– den Mechaniker Louis Jolivet, 20 Jahre
– den Gärtner Louis Martin, 25 Jahre
– den Lehrer Roland Touze, 23 Jahre
– den Maler Louis Sillard, 45 Jahre
– den Gärtner Jean Despretz, 56 Jahre

Im August/September 1944, als die Front der Alliierten von Westen näher rückte, wurde das KZ Natzweiler evakuiert. Die politische Abteilung des Lagers muss sich damals für die Liquidierung aller Häftlinge ausgesprochen haben. Der Kommandant des Lagers widersprach jedoch und sorgte für die Überführung des Lagers in das Konzentrationslager Dachau. Am 5. September 1944 wurden auch Überlebende der Cochemer N.N. Häftlinge nach Dachau deportiert. Was allerdings dort mit ihnen geschah und wie viele Dachau überlebten, ist ungewiss.
Am 5. September wurden evakuiert:
– der Pfarrer Andre Bidaux, 45 Jahre
– der Eisenbahner Roger Chanteloup, 32 Jahre
– der Mechaniker Jacques Chappalain, 22 Jahre
– der Schweißer Blaise Monque, 34 Jahre
– der Angestellte Mathurin Moryan, 33 Jahre
– der Student Paul Quentin, 18 Jahre
– der Metzger Jacques Bidois, 35 Jahre
– der Angestellte Pierre Geslin, 30 Jahre
– der Bankangestellte François Guerin, 18 Jahre
– der Schuhmacher Ormand Hillier, 41 Jahre
– der Buchhalter Jacques Noe, 19 Jahre
– der Zimmermann Josef Peuterin, 28 Jahre
– der Medizinstudent Jean Roullier, 24 Jahre
– der Tischler Francois Tanguy, 37 Jahre
– der Arzt Roger Chazette, 41 Jahre
– der Landwirt Raymond Chereau, 47 Jahre
– der Lehrer Marcel Champagnon, 27 Jahre
– der Rechtsanwalt Albert Aerts, 29 Jahre

– der Holzfäller Albin Rychlik, 20 Jahre, Pole
– der Holzfäller Stanislav Rychlik, 46 Jahre, Pole
– der Elektriker Felicien Tribat, 37 Jahre
– der Tischler Jacques Vernet, 19 Jahre
– der Kraftfahrer Poland Boulanger, 38 Jahre
– der Kraftfahrer Michel Carment, 18 Jahre
– der Friseur Bruno Willebroodt, 53 Jahre.

Ich greife jetzt noch einmal vor und dokumentiere wie versprochen einen Auszug eines späteren Briefes von Ernest Gillen. Er hat darin einige Gedanken niedergelegt, die zur Klärung verschiedener, hier offen gebliebener Fragen beitragen.

Die Behauptung, Häftlinge aus Natzweiler wären bereits 1942 oder 1943 nach Treis gekommen, hält keiner näheren Untersuchung stand. Als Außen-

Natzweiler, den 8.4.1944.

Veränderungsmeldung.

Stärke am 7.4.1944 morgens	6591	Häftl.
Zugänge : Laut Liste	67	"
Abgänge : Durch Tod	8	"
Stärke am 8.4.1944 morgens	6650	Häftl.

Norw. 5271 Selstö Nils verstorb.
Holl. 5687 Weel, Huibert "
Frz.NN.6259 Brieu, Fernand "
Norw. 6653 Jensen,Trygve "
Frz.NN.6284 Martineau,Alexandre " (Kochem)
Frz.NN.6319 Morois,Alexandre " (Kochem)
Frz.NN.7605 Clowez,Pierre " (Kochem)
Pol.It.9740 Lius, Pius " (Markirch)

Der Schutzhaftlagerführer

SS-Hauptscharführer.

Abb. 16: Eine der Veränderungsmeldungen, wie sie täglich in Natzweiler angefertigt wurden. Sie erfassen sämtliche Todesfälle im KZ Natzweiler und seinen Außenlagern. Alle Zu- und Abgänge werden genauestens registriert.
Veränderungsmeldung vom Karsamstag, 8. April 1944: Cochem meldet drei Tote. (Quelle: Bundesarchiv Koblenz/Potsdam NS 4 NA, R 3/331,R7/1214)

kommando von Natzweiler können keine Häftlinge vor März 1944 in Treis gewesen sein. Eine solche Abstellung in Form eines Außenkommandos, auch wenn die Häftlinge aus einem anderen Lager dorthin gekommen wären, müsste in den monatlichen Schutzhaftlager-Rapporten erscheinen, wie das für alle anderen Außenkommandos der Fall ist. Treis erscheint jedoch erst Ende März 1944. Dass Häftlinge von Natzweiler nach Treis kamen und dort einem anderen KZ unterstellt gewesen wären, trifft für 1942 nicht zu: alle Abgänge von Natzweiler gingen nachweisbar in andere Konzentrationslager. Für 1943 ist die Lage ähnlich, obschon dies (noch) nicht so genau belegt werden konnte. Diese Möglichkeit ist übrigens nur theoretisch, denn die Gegend von Cochem war bestimmt auch schon 1942 und 1943 zum »Bezirk« Natzweiler zu rechnen. Eine Möglichkeit besteht noch: Häftlinge eines anderen Lagers, z.B. eines Arbeitserziehungslagers, wie in Neuwied, könnten es gewesen sein. Aber woher kommt dann der Hinweis auf Natzweiler, wann wären diese Häftlinge verschwunden und durch solche aus Natzweiler ersetzt worden, und wie? Eine andere theoretische Möglichkeit: dass Häftlinge von Natzweiler in Treis gear-

Natzweiler, den 13.4.1944.

Veränderungsmeldung.

Stärke am 12.4.1944 morgens 6613 Häftl.
Zugänge : Laut Liste 30 "
Abgänge : Durch Tod 5
durch Entlassung 1
auf der Flucht 1 7 "
Stärke am 13.4.1944 morgens 6636 Häftl.

Pol.Ital. 8073 Alberti, Aristide entlassen
Pol.Pole 8843 Komasz, Wasil a.d.Flucht
AZA Russe 6491 Makarow, Sergej verstorben
Aso RD. 8082 Bach, Konrad "
Franz.NN. 6169 Doust, Henri " (Kochem)
Franz.NN. 6294 Portier, Artur " (Kochem)
Franz.NN. 6961 Chinnier, Andre " (Kochem)

14.4.44 B.

Der Schutzhaftlagerführer

181 SS-Hauptscharführer.

Abb. 17: Veränderungsmeldung vom 13. April 1944: Cochem erziehlt einen traurigen Rekord. (Quelle: Bundesarchiv Koblenz/Potsdam NS 4 NA, R 3/331,R7/1214)

beitet hätten während zwei Jahren, ohne dorthin überstellt gewesen zu sein, sozusagen als Arbeitskommando, das noch in Natzweiler geführt wurde, als wäre es noch dort untergebracht und nur zeitweilig außerhalb des Lagers; diese Möglichkeit ist kaum anzunehmen.

Das Datum vom 2. Februar 1944, als Verlegungsdatum der ersten Häftlinge von Natzweiler nach Cochem wird von Bert Aerts genannt. Bert Aerts steht im Widerspruch mit anderen ehemaligen Häftlingen (Ragot). Andererseits kam ein Großteil der Häftlinge der Listen, die das Datum vom 10.3.1944 tragen, erst Ende Februar oder Beginn März 1944 nach Natzweiler. Auf der Liste, auf welcher Aerts vermeldet ist (auch auf den 10.3.1944 datiert), stehen andere Häftlinge, die zwischen dem 5. und 16. Februar in Natzweiler ankamen; sie können also nicht schon am 2.2.1944 nach Cochem verlegt worden sein. Übrigens irrt sich Bert Aerts auch in anderen Punkten. Ein Irrtum in Bezug auf das Datum, auch für einen Monat, ist nicht unwahrscheinlich, da sein Buch erst nach Beendigung des Krieges verfasst wurde. Hierfür gibt es Beispiele bei anderen Berichten.

Den sichersten Beweis, dass die ersten Häftlinge um den 10. März 1944 nach Cochem kamen, sind die Listen, die auf den 10. März 1944 datiert sind, die also höchstwahrscheinlich am 10. März 1944 aufgestellt und im letzten Augenblick wieder umgeändert worden sind. Kopf und Datum der Listen deuten an, dass die Listen in Natzweiler aufgestellt wurden und zwar von der Abteilung III, Arbeitseinsatz; diese Abteilung war unter anderem auch zuständig für die Bestimmung der Häftlinge, die nach Nebenlagern überstellt wurden. Die Listen wurden wahrscheinlich am 10. März 1944, kurz vor der Abfahrt nach Cochem fertiggestellt. Das Total, der auf den Listen erfassten Häftlinge, belief sich in dem Augenblick auf 95 plus 55 plus 200, gleich 350 Häftlinge. Dann wurde die Liste umgeändert – einige Häftlinge wurden gestrichen, andere wurden hinzugefügt – und man kam auf ein Total von genau 300 Häftlingen. Zu bemerken ist, dass diese Umänderungen höchstwahrscheinlich mit derselben Schreibmaschine, wie die erste Fassung der Liste, demnach in Natzweiler gemacht wurden. Die saubere Streichung einer Reihe von Häftlingen lässt auch Schlüsse in dieser Richtung zu. Auffallend ist außerdem, dass es sich in beiden Fällen um ganz runde Zahlen handelte und dass sie durch fünfzig teilbar waren; das war bestimmt kein Zufall. Fünfzig ist nämlich die Zahl der Häftlinge, die normal in einen Viehwaggon der Eisenbahn untergebracht wurden. Im ersten Falle waren also sieben Waggons geplant. Im zwei-

ten Falle bloß sechs. Wahrscheinlich stand ein Waggon weniger zur Verfügung als zuerst geplant; möglich ist auch, dass in Cochem Auffangschwierigkeiten bestanden. Es ist anzunehmen, dass diese Änderungen in letzter Minute geschehen mussten, da die Listen schon fix und fertig waren und man keine neuen anfertigen konnte oder wollte. Aus diesen Überlegungen schließe ich, dass dieser Transport kurz nach der Erstellung und Abänderung der Listen, d.h. am 10. (oder vielleicht auch noch am 11.) März 1944 in Natzweiler abging und wahrscheinlich am nächsten Tag in Cochem ankam.

Der Umstand, dass auch der Internationale Suchdienst in Arolsen als ältestes Dokument über Cochem ein Dokument vom 10.3.1944 vermeldet – gemeint sind wahrscheinlich die drei bekannten Listen – deutet ebenfalls in die Richtung, dass das Lager erst in dieser Zeit entstand. In dieselbe Richtung zeigt ebenfalls der Umstand, dass zum Beispiel keine Fluchtversuche oder Todesfälle bekannt sind, dass Sie und ich keine Dokumente über die Zeit vor dem 10.3.1944 gefunden haben, sondern nur viel später datierte Aussagen.

Aus den unterschiedlichen Berichten der Häftlinge entsteht ein Widerspruch, was die Dauer der Reise von Cochem nach Rothau betrifft. Hier tritt eine Tatsache in Erscheinung, die man öfter feststellen kann: Sehr unangenehme Erlebnisse scheinen in der Erinnerung länger zu sein, als sie in Wirklichkeit waren. Andererseits: Anhaltspunkte für das Bestimmen eines Datums – wir hatten ja keinen Kalender und keine Agenda – waren meistens Festtage. Nach längerer Zeit vergisst man jedoch oft, ob das Ereignis am Festtag selbst oder in der Nähe desselben stattfand.

Polen und Russen – Vernichtung durch Arbeit

Kurz bevor die N.N. Häftlinge nach Natzweiler zurück transportiert wurden, erreichte der bis dahin größte Häftlingstransport Cochem. Am 6. April 1944 kamen 700 Gefangene aus dem Konzentrationslager Majdanek/Lublin auf dem Güterbahnhof unseres Moselstädtchens an. Darunter waren 417 Polen, 268 Russen, fünf Jugoslawen aus Kroatien, zwei Franzosen, ein Italiener, fünf Reichsdeutsche und zwei staatenlose Häftlinge. Sie lösten die N.N. Häftlinge ab. Am 12. April, dem Mittwoch nach Ostern, ist die vierzehnseitige Zugangsliste als *erledigt* in Cochem abgezeichnet worden.

Genau wie die Russen waren auch die Polen von den deutschen *Herrenmenschen* als *minderwertige Rasse* eingestuft worden. Aufgrund der allgemeinen Weisung Himmlers musste dementsprechend mit ihnen verfahren werden. Das bedeutete, sie durften exekutiert oder der *Vernichtung durch Arbeit* zugeführt werden. In den Kriegsjahren wurden dementsprechend große Menschenmassen aus Polen und den besetzten Gebieten der Sowjetunion nach Deutschland deportiert. Das Los vieler Kriegsgefangener war die Exekution oder die Einweisung in ein Konzentrationslager, die für viele einem Todesurteil gleich kam. In dem Menschentransport, der Anfang April aus dem KZ Majdanek/Lublin an die Mosel fuhr, befanden sich zur Zwangsarbeit Deportierte und russische Kriegsgefangene.

Im besetzten Polen hatten die Nazis an der Reichsuniversität Posen den Anatomen Hermann Voss eingesetzt. Voss ist später durch die von ihm verfassten Standardwerke für Medizinstudenten bekannt geworden. Seine Tagebücher, die er auf der Flucht vor der anrückenden Sowjetarmee im Jahre 1945 dort hatte liegen lassen, sind voll von rassistischen Notizen, gerichtet gegen das polnische Volk. Sie lassen die menschenverachtende Gesinnung eines von faschistischer Gedankenwelt durch und durch geprägten Menschen erkennen. Voss schrieb:

Hier im Institut ist auch im Kellergeschoss eine Verbrennungseinrichtung für Leichen, Sie steht jetzt ausschließlich im Dienst der Geheimen Staatspolizei. Die von ihr erschossenen Polen werden hier nachts eingeliefert und ver-

brannt. Wenn man doch die ganze polnische Gesellschaft so veraschen könnte! Das polnische Volk muss ausgerottet werden, sonst gibt es keine Ruhe im Osten. Es ist übel, dass man hier im Institut noch auf Polen als Mitarbeiter angewiesen ist.[18]

An einer anderen Stelle schrieb er:

Die Polen sind in der letzten Zeit überhaupt wieder recht frech geworden. Sie haben des Öfteren Brände gelegt, besonders in Mühlen, aber (das) bekommt ihnen, glaube ich, sehr schlecht. Ihr Volk wird durch solche Dinge immer mehr dezimiert. Ich glaube, man muss diese Polenfrage ganz ohne Gefühl betrachten, rein biologisch. Wir müssen sie vernichten, denn sonst vernichten sie uns. Und deshalb bin ich froh über jeden Polen, der nicht mehr lebt.[19]

Und weiter:

Die Polen sind augenblicklich wieder sehr frech. Infolge dessen hat unser Ofen wieder sehr viel zu tun. Wie schön wäre es, wenn man die ganze Gesellschaft durch solche Öfen jagen könnte! Dann gäbe es endlich Ruhe im Osten für das deutsche Volk.[20]

In einem Auszug aus einem Schreiben des Gebietskommissars Paul Raab über Zwangsmaßnahmen zur Gestellung von Arbeitskräften im Gebiet Wassilkow bei Kiew für Deutschland lässt sich ablesen, auf welche Art das Deutsche Reich sich die Häftlinge zum Arbeitseinsatz verschafft hatte:

Während des Jahres 1942 wurde die Erfassung von Arbeitspflichtigen fast ausschließlich durch Propaganda erreicht. Nur selten wurde damals die Anwendung von Zwangsmaßnahmen erforderlich. Lediglich im August 1942 musste gegen zwei Familien in den Dörfern Glewenka und Salisny-Chutter eingeschritten werden, welche je einen Arbeitspflichtigen zu stellen hatten. Die beiden waren im Juni zum ersten Mal aufgefordert worden, hatten aber der mehrfachen Aufforderung nicht Folge geleistet. Sie mussten zwangsweise vorgeführt werden, doch gelang es ihnen zweimal aus dem Sammellager Kiew bzw. vom Transport zu entspringen. Vor der zweiten Aufforderung waren bereits die Väter der beiden Arbeitspflichtigen festgenommen worden,

---

18 zitiert aus: Biedermann und Schreibtischtäter, Materialien zur deutschen Täterbiografie, Berlin 1987

19 ebenda

20 ebenda

um als Geisel erst ausgelöst zu werden, sobald sich ihre Söhne stellen würden. Als dann nach der zweiten Flucht die Festnahme sowohl der Söhne als auch der Väter angeordnet wurde, trafen die damit beauftragten Polizeistreifen die Häuser (unleserlich) an.

Damals habe ich mich entschlossen, nunmehr endlich zu Maßnahmen zu greifen, welche der immer störrischer werdenden ukrainischen Jugend klarmachen sollten, dass unsere Anweisungen für sie bindend sind. Ich ließ die Häuser beider Flüchtlinge niederbrennen. Der Erfolg war, dass man in der Folgezeit wieder bereitwillig den Anordnungen bezüglich Arbeitseinsatzes nachkam.[21]

Die Anzahl der noch vorhandenen NS-Akten ist so spärlich, dass ich hier nur lückenhaft einige wenige Häftlingsschicksale nachvollziehen konnte. Der weitaus größere Teil ihrer Lebens- und Leidenswege bleibt im Dunkeln. So ist zum Beispiel für den Zeitraum zwischen dem 18. April und dem 9. Juli 1944 keine einzige Veränderungsmeldung erhalten geblieben. Nur durch diese wären Begebenheiten wie Flucht oder Tod von Häftlingen eindeutig nachzuweisen. Diese wiederum in Zusammenhang gebracht mit den Zu- und Abgängen im Außenkommando Cochem hätten ein Gesamtbild des Geschehens entstehen lassen können. Aber auch die Zu- und Abgangslisten, sowie die übrige Korrespondenz zwischen dem Stammlager und dem Außenkommando sind nur noch äußerst lückenhaft vorhanden. So musste ich mich mit dem begnügen, was an Unterlagen noch zu beschaffen war. Durch einen Anruf beim Bundesarchiv überzeugte ich mich noch einmal, dass ich auch alle Kopien der wichtigsten überlieferten Akten vor mir hatte. Der zuständige Sachbearbeiter gab mir bereitwillig Auskunft.

Die 685 aus Majdanek/Lublin in Cochem angekommenen *Angehörigen minderwertiger Rassen* und die 15 Menschen anderer Nationalitäten, nicht als minderwertig eingestuft, aber aus anderen Gründen zur *Vernichtung durch Arbeit* bestimmt, wurden auf die Lager Bruttig und Treis verteilt. Wahrscheinlich waren sie sogar noch ein bis zwei Tage mit den N.N. Häftlingen gemeinsam in den beiden Lagern. Sie wurden

---

21 zitiert aus: Eine Schuld, die nicht erlischt, Dokumente über deutsche Kriegsverbrechen in der Sowjetunion, Köln 1987

am 6. April 1944 als Zugänge in Cochem registriert. Die N.N. Gefangenen erreichten um den 9. April Natzweiler. Für den Transport nach Natzweiler sollen die gleichen Viehwaggons benutzt worden sein, mit denen die Häftlinge aus Majdanek/Lublin nach Cochem kamen.

Einige neu angekommene Russen hielten die Strapazen von Cochem nicht lange aus. Sie nahmen die erstbeste Gelegenheit wahr und riskierten die Flucht aus dem Lager. Gegen Mitte des Monats April befanden sich bereits 21 russische Häftlinge auf der Flucht. Am 18. April wurden der 40-jährige Pole Wilian Costasza und sein vierzehn Jahre jüngerer Landsmann Slavomir Kwiatkowski als flüchtig gemeldet. Der Fluchttag ist wahrscheinlich Samstag, der 15. April gewesen. Am Mittwoch der darauf folgenden Woche hatte man die beiden bereits wieder eingefangen.

Von den russischen Flüchtlingen haben einige möglicherweise auch entkommen können. Jedenfalls wiesen die Akten auf nichts anderes hin. Möglich also, dass sich diese jungen Männer tatsächlich bis zum Ende des Krieges durchschlagen konnten:

- der 20-jährige Wasilij Beresin
- der 37-jährige Piotr Siedow
- der 21-jährige Iwan Sisojew
- der 22-jährige Piotr Szarszniow
- der 25-jährige Anton Tasmuk

Ungewiss ist der Verbleib der fünf Flüchtigen:

- Nestor Kirikczenko, 28 Jahre
- Josef Bilokur, 35 Jahre
- Alexej Kuchnerow, 28 Jahre
- Wiktor Machow, 28 Jahre
- Alexander Miroschnitschenko, 30 Jahre

Die Ausbrüche des 22-jährigen Wiktor Malikow und des 19-jährigen Alexander Marawiew aus dem Lager in Bruttig fanden schnell ein tragisches Ende. Nach wenigen Tagen hatte man sie aufgespürt und ergriffen. Am 27. April 1944, acht Tage nach ihrer Festnahme, wurden sie wahrscheinlich exekutiert. Tod durch den Strick war gewöhnlich die Strafe, die wiederergriffene Flüchtlinge in Bruttig und Treis zu erwarten hatten. Malikows und Marawiews Leichen wurden nach Mainz gebracht, wo sie im dortigen Krematorium verbrannt wurden.

Sieben Tage vorher, am 20. Juni 1944 fanden in Bruttig gleich sieben Männer, vier Russen und drei Polen den Tod. Unter den Polen waren die beiden Mitte April geflohenen Häftlinge Kwiatkowski und Costasza. Der dritte hieß Nikolay Weselew. Er war 23 Jahre alt und war ebenso wie Kwiatkowski und Costasza mit dem großen Menschentransport aus Majdanek / Lublin nach Cochem gekommen. In der Liste der Häftlingszugänge steht, er sei Russe gewesen. Im *Nachweis über Todesfälle von KZ-Häftlingen in der Gemeinde Bruttig* steht er in der Reihe der verstorbenen Polen. Geboren ist er laut Liste in Samara am 19. Dezember 1920. Wer weiß wo Samara liegt?[22]

Ob auch Weselew geflohen, wiederergriffen und getötet wurde oder unteren anderen Umständen sein Leben lassen musste, ist ungewiss.

Die beiden Russen Anatoli Gontscharko, 30 Jahre alt und der 20-jährige Wadin Krutalewicz, die auch zu den Toten des 20. Juni 1944 gehören, waren im April geflohen. Zwei weitere Opfer waren die russischen Häftlinge Stephan Bendel, 33 Jahre alt und der 26-jährige Stephan Mitiaschenko. Alle Indizien sprechen dafür, dass am 20. Juni 1944 in Bruttig eine Massenexekution von mindestens sieben Gefangenen stattgefunden hat. Wahrscheinlich wurden am gleichen Tag im Lager in Treis die Russen Iwan Tschurikoff und Gregor Iwanow exekutiert. Sicher ist, dass sie einige Zeit flüchtig waren und am 20. Juni den Tod fanden. Hierüber könnten die Sterbeurkunden des Standesamtes der Verbandsgemeinde Treis-Karden sicher Auskunft geben. Die Gemeindeverwaltung behält diese Unterlagen jedoch hartnäckig unter Verschluss. Meiner mehrfachen Bitte, in die Akten Einsicht nehmen und sie für meine Arbeit fotokopieren zu dürfen, hat man mir immer wieder abgeschlagen. Aber das ist eine Geschichte für sich. Ich werde sie Dir später erzählen. Die Toten vom 20. Juni wurden verbrannt.

Die Geschichte der Flucht von vier russischen Häftlingen, die ich bruchstückhaft rekonstruieren konnte, endete, wenn auch nicht gerade erfreulich, so jedoch auch nicht gleich mit dem Tode. Wenige Tage nach der Ankunft des Häftlingszuges aus dem KZ Majdanek in Cochem

---

22 Auf diese mehr rhetorisch gemeinte Frage antwortete mir ein Leser nach der Lektüre einer der ersten Auflagen dieses Buches. Samara sei eine der größten Städte Russlands, liege gut 1000 Kilometer südöstlich von Moskau, nördlich des Kaspischen Meeres an einer Biegung der Wolga.

und der Einweisung der Häftlinge in die Lager, brachen der 43-jährige Iwan Schurba, der 45-jährige Andrei Pidhoreckij, der 26-jährige Ivan Martiniuk und Iwan Andrewitsch Komar aus ihrer Gefangenschaft an der Mosel aus. Komar war erst 17 Jahre alt. Ob die Männer in Bruttig oder in Treis flohen, kann ich nicht sagen. Am 30. Juni 1944 wurden sie ergriffen. Immerhin hatten sie sich mehrere Wochen durchschlagen können. Was mit ihnen, als man sie in das Lager zurückgebracht hatte, geschah, kann ich nicht sagen, jedenfalls sind sie nicht exekutiert worden. Welchen Folterungen und Qualen sie nach ihrer Ergreifung im Lager ausgesetzt waren, lässt sich nur erahnen. Überraschend überlebten Pidhoreckij, Martiniuk und Schubra das Kommando Cochem trotz ihrer Flucht. Am Tag nach ihrer Ergreifung wurden sie in das KZ Natzweiler transportiert. Dort wurden sie in den sogenannten Bunker, das Lagergefängnis mit seinen Verließen und Folterräumen gesperrt. Die Gefangenschaft im Bunker in Natzweiler kam für viele einem Todesurteil gleich. Der Junge Iwan A. Komar wurde nach seiner Ergreifung in das Polizeigefängnis in Mainz gesperrt. Am 12. August wurde er von dort zusammen mit zwei polnischen Häftlingen nach Natzweiler *entlassen*. Die beiden Polen, der 30-jährige, Alexy Burzynski und der gleichaltrige Fedor Markowski, waren bereits zu einem früheren Zeitpunkt aus dem KZ-Außenlager Cochem hierher gekommen. Der Grund für ihre Inhaftierung in Mainz lässt sich nicht ermitteln. In Natzweiler wurden alle drei in den Bunker geworfen, womöglich Zelle an Zelle oder sogar im gleichen Raum mit ihren Kameraden Schubra, Martiniuk und Pidhoreckij.

Im Transport aus Majdanek / Lublin nach Cochem befanden sich auch die fünf Polen, Stanislaw Antoszewicz, Kasimiriez Jakubiak, Marian Ostrowski, Waclaw Pokoca und Kraciszek Sobczak, die laut Brief vom 2.4.1944 des Kommandanten von Majdanek / Lublin, gemäß Erlass des SS-WVHA vom 28.3.1944, nach Natzweiler gebracht werden mussten. Drei von ihnen, Antoszewicz, Jakubiak und Pokoca blieben in Cochem bis zur Auflösung des Lagers und kamen dann nach Buchenwald. Sobczak starb am 17.4.1944 wahrscheinlich in Cochem. Ostrowski kam wahrscheinlich über das Hauptlager in ein anderes Nebenlager des KZ Natzweiler.

Inzwischen lief die Zeit längst auf der Seite der Häftlinge, denn die Evakuierung des KZ Natzweiler stand bereits unmittelbar bevor. Die vier Russen Komar, Schurba, Martiniuk und Pidhoreckij wurden am 5. September 1944 nach Dachau deportiert. Ob sie Dachau überlebten und dort am 29. April 1945, gut ein Jahr, nachdem sie aus einem der Cochemer Lager geflohen waren, befreit wurden, bleibt zu fragen.

Der größte Häftlingstransport überhaupt traf am 3. Mai 1944 in Cochem ein. Von Auschwitz waren 850 Häftlinge in die beiden Mosellager Bruttig und Treis deportiert worden.

Die SS-Lagerverwaltung in Cochem benötigte drei Tage, bis sie die vielen Menschen in ihren Karteien erfasst hatte. Die Häftlinge erhielten die Häftlingsnummern 15429 bis 16278. Die zweite Zahl dürfte der Gesamtzahl der bis zu diesem Zeitpunkt in Natzweiler registrierten Häftlinge entsprechen. Der damals 22-jährige Pole Peter Shevchuk gehörte dem Transport Auschwitz-Cochem als Gefangener an. Im Lager Bruttig erhielt er die Häftlingsnummer 16074. Er hat die faschistischen Konzentrationslager überlebt. Heute lebt er in New York. 1987 hat er den Ort seiner Gefangenschaft, Bruttig, noch einmal aufgesucht. Diesen Besuch und den sich daraus ergebenden Kontakt habe ich aufgezeichnet. Die Aufzeichnungen werde ich Dir natürlich nicht vorenthalten, doch will ich erst an späterer Stelle darüber berichten.

Bis auf einen jugoslawischen Häftling waren alle die aus Auschwitz kommenden Häftlinge Polen und Russen. Einige Polen waren mit S.V. oder ASO bezeichnet, alle anderen aber waren als *Politische Häftlinge* eingestuft worden.

Natzweiler, den 18.4.1944.

V e r ä n d e r u n g s m e l d u n g .

Stärke am 17.4.1944 morgens			6668 Häftl.
Zugänge :	Keine		–
Abgänge :	Durch Tod	5	
	Durch Entlassung	3	
	Auf der Flucht	6	14 "
Stärke am 18.4.1944 morgens			6654 Häftl.

1. Norw.NN. 6715 Hilestad, Ingard entlassen
2. Franz.NN 6982 Jean, Maurice entlassen
3. Pol.Pole 9493 Sykula, Henryk entlassen
4. Norw.NN. 4064 Endresen, Trygve verstorb.
5. Franz.NN 7621 Quement, Gabriel "
6. Pol.Ital. 8167 Delac, Guiseppe "
7. B.V.RD. 9757 Makovec, Friedrich "
8. Pol.Ital. 10153 Witassi, Carlo " (Wesserling
9. AZA Pole 10313 Costasza, Elian a.d.Flucht (Kochm
10. AZA Pole 10438 Kwiatkowski, Slawom. " (Kochm
11. AZA Russe 11537 Fomia (Fomin) Alex " (Wesserlg
12. " " 11608 Michailow, Sergej " "
13. " " 11717 Tschetwertakow (Tschetwako) Nikolaj " "
14. " " 11741 Zwanzow, Grigorij " "

Der Schutzhaftlagerführer.

SS-Hauptscharführer.

Abb. 18: Am 18. April 1944 meldet Cochem zwei Häflinge auf der Flucht.
(Quelle: Abb. 18 - 24: Bundesarchiv Koblenz/Potsdam NS 4 NA, R 3/331,R7/1214)

Auf der Flucht (Arbeitslager Kochem)

1.	1o684	AZA	Russe	Beresin, Wasilij	auf der Flucht
2.	1o687	"	"	Bilokur, Josef	" " "
3.	1o724	Kgf.	"	Gontscharko, Anatolij	" " "
4.	1o947	AZA	Russe	Iwanow, Gregor	" " "
5.	1o756	Kgf.	Russe	Kirilschenko, Nester	" " "
6.	1o76o	AZA	Russe	Komar, Iwan, Andrewitsch	" " "
7.	1o77o	Kgf.	Russe	Krutalewitsch, Wadym	" " "
8.	1o861	AZA	Russe	Schurba, Iwan	" " "
9.	1o776	"	"	Kuschnerow, Alexej	" " "
1o.	1o8o3	Kgf.	Russe	Nochow, Viktor	" " "
11.	1o786	"	"	Malikow, Wiktor	" " "
12.	1o792	AZA	Russe	Martiniuk, Iwan	" " "
13.	1o798	Kgf.	Russe	Miroschnitschenko, Alex.	" " "
14.	1o789	AZA	Russe	Murawiow, Alexander	" " "
15.	1o834	"	"	Pidhoreckij, Andrei	" " "
16.	1o872	Kgf.	Russe	Siedow, Piotr	" " "
17.	1o876	"	"	Sysojew, Iwan	" " "
18.	1o894	"	"	Scherschnew, Piotr	" " "
19.	1o9oo	"	"	Tasmuk, Anton	" " "
2o.	1o9o9	"	"	Tschurikoff, Iwan	" " "
21.	1o867	AZA	Russe	Serbin, Piotr	" " "

Abb. 19: Dokument über einen Massenausbruch aus dem KZ Cochem. Auf der Liste sind ausschließlich Häftlinge verzeichnet, die Anfang April aus dem KZ Lublin-Majdanek nach Cochem gekommen sind.

Natzweiler, den 14. 7. 44.

V e r ä n d e r u n g s m e l d u n g .

Stärke am 13.7.44. morgens		13578	Häftl.
Zugänge : Wieder-Ergriffen		4	"
Abgänge : Durch Tod	2		
Auf der Flucht	7	9	"
Stärke am 14. 7. 44. morgens		13573	Häftl.

Verstorben :

Pol.Russe 9645 Greko, Michail
Pol.Russe 162o4 Tschub, Zawka

Auf der Flucht :

Pol.Russe	17516	Elenin, Michael	Markirch	3.
Pol.Russe	12119	Wolkow, Feodor	Schörzing.	5.
Pol.Russe	111o1	Eupatoff, Alexander	Schörzing.	5.
Pol.Russe	15765	Kobotkow, Viktor	Kochem	6.
Pol.Russe	1o878	Smirnow, Piotr	Kochem	6.
Pol.Pole	13o72	Kierkowski, Josef	Neckarelz	8.
Pol.Pole	13318	Pienta, Wladyslaw	Neckarelz	8.

Wiederergriffen :

AZA Russe	1o76o	Komar, Iwan	Kochem	30.
AZA Russe	1o861	Schurba, Iwan	Kochem	30.
AZA Russe	1o792	Martiniuk, Iwan	Kochem	30.
AZA Russe	1o834	Pidhoreckij, Andrej	Kochem	30.

Der Schutzhaftlagerführer

[Unterschrift]

ℌ-Obersturmführer.

[illegible]
[illegible]
14. 7. 44

Abb. 20: Am 14. Juli 1944 werden im KZ Natzweiler bereits 13.573 Häftlinge registriert. Viele davon befinden sich in den Außenlagern. Die Dominanz von »Kochem« ist nicht zu übersehen.

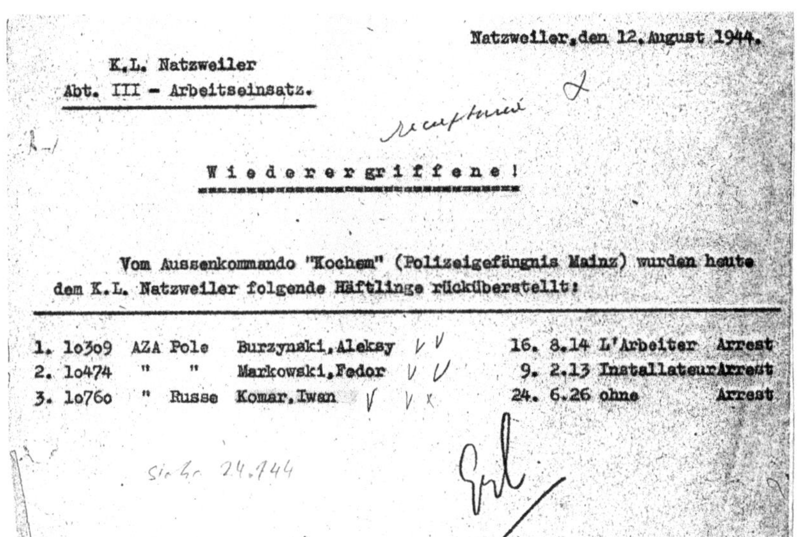
Natzweiler, den 12. August 1944.

K.L. Natzweiler
Abt. III – Arbeitseinsatz.

W i e d e r e r g r i f f e n e !

Vom Aussenkommando "Kochem" (Polizeigefängnis Mainz) wurden heute dem K.L. Natzweiler folgende Häftlinge rücküberstellt:

1. 10309	AZA Pole	Burzynski, Aleksy	16. 8.14	L'Arbeiter	Arrest
2. 10474	" "	Markowski, Fedor	9. 2.13	Installateur	Arrest
3. 10760	" Russe	Komar, Iwan	24. 6.26	ohne	Arrest

Abb. 21

Am 24. Juli 1944 wurde eine Liste erstellt, auf der alle dem Außenkommando Cochem zugeteilten Häftlinge aufgeführt sind. Es werden zu diesem Zeitpunkt 1527 Häftlinge in den Lagern Treis und Bruttig nachgewiesen. Zu diesem Zeitpunkt lebten von den 850 Menschen, die aus Auschwitz gekommen waren, noch 775 in den Lagern des Außenkommandos Cochem. Laut Nummernbuch starben mit Sicherheit in Cochem, in Natzweiler oder in einem seiner Außenlager insgesamt 50 Häftlinge des Transportes.

Siebzehn von ihnen starben vor dem 24. Juli 1944 und stehen deshalb nicht auf der Liste dieses Datums. Bei einem der 17 Todesfälle kann nachgewiesen werden, dass der Häftling in einem der Cochemer Lager ums Leben kam. Laut Nummernbuch wurden insgesamt acht Häftlinge desselben Transportes in andere Konzentrationslager verlegt. Drei von ihnen hatten Cochem bereits vor dem 24. Juli 1944 wieder verlassen. Von den verbleibenden 55 Häftlingen wurden wahrscheinlich 54 nach Natzweiler, wie es damals hieß, *rücküberstellt*. Bei 14 der auf der Liste Fehlenden lassen sich aus den Akten konkrete Hinweise über ihren Verbleib entnehmen.

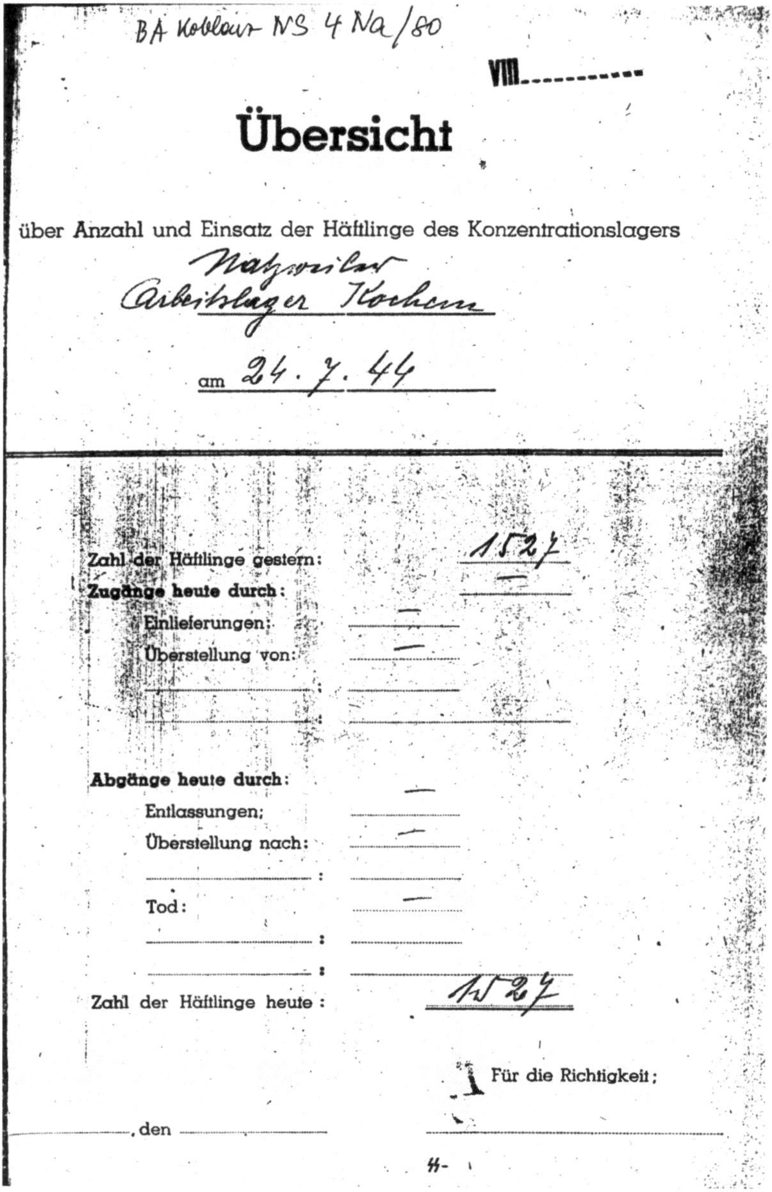

BA Koblenz NS 4 Na/80

VIII..........

Übersicht

über Anzahl und Einsatz der Häftlinge des Konzentrationslagers

Natzweiler

Arbeitslager Kochem

am 24. 7. 44

Zahl der Häftlinge gestern:		1527
Zugänge heute durch:		—
Einlieferungen:	—	
Überstellung von:	—	
.... :		
.... :		
Abgänge heute durch:	—	
Entlassungen:		
Überstellung nach:	—	
.... :		
Tod:	—	
.... :		
.... :		
Zahl der Häftlinge heute:		1527

Für die Richtigkeit:

.........., den ....

....

SS-

Abb. 22

Acht Häftlinge mussten nach knapp vier Wochen Sklavenarbeit in Cochem vermutlich wegen Krankheit oder Erschöpfung ins Revier nach Natzweiler gebracht werden. Einer von ihnen, der 38-jährige Pole Zemon Vojtaniec, war bei der Ankunft des Transportes in Natzweiler bereits tot.

Ehemalige Häftlinge berichteten später, dass die Krankenstation von Natzweiler keineswegs dem glich, was man sich unter einem Krankenhaus vorstellte. Es habe dort einen Raum gegeben, den die Gefangenen das *Piekzimmer* nannten. Hierhin seien die Verletzten und Kranken gebracht worden, die auf Befehl der SS oder eines Kapos so schnell wie möglich zu verschwinden hatten. Sie seien hier *zu Bett* gebracht worden, und spät abends habe man ihnen Petroleum- oder Benzinspritzen verabreicht. *Zufällig* seien sie dann am nächsten Morgen tot gewesen. An diesen Spritzen seien viele *Kameraden aller Nationen* gestorben. Morgens habe man sie ins Krematorium gebracht, um jede Spur zu verwischen.

Drei Polen wurden aus unbekannten Gründen am 6. Juni von Cochem nach Natzweiler gebracht. Am 10. Juli wurden zwei polnische Häftlinge gegen einen Italiener und einen Russen ausgetauscht. Einer der 75 auf der Liste vom 24. Juli fehlenden Häftlinge flüchtete am 6. Juli zusammen mit einem Kameraden, den er im Lager kennengelernt hatte und der schon einen Monat vor ihm nach Cochem gekommen war. Ob sie der SS und ihren Hunden endgültig entkommen konnten, ist ungewiss.

Vier Tage nach der Ankunft der Russen und Polen aus dem Vernichtungslager Auschwitz in Cochem, wurden am 7. Mai 1944 53 Häftlinge nach Natzweiler geschickt. Es handelte sich um Russen, Polen und zwei Reichsdeutsche. Die Gründe für diesen Menschentransfer sind unklar und gehen aus den Akten nicht hervor. Dass die Auslieferung eines Häftlings vom Außenlager Cochem in das KZ Natzweiler nicht in jedem Fall eine Verbesserung für den Betreffenden bedeutete, wie das ja einige N.N. Häftlinge beschrieben, belegt ein Dokument vom 6. Mai 1944, auf dem die *Rücküberstellung* eines 19-jährigen polnischen Häftlings bestätigt wird. Handschriftlich ist darauf vermerkt: *Arrest (Verrat) exekutiert.*

Es war nicht ungewöhnlich, dass Häftlinge zur Exekution nach Natzweiler geschickt wurden, wenn diese, aus welchen Gründen auch immer, nicht in den Cochemer Lagern vollzogen werden konnte oder sollte. Die meisten der 53 Häftlinge waren, bevor sie genau einen Monat in den Cochemer Lagern verbracht hatten, mit dem Transport Anfang April aus dem KZ Majdanek / Lublin gekommen. Vier von ihnen befanden sich bereits Anfang März im Außenkommando Cochem.

Am 21. Mai 1944 hatte sich die SS-Führung in Natzweiler entschlossen, dem Außenkommando Cochem einen Lagerarzt zuzuteilen. Sie schickten den französischen Häftling Paul Lagey an die Mosel. In dem Begleitschreiben an die SS-Führung der Lager Cochem heißt es: *Oben aufgeführter Häftling ist als Lagerarzt bestimmt und darf nicht anderweitig eingesetzt werden.* Offenbar ging Lagey sofort an seine ärztliche Arbeit und ließ 48 Häftlinge am 23. Mai und noch einmal 50 Häftlinge am 1. Juni 1944 ins Revier nach Natzweiler einweisen. Ich weiß nicht, ob Lagey bereits im KZ Natzweiler als Arzt tätig gewesen war und daher die Zustände, die auf der Krankenstation des Lagers herrschten, kennen konnte. Abgesehen davon, dass es in Natzweiler solch menschenverachtende Einrichtungen wie das *Piekzimmer* gab, muss auch die ärztliche Versorgung dort äußerst dürftig gewesen sein. Es mangelte an Platz, Fachpersonal, an Verbandsmaterial und Medikamenten. Viele starben dort, weil sie nicht gepflegt wurden. Nach ihrer Einweisung hat man viele Kranke einfach sich selbst überlassen. An anderen wurden medizinische Experimente vorgenommen, für die das KZ Natzweiler ja berüchtigt war.

Am 8. und 14. Juni trafen noch einmal je 15 Häftlinge, aus dem KZ Buchenwald kommend, im Außenlager Cochem ein. Am 19. Juni schickte die SS 200 und am 26. Juni noch einmal 19 Gefangene aus dem KZ Natzweiler in das Außenlager an der Mosel. Diese kamen im Austausch gegen 19 andere Häftlingen, die drei Tage später zur Einweisung in *Block dreizehn* von Cochem nach Natzweiler überantwortet wurden. Die meisten derer, die nach Natzweiler zurück mussten, waren noch Kinder. Vielleicht war das sogar der Grund ihrer *Rücküberstellung*? Sollten die Akten hier womöglich über einen menschlichen Zug innerhalb der NS-Maschinerie Auskunft geben? Man möchte es sich wünschen. Unter ihnen waren sieben 17-jährige und vier 16-jährige Gefangene. Zwei von ihnen waren 14 Jahre und der russische Schüler Wolodia Tschernuda erst 13 Jahre alt.

Die Angaben über den Zeitpunkt der Evakuierung der Cochemer Lager Bruttig und Treis sind nicht eindeutig. Offizielle Dokumente, mit denen die Evakuierung und die Auflösung der Lager konkret belegt werden könnte, existieren nicht. Die letzten Akten, in denen auf das Außenkommando Cochem Bezug genommen wird, stammen aus der letzten Augusthälfte 1944. Auch die Bevölkerung in Bruttig und Treis hat die Evakuierung kaum bemerkt. Deshalb wird vermutet, dass der Abtransport der Häftlinge in kleineren Gruppen nachts stattgefunden hat. In Bruttig setzten gegen Ende August 1944 Bombenangriffe ein. Durch die Bombenabwürfe waren auch die Häftlinge bedroht, die diese im Lager ungeschützt miterlebten, das sich ja in direkter Nähe zur Ortschaft befand. Ein ehemaliger Häftling berichtet, dass sie von dem Zeitpunkt an nicht mehr zur Arbeit in den Tunnel einrücken mussten, sondern kurz danach in LKWs verladen und zum Cochemer Bahnhof transportiert wurden. Dort seien sie in Eisenbahnwaggons geladen und in unterschiedliche Konzentrationslager und deren Außenlager verteilt worden. Auch in Treis fanden Überflüge alliierter Bomber statt. Trotz der Verdunkelungsvorschriften habe man im Lager Treis die Scheinwerfer eingeschaltet. Ein Wachsoldat habe, von einer Treiser Frau auf die Nichteinhaltung der Vorschrift angesprochen, geantwortet, dass dies zum Schutze des Ortes geschehe, denn wo sich ein Gefangenenlager befände, würden keine Bomben abgeworfen werden.

Nach den Angaben im Fragebogen der französischen Militärbehörden erfolgte die Evakuierung des Lagers Treis stufenweise im September 1944.

Laut Schutzhaftlager-Rapport vom 30. September 1944 wurden am 29. September 1944 1180 Häftlinge des Außenkommandos Cochem in das KZ Buchenwald verschleppt. Gemäß demselben Dokument befanden sich am 30. September 1944 keine Häftlinge mehr in Cochem. Das Nummernbuch des KZ Natzweiler vermeldet in wenigstens 220 Fällen, dass Häftlinge, die auf der Liste vom 24. Juli 1944 (Lager Cochem) vermeldet sind, am 15. September 1944 nach Buchenwald verschleppt wurden. Es handelt sich aber wahrscheinlich in beiden Fällen um ein und denselben Transport. Ein ähnlicher Unterschied zwischen den Daten, die im Nummernbuch und denjenigen, die im Schutzhaftlager-Rapport verzeichnet sind, wurde ebenfalls für die Evakuierungstransporte des Hauptlagers Natzweiler nach Dachau festgestellt. An welchem Tage die Häftlinge Cochem wirklich verlassen haben, kann man diesen Angaben nicht exakt entnehmen.

Eines der chronologisch letzten Dokumente, es stammt vom 22. August 1944, enthält die Auflistung von Häftlingen mit der *Erlaubnis zum Tragen von langen Haaren*, was bedeutete, dass diesen der Kopf nicht ganz kahl geschoren wurde. Wer diese Erlaubnis hatte, war ein Privilegierter. Es kamen hierfür diejenigen Häftlinge in Frage, die bei ihrer Arbeit täglich Umgang mit höheren SS-Offizieren hatten, ohne, dass sie dadurch offiziell höher eingestuft gewesen wären oder mehr in der Gunst der SS-Verwaltung gestanden hätten. Vielleicht aber stand so jemand in der Gunst eines einflussreichen SS-Führers. Deshalb waren Häftlinge mit der Erlaubnis zum Tragen von langen Haaren bei ihren Kameraden nicht immer beliebt. Die Liste umfasst insgesamt 69 Männer. Obwohl die Polen und Russen und auch die Franzosen im KZ Natzweiler und seinen Außenlagern besonders zahlreich vertreten waren, finden sich auf dieser Liste jedoch nur zwei Polen, kein Russe und auch nur ein Franzose. Die meisten sind *Reichsdeutsche BVer* oder *Politische Häftlinge*. Einige sind Luxemburger, einige Holländer, Norweger, Tschechen und Belgier. Nur einer von ihnen, ein *Reichsdeutscher BVer* war Häftling im Außenkommando Cochem. Heinrich Gräper. Er hatte die Erlaubnis zum Tragen von langen Haaren bereits seit Oktober 1943. Bei der Eröffnung des Außenkommandos Cochem war er als einer der ersten Häftlinge mit dabei und war damit einer der Wenigen, die während der gesamten Zeit der halbjährigen Existenz des Außenkommandos dort geblieben sind.

Wie vielen Menschen dieses halbe Jahr des Bestehens des Außenkommandos Cochem das Leben kostete, kann nicht mit Sicherheit gesagt werden. Und das ist vielleicht auch gut so. Denn unberücksichtigt blieben mit einer solchen Zahlenangabe alle die, die in den Lagern zugrunde gingen, in die man sie nach der Schließung des Cochemer Kommandos sperrte, alle die, die noch Jahre nach dem *Tausendjährigen Reich* an den Spätfolgen von Folter, Mangel an Ernährung und Sklavenarbeit sterben mussten und alle die, die heute vielleicht noch leben mögen, aber in den Lagern Bruttig und Treis an der Mosel schlimmeres erleiden mussten, als den Tod.

Zentralismus von Natzweiler und Postzensur. Der Dreh- und Angelpunkt für alle Angelegenheiten, welche die Außenkommandos betrafen, war die Zentrale, das Hauptlager, das Stammlager, das Konzentrationslager Natzweiler. Ein ständiger brieflicher und telefonischer Kontakt bestand auch zwischen Natzweiler und Cochem. Die Veränderungsmeldungen, von denen ich bereits sprach, wurden in Natzweiler erstellt. Die einzelnen Außenlager hatten die zahlenmäßigen *Veränderungen* der Häftlinge nach Natzweiler zu melden, damit von da aus eine Gesamtübersicht möglich war.

Betrachtete ich mir die Gesamtzahl der Natzweiler-Häftlinge vom 8. April 1944 und dann von 21. Juli 1944, konnte ich feststellen, dass diese sich innerhalb von dreieinhalb Monaten mehr als verdoppelt hatte. In vielen der noch archivierten Veränderungsmeldungen ist Cochem führend, was die Anzahl der gemeldeten Toten betrifft.

Die gesamte Häftlingspost lief über die eigens zu diesem Zweck im KZ Natzweiler eingerichtete Postzensurstelle. Dort kam sämtliche Post von *draußen* an und wurde zensiert. Häftlingspost, die das KZ verlassen sollte, wurde kontrolliert, zensiert, mitunter korrigiert und nur dann weitergeleitet, wenn es der SS gefiel. Briefe wurden gelesen, Päckchen ausgepackt. Nicht selten wurden die Inhalte von Paketen, die für Häftlinge bestimmt waren, entnommen.

Ankommende Briefe mit ungenehmem Inhalt wurden mitunter erst überhaupt nicht an die Adressaten im Lager ausgehändigt. Umgekehrt endete der Weg eines Briefes nach *draußen* oft schon bei der Postzensurstelle. Wenn der SS daran gelegen war, erhielten manche Häftlinge die Anweisung, Briefe an Angehörige zu verfassen. Am 21. Juni 1944 schrieb der Leiter der Poststelle des KZ Natzweiler an den SS-Obersturmführer Scheffe nach Cochem:

Die Häftlinge Kolkowski, Nr. 15753, Ogorski, Nr. 15941, Antoniak, Nr. 15445, Wijata, Nr. 16224 haben sofort an ihre Angehörigen zu schreiben, dass sie sich im Konzentrationslager Natzweiler befinden und im Rahmen der bestehenden Bestimmungen Briefe, Pakete und Geldsendungen erhalten dürfen. Die beiliegenden Anfragen dürfen den Häftlingen nicht zur Kenntnis gebracht werden, sie dienen nur als Unterlagen und werden mit den Antwortbriefen der Häftlinge hier wieder benötigt. Um umgehende Erledigung wird gebeten.

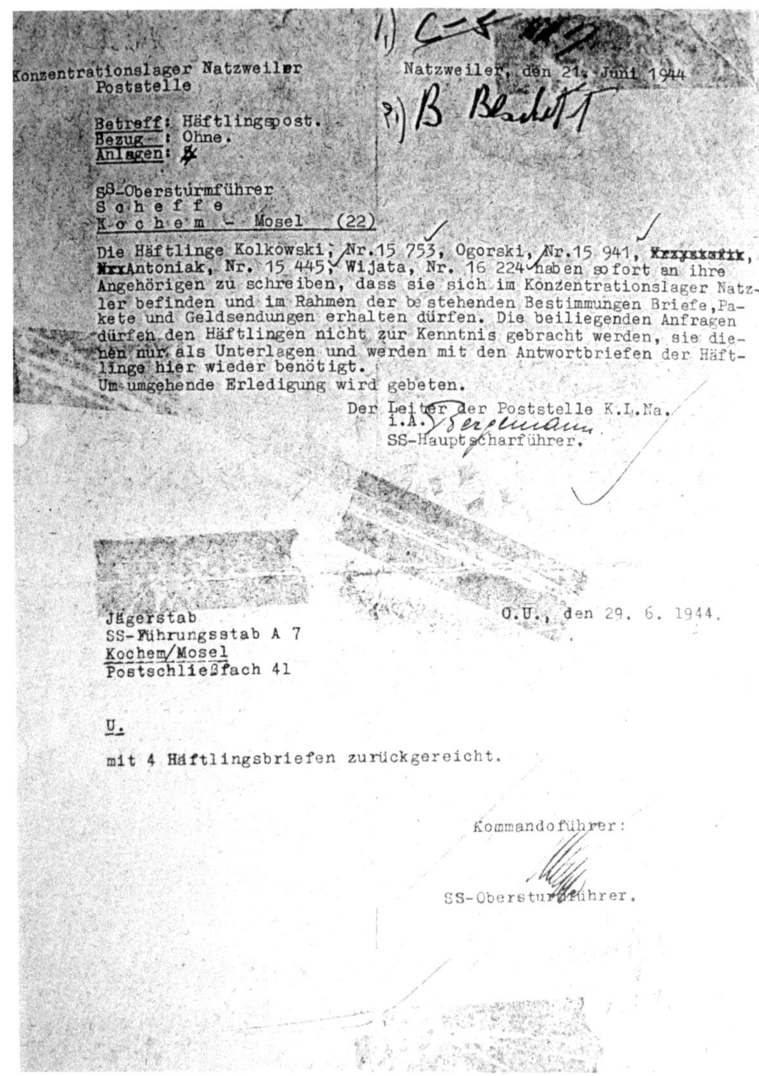

Konzentrationslager Natzweiler
Poststelle

Natzweiler, den 21. Juni 1944

Betreff: Häftlingspost.
Bezug: Ohne.
Anlagen: 5

SS-Obersturmführer
S c h e f f e
K o c h e m - Mosel (22)

Die Häftlinge Kolkowski, Nr. 15 753, Ogorski, Nr. 15 941, Krzysztofik, Antoniak, Nr. 15 445, Wijata, Nr. 16 224 haben sofort an ihre Angehörigen zu schreiben, dass sie sich im Konzentrationslager Natzler befinden und im Rahmen der bestehenden Bestimmungen Briefe, Pakete und Geldsendungen erhalten dürfen. Die beiliegenden Anfragen dürfen den Häftlingen nicht zur Kenntnis gebracht werden, sie dienen nur als Unterlagen und werden mit den Antwortbriefen der Häftlinge hier wieder benötigt.
Um umgehende Erledigung wird gebeten.

Der Leiter der Poststelle K.L.Na.
i.A.
SS-Hauptscharführer.

Jägerstab
SS-Führungsstab A 7
Kochem/Mosel
Postschließfach 41

O.U., den 29. 6. 1944.

U.

mit 4 Häftlingsbriefen zurückgereicht.

Kommandoführer:

SS-Obersturmführer.

Abb. 23

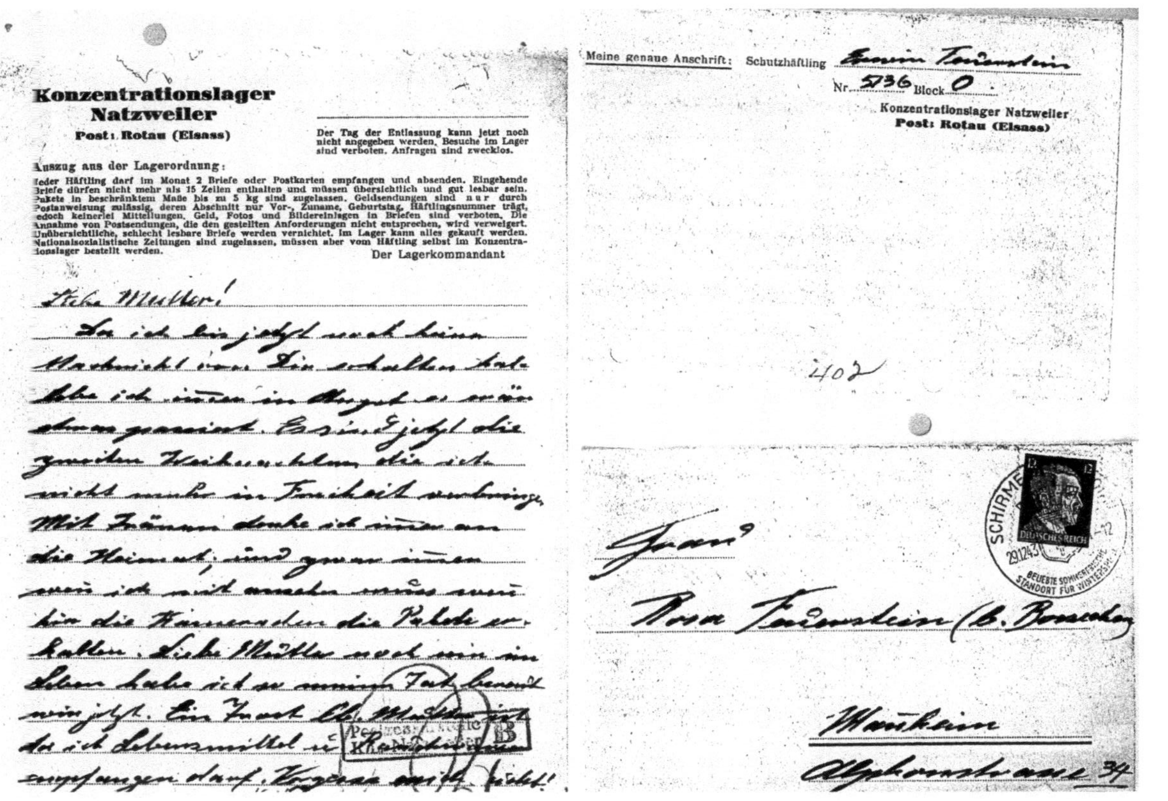

Konzentrationslager Natzweiler
Post: Rotau (Elsass)

Der Tag der Entlassung kann jetzt noch nicht angegeben werden. Besuche im Lager sind verboten. Anfragen sind zwecklos.

Auszug aus der Lagerordnung:

Jeder Häftling darf im Monat 2 Briefe oder Postkarten empfangen und absenden. Eingehende Briefe dürfen nicht mehr als 15 Zeilen enthalten und müssen übersichtlich und gut lesbar sein. Pakete in beschränktem Maße bis zu 5 kg sind zugelassen. Geldsendungen sind nur durch Postanweisung zulässig, deren Abschnitt nur Vor-, Zuname, Geburtstag, Häftlingsnummer trägt, jedoch keinerlei Mitteilungen. Geld, Fotos und Bildereinlagen in Briefen sind verboten. Die Annahme von Postsendungen, die den gestellten Anforderungen nicht entsprechen, wird verweigert. Unübersichtliche, schlecht lesbare Briefe werden vernichtet. Im Lager kann alles gekauft werden. Nationalsozialistische Zeitungen sind zugelassen, müssen aber vom Häftling selbst im Konzentrationslager bestellt werden.

Der Lagerkommandant

Meine genaue Anschrift: Schutzhäftling [illegible]
Nr. 5736 Block 0
Konzentrationslager Natzweiler
Post: Rotau (Elsass)

402

Abb. 24

An diesem Schreiben ist zu erkennen, dass der Briefwechsel der Gefangenen mit der Außenwelt nicht nur zensiert, sondern auch manipuliert wurde. Ein weiterer Beleg dafür ist ein Schreiben der Postzensurstelle Natzweiler an den Kommandoführer Scheffe vom 20. Juni 1944. Es heißt darin:

In der Anlage erreichte die Poststelle des KL Natzweiler vier Schreiben, mit denen Angehörige von Häftlingen Auskunft haben wollen. Den Häftlingen darf das Schreiben selbst nicht zur Kenntnis gebracht werden. Sie sind lediglich zu beauftragen, die in den Briefen gestellten Fragen zu beantworten. Die Anfragen werden nach Erledigung durch die Häftlinge hier wieder benötigt. Da die Schreiben dringend sind, wird gebeten, für umgehende Erledigung besorgt zu sein. Es handelt sich im allgemeinen darum, dass der Häftling seinen Angehörigen mitteilt, dass er im Konzentrationslager Natzweiler einsitzt, welche Nummer er hat und zu welchen Bedingungen er Post, Pakete und Geldsendungen erhalten darf. Falls Anfragen über abgesendete Pakete vorliegen, sind diese ebenfalls zu beantworten. Es wird gebeten, die Anlagen, mit den von den Häftlingen geschriebenen Briefen umgehend nach hier zurückzusenden.

Häftlingsbriefe mussten unter Beachtung der Vorschriften auf das von dem KZ Natzweiler zur Verfügung gestellte Einheitsbriefpapier geschrieben werden. Diesbezüglich gab es in Cochem einmal Schwierigkeiten. Offenbar hatte der zu diesem Zeitpunkt zuständige Kommandoführer, SS-Untersturmführer Heinrich Wicker, auf neutralem Papier geschriebene Häftlingspost an die Postzensurstelle weitergeleitet. Von dort kam ein Schreiben an Wicker zurück, in dem er wie folgt belehrt wurde:

Die der Poststelle des K.L. Na. am 23.8.1944 zugegangenen Häftlingsbriefe können nicht verschickt werden. Aus dem am 10.8.1944 per Einschreiben nach dort übersandten Rundschreiben ist klar zu ersehen, was bei der Abfertigung der ausgehenden Briefpost zu beachten ist. Danach kann die Verwendung neutralen Briefpapiers unter keinen Umständen gestattet werden. Vielmehr ist ausdrücklich darauf hingewiesen, dass bei Nichtvorhandensein des vorgeschriebenen Briefmaterials der Schreibtag bis zum Eintreffen desselben auszusetzen ist. Lt. Auskunft der Verwaltung des K.L. Na. hat das Kdo. Kochem unter dem 19.8.44 eine Sendung Häftlingspapier erhalten. Beiliegende Briefe sind neu zu schreiben und zur Zensur nach hier einzusenden.

Die Briefformulare der Lagerverwaltung für Häftlinge trugen im Briefkopf einen Auszug der Lagerordnung. Jeder Häftling durfte demnach im Monat zwei Briefe oder Postkarten empfangen und absenden. Es gab jedoch eine Verfügung, nach der verschiedene Häftlinge nur einmal im Jahr schreiben durften.

Der Brief des Häftlings Erwin Feuerstein ist laut Poststempel bei der Post in Rothau, der nächsten Poststation beim KZ Natzweiler, abgeschickt worden. Der Poststempel trägt den Schriftzug: »Schirmeck-Rothau – Beliebte Sommmerfrische – Standort für Wintersport«.

Hier der Text des Briefes von Erwin Feuerstein vom 29.12.43:

Liebe Mutter, da ich bis jetzt noch keine Nachricht von Dir erhalten habe, lebe ich immer in der Angst, es wäre etwas passiert. Es sind jetzt die zweiten Weihnachten, die ich nicht mehr in Freiheit verbringe. Mit Tränen denke ich immer an die Heimat, und zwar immer, wenn ich mit ansehen muss, wenn hier die Kameraden die Pakete erhalten. Liebe Mutter, noch nie im Leben habe ich eine Tat so bereut wie jetzt. Ein Trost, liebe Mutter, ist, dass ich Lebensmittel und Rauchwaren empfangen darf. Vergesse mich nicht!

Der Briefkontakt, der ja für die meisten Häftlinge überhaupt der einzige Kontakt zur Welt außerhalb des Lagers war, hatte daher eine außerordentlich große Bedeutung. Strenge Postzensur, Zurückhaltung von Schriftstücken, Manipulation des Briefkontaktes – durch diese Praktiken der SS wuchsen Unsicherheit und Angst bei den Häftlingen und deren Familien. Oft war der Verbleib eines Angehörigen in einem KZ über lange Zeit ungewiss. Dass zum Beispiel Häftlinge von Natzweiler in ein Außenlager gebracht wurden, welches ja, wie auch Cochem, einige hundert Kilometer vom Hauptlager entfernt sein konnte, erfuhren die Angehörigen nicht. Sie wussten nur, dass sie im KZ Natzweiler sind. Auch die Verlegung in ein anderes Lager wurde nicht oder erst viel später lapidar mitgeteilt. Am 14. Oktober 1944 schrieb der Vater eines Häftlings nach Natzweiler:

Ich erlaube mir höflichst zu bitten, da ich von meinem Sohn seit dem 7.8.44 bis heute keine Nachricht erhalten habe, um Nachricht.

Am 19. Oktober 1944 erging von der Postzensurstelle in Natzweiler die Anordnung an ein Außenlager, in dem sich der Sohn inzwischen befand:

Der Häftling No. 1601 Zelinka, Josef ist zu veranlassen seiner Frau sofort einen Brief zu schreiben. Der eigentliche Brief ist an die Postzensurstelle KL Natzweiler zurückzusenden.

Die Adresse *Poststelle des Konzentrationslagers Natzweiler* unter der ein Häftling Briefe und Pakete erhalten durfte, gab keinen Aufschluss darüber, ob sich der Häftling im Hauptlager oder in einem Nebenlager, schon gar nicht in welchem, befand.

Um die richtige Zuordnung von Postsendungen in die entsprechenden Lager zu gewährleisten, wurden auf dem Brief oder der Postsendung Code-Bezeichnungen aufgebracht. Gewöhnlich handelte es sich dabei um den Buchstaben der Bezeichnung des Außenlagers. So stand *Natzweiler-Block K* für *Kochem*. Später, nach der Verlegung der Lagerverwaltung Natzweiler an den Neckar, wurde eine laufende Nummer für die verschiedenen Außenlager eingeführt. Zu diesem Zeitpunkt bestand das Lager Cochem jedoch nicht mehr, so dass Cochem auf der entsprechenden Liste nicht mehr erscheint.

Telefongespräche und ein Briefwechsel

»Hier ist die Rhein-Zeitung Cochem, guten Tag«, meldete sich nicht unsympathisch, aber stereotyp eine junge Frauenstimme am Telefon.

»Guten Tag, ich möchte gern eine Anzeige aufgeben.«

»Ja, was soll es denn sein?«

»Wollen Sie den Text hören?«

»Ja, bitte.«

Ich sprach langsam, so, dass sie mitschreiben konnte: »Also. Zum Arbeitslager Bruttig und Treis …«

»Und Treis?«

»Ja, Bruttig und Treis …«

»Und weiter?«

»… suche ich für eine …«

»Moment mal, soll das denn hier lokal erscheinen?«

»Ja, in der Cochemer Ausgabe.«

»Dann verbinde ich Sie mal mit der Lokalredaktion.«

»Aber das soll doch …« Zu spät.

»Lokalredaktion.«

»Ich möchte eine Anzeige aufgeben.«

»Da sind Sie hier bei mir falsch. Moment bitte, ich leg' Sie wieder runter.«

Nach kurzer Stille hörte ich die Frauenstimme wieder: »So, wir waren bis *eine*«, sagte sie, als wäre unser Gespräch gar nicht unterbrochen gewesen.

»Veröffentlichung«, sagte ich.

Sie wiederholte: »Zum Thema Arbeitslager Bruttig und Treis suche ich für eine Veröffentlichung …« Dann wechselte ihre amtliche Stimme in einen *Wenn-ich-einen-guten-Rat-geben-darf-Tonfall*: »Da rühren Sie aber was auf!«

Ich: »Wieso?«

Sie: »Na ja.«

»Wieso, was meinen Sie?«

»Ja, da sind ja nicht nur schöne Sachen passiert«, wusste sie.

Ich fragte: »Wieso?«, ganz dumm.

Sie riss sich offenbar zusammen.
»Soll die Anzeige noch weiter gehen?«
»Ja«, sagte ich, »Dokumente, Briefe und so weiter und Augenzeugenberichte. Punkt.
Dann noch: Wer will helfen? und: Auf Wunsch Diskretion.«
»Das kostet zusammen«, sie zählt bis 26, »33 Mark 80. Und da muss ja auch noch ein Rahmen drum.«
»Muss?«
»Sonst sieht das doch keiner.«
»Was kostet denn der Rahmen?«
»Sechs Mark.«
»Na gut, machen Sie einen Rahmen drum.«
»In welcher Rubrik soll das erscheinen?«
»Was für Rubriken kommen denn infrage?«
Sie antwortete nicht, sagte aber: »Ich würde das unter *Verschiedenes* tun.«
»Welche Rubriken haben Sie sonst noch?«
»Moment, ich frage mal meinen Kollegen.« Sie hielt die Sprechmuschel ihres Telefonhörers zu. Ich konnte aber trotzdem hören, wie sie den ganzen Anzeigentext vorlas und dann sagte: »Das ist doch *Verschiedenes*.«
»Klar, *Verschiedenes*«, war die Antwort.
»Hören Sie?«
»Ja.«
»Der Kollege meint auch *Verschiedenes*.«
»Gut, nehmen wir Rubrik *Verschiedenes*.«
»Jetzt brauche ich noch ihre Kontonummer.« Ich diktierte die Zahlen.
»Wir buchen dann ab.«
»Ist gut.«
Da rühren Sie aber was auf, kreiste es durch meinen Kopf, und ich bekam Magendrücken. Jusos aus Cochem hatten mir berichtet, dass sie Morddrohungen erhalten hatten, nachdem sie zum KZ-Außenlager Cochem für Ihre Zeitschrift *Zündkopf*, auf die Du mich aufmerksam gemacht hast, recherchiert hatten. *Da rühren Sie aber was auf*, und ich hatte plötzlich ein Bild vor mir, ganz kurz nur: Ich grub mit Pickel

und Spaten am Waldrand an einer Stelle von der Du wusstest, dass dort nach Kriegsende eine Grube zugeschüttet worden war.

»Am Samstag erscheint die Anzeige dann«, hörte ich.

»Ja danke, auf Wiederhören.«

Zum Thema
Arbeitslager
Bruttig und Treis
suche ich für eine Veröffentlichung Dokumente, Briefe, Bilder usw. und Augenzeugenberichte. Wer will mir helfen? Auf Wunsch Diskretion!
Zuschrift. u. Nr. Z 66511 a. d. RZ Cochem, Postf. 1424, 5590 Cochem.

Pünktlich erschien die Anzeige in der Cochemer Ausgabe der Rhein-Zeitung. Ich erhielt keine Reaktion darauf.

Ein zweites Telefonat führte ich am gleichen Tag mit der Niederlassung der Firma Bosch in Koblenz. Ich wollte mich nach der Adresse der Bosch-Hauptverwaltung erkundigen. Mein Gesprächspartner am anderen Ende der Leitung konnte sich jedoch nicht klar entscheiden, ob nun Bosch Frankfurt oder Bosch Stuttgart die Stelle war, bei der ich Auskünfte über die Werksgeschichte bekommen könnte. Denn danach hatte ich ihn gefragt. Er gab mir beide Adressen, *sicherheitshalber*, und sagte, ich könne es ja einfach mal bei beiden versuchen, was ich dann auch tat.

Sehr geehrte Damen und Herren, ich recherchiere zur Zeit über ein Arbeitslager, das sich 1944 in den Orten Bruttig und Treis an der Mosel befand. Die im Lager inhaftierten Gefangenen arbeiteten in einer unterirdischen Produktionsstätte, einem Eisenbahntunnel. Es ist bekannt, dass Ihre Firma dort mit dem Bau von Zubehör von Flugzeugmotoren tätig war und dass KZ Gefangene dort zur Arbeit herangezogen wurden. Bitte erlauben Sie, dass ich diesbezüglich an Sie ein paar Fragen richte, die ich Sie bitte, zu beantworten.

1. *In welchem Zeitraum ist diese Produktionsstätte Ihrer Firma geführt worden?*
2. *Welche Gerätschaften sind in dem Tunnel produziert und wie sind diese aus dem Tunnel heraustransportiert worden?*

3. Gibt es Pläne von der Fabrik (Anordnung der Räumlichkeiten usw.), in die Sie mir Einsicht gewähren können?
4. Was ist Ihnen bekannt über die Arbeitsbedingungen in dieser Fabrik?
5. Gibt es heute noch lebende ehemalige Angestellte Ihrer Firma, die in dieser Produktionsstätte tätig gewesen sind und die ich zu dem Thema befragen könnte?
Wenn Sie über meine Fragen hinausgehende Informationen haben, die Sie mir mitteilen können, wäre ich Ihnen dafür sehr dankbar.

Einen Monat später war ich immer noch ohne Antwort. Deshalb bat ich in einem weiteren Schreiben freundlich, man möge meinen Brief und die darin enthaltenen Fragen doch jetzt bitte beantworten. Auf die Briefumschläge vermerkte ich: Wenn unzustellbar, zurück an Absender. Wenige Tage später kam ein Schreiben aus dem Bosch-Verkaufshaus in Frankfurt. Darin beantwortete ein Herr Heinz von der Abteilung WP: *Leider ist Ihr Brief bei uns nicht eingetroffen.*

Ich schickte ihm umgehend eine Kopie des Schreibens und unterstrich, dass ich nun seine baldige Antwort erwarte.

Auch wenn ich jetzt einigen weiteren Begebenheiten vorgreife, erzähle ich dir den Fortgang des Briefwechsels mit der Firma Bosch zu Ende. Tatsächlich dauerte das ganze Hin und Her fast ein Jahr.

Bosch Frankfurt und Bosch Stuttgart antworteten nicht. Also schrieb ich am 2. November an beide Boschs: Für die Beantwortung meiner Schreiben vom 13. August, 13. September und 28. September 1987 wäre ich Ihnen sehr dankbar.

Diesmal antwortete Bosch Stuttgart. Ich öffnete gespannt den Briefumschlag und war überrascht, zog ich doch meinen eigenen Brief vom 2. November 1987 daraus hervor, lediglich mit einer handschriftlichen Notiz eines Herrn Gössel von der Robert Bosch GmbH versehen: *Bitte um Angabe des Inhalts Ihrer beider Schreiben, sonst ist eine Weiterleitung nicht möglich.* Stempel – zack! Unterschrift. Stell dir vor, hier hätte jemand 500.000 Bosch-Zündkerzen bestellen wollen!

Acht Tage später schickte Bosch Frankfurt die Mitteilung: *Ihre seinerzeitige Anfrage haben wir zuständigkeitshalber an unsere Zentrale in Stuttgart weitergeleitet. Sie werden von dort direkt Antwort erhalten. Bitte gedulden Sie sich noch etwas.*

Doch meine Geduld war am Ende, als ich fast vier Wochen später immer noch keine Antwort hatte.

Da nun seit meinem ersten Schreiben fast vier Monate vergangen sind und ich von Ihnen immer noch keine Antwort erhalten habe, bitte ich Sie nun dringlich, dies nachzuholen.

Und siehe da, Herr Lutz von der Bosch-Zentralstelle – *Archiv, Protokoll, Verbände* war im Absender zu lesen – antwortete acht Tage vor Weihnachten:

Sie hatten recht zu mahnen. Ihre Anfragen sind erst sehr spät an die dafür zuständige Abteilung für firmengeschichtliche Fragen gelangt. Hinzu kommt, dass ich erst vor wenigen Wochen die Leitung dieser Abteilung übernommen habe. Wir bitten um Verständnis, dass wir erst heute antworten.

Zu Ihren Fragen. Wegen Kriegseinwirkung weist unser Archivbestand große Lücken auf. Trotzdem versuchen wir, Ihre Fragen, wo immer möglich, zu beantworten. Bosch hatte eine Produktionsstätte in Cochem an der Mosel von Mitte 1944 bis Kriegsende. Dort wurden Erzeugnisse der Kraftfahrzeugausrüstung gefertigt und nicht, wie Sie schreiben, Raketen. Pläne von der Fertigung besitzen wir nicht. Auch ist uns nichts über die Arbeitsbedingungen bekannt. Wir können uns aber aus der Kenntnis der Geschichte unseres Hauses nicht vorstellen, dass dort andere Arbeitsbedingungen geherrscht haben, wie bei Bosch generell. Mitarbeiter dieses vorübergehenden Zweigbetriebes in Cochem leben unseres Wissens nicht mehr.

Vielleicht können Sie sich aus den Veröffentlichungen, die wir Ihnen mit getrennter Post zusenden, ein Bild über die grundsätzliche Haltung von Bosch während der Zeit von 1933 bis 1945 machen.

Tatsächlich! Am nächsten Tag kam ein Bücherpaket aus Stuttgart.

Buch Nummer eins: *Hundert Jahre Bosch*, Katalog zur Jubiläumsausstellung, zweihundert Seiten, inklusive Deckel, Hochglanzpapier mit vielen Fotos, Grafiken, Lobhudeleien und einigen technischen Details. Aber das alles suchte ich ja nicht.

Buch Nummer zwei: *Robert Bosch Leben und Leistung*, eine mehr als Fünfhundert-Seiten-Biographie, geschrieben von Altbundespräsident Theodor Heuss mit einem Vorwort aus dem Frühjahr 1945. Die Biographie endet mit dem Todesjahr von Robert Bosch im Jahr 1942. Letzter Vermerk im Anhang des Buches: 1942 *November: Einschließung Stalin-*

grads. 12. März: Robert Bosch in Stuttgart gestorben. 40.000 Menschen in den Bosch-Werken tätig.

Ob in der Zahl von 40.000 bereits für Bosch schuftende Zwangsarbeiter eingerechnet waren, geht aus der Beschreibung nicht hervor.

Der Titel des Buches Nummer drei versprach mehr an brauchbaren Informationen: *Bosch 1886–1986 – Portrait eines Unternehmens.* Bei der Durchsicht machte ich mir folgende Notizen:

Es steht hier nicht an, darüber zu urteilen, ob Bosch ein nationalsozialistischer Betrieb war oder nicht. Jedenfalls scheut der Autor Hans Konradin Herdt keine Anstrengung, den wie er schreibt, Schatten des Verdachts vom Bosch-Werk abzuwenden. In der sonst so bunten und reichlich bebilderten Broschüre fehlen geschichtliche Fotos ganz. Von der Verlagerung des Werkes nach den schweren Bombenangriffen im Februar 1944 ist einmal kurz die Rede. An einer anderen Stelle wird berichtet, dass bis Kriegsende Teile der Firma an 213 Stellen in 102 verschiedene Orte verlagert gewesen waren. Hier ist keine Rede von billigen ausländischen Zivilarbeitern im Einsatz für Bosch, keine Rede von KZ-Häftlingen, die beim Ausbau der unterirdischen Fabriken durch die SS zu Tode geschunden wurden. Aber der Autor bedauert: Annähernd 6.000 Maschinen sind in und nach dem Kriege verlorengegangen.

Ich bedankte mich bei Herrn Lutz für die großzügige Büchersendung und schrieb dazu:

Diese Bücher geben, wie Sie auch schreiben, die grundsätzliche Haltung der Bosch GmbH durchaus wieder. Begrüßenswert ist dabei, dass Bosch nicht wie viele andere Firmen zu dieser Zeit, mit den Nazis gemeinsame Sache machten. Dennoch ist nicht zu leugnen, dass in Ihrer Produktionsstätte in Cochem viele KZ-Gefangene ums Leben gekommen sind. Leider kann ich darüber in den Büchern über die Geschichte Ihrer Firma nichts finden. Ich nehme nicht an, dass Sie hierüber wissentlich etwas verschweigen wollen. Deshalb möchte ich Sie bitten, über die Vorgänge in Cochem alles, was in Ihrer Firma noch zu erfahren ist, zusammenzutragen und mir für meine Arbeit zur Verfügung zu stellen.

Die Nachforschungen in dieser Sache dürften ja auch für Sie von Bedeutung sein, um die Geschichte Ihres Unternehmens zu vervollständigen, denn, wie Sie schreiben, können Sie sich ja nicht vorstellen, dass in Cochem andere

Arbeitsbedingungen geherrscht haben sollen, als bei Bosch generell. Und in Cochem sind Menschen umgebracht worden!

Ich hoffe sehr auf Ihr Verständnis und eine Antwort.

Ihr Schreiben vom 21. Februar wundert mich, schrieb Herr Lutz sofort zurück. *Ich habe Ihnen ganz unmissverständlich mitgeteilt, was wir über die Bosch-Produktionsstätte in Cochem wissen und was wir nicht wissen. Auch wenn Sie nicht annehmen, dass wir »wissentlich etwas verschweigen wollen« unterstellen Sie uns doch, dass wir Material zurückhalten, und davon kann keine Rede sein. Wenn Sie schreiben, es sei »nicht zu leugnen«, dass in unserer »Produktionsstätte in Cochem viele KZ-Gefangene ums Leben gekommen« seien, dann bitte ich Sie sehr, uns Ihr Material in Kopie zur Verfügung zu stellen. Selbstverständlich erstatten wir Ihnen die Kosten dafür.*

Sehr geehrter Herr Dr. Lutz, ich nehme Bezug auf Ihren Brief vom 4. März und bitte um Entschuldigung, dass ich erst jetzt antworte. Verständlicherweise kann ich Ihnen das Material über das KZ-Außenlager Cochem, das ich gesammelt habe, nicht zur Verfügung stellen. Es soll in einem Buch erscheinen. Wenn Sie jedoch daran interessiert sind, mehr über die Vergangenheit Ihres Werkes zu erfahren, dann darf ich Sie auf folgende Quellen aufmerksam machen:

1. *Akten aus dem Bestand des Bundesarchivs in Koblenz.*
2. *Akten aus dem Bestand des Landeshauptarchivs in Koblenz.*
3. *Mündliche Überlieferungen und Berichte älterer Bewohner der Ortschaften Bruttig und Treis.*

Sollten Sie bei Ihrer Arbeit künftig doch noch auf Material stoßen, das für mich interessant sein könnte, bitte ich Sie, mir das mitzuteilen.

Ende des Briefwechsels. Über die Haltung der Firma Bosch werde ich dir später noch von einer ganz anderen Seite her berichten.

Vieles geschah plötzlich wie von selbst. Herr F., Archivar im Landeshauptarchiv Koblenz, rief mich an. Er wisse über mein Anliegen Bescheid. Eine Kollegin aus dem Bundesarchiv habe es ihm erzählt. Er könne mir sicher behilflich sein. Außer mir hatten offensichtlich noch mehr Leute ein Interesse an einer Aufarbeitung der Begebenheiten um das KZ-Außenlager Cochem. Herr F. machte das Angebot, mir alle für mich interessanten Akten herauszusuchen. Ich sagte, das sei sehr freundlich, aber er könne sich die Mühe sparen. Das Landeshauptarchiv besäße keine Unterlagen zu dem Thema. Ich erzählte von der mageren Ausbeute, bei meinem ersten Besuch vor ein, zwei Jahren im Landeshauptarchiv.

»Nun lassen Sie mal«, sagte er beschwichtigend. »Sehen Sie, Sie können nicht erwarten, dass Sie, wenn Sie hier arbeiten wollen, nur Ihr Thema zu nennen brauchen und alle dazu vorhandenen Akten innerhalb einer halben Stunde auf Ihrem Tisch liegen haben. So etwas braucht Zeit. Die müssen Sie sich schon nehmen. Forschungsarbeit in Archiven ist mühsame Kleinarbeit. Oft sind wichtige Informationen zu einer ganz bestimmten Sache in einer Akte zu finden, in der es eigentlich um etwas ganz anderes geht. Einzelheiten zum Thema X können Sie auch in einer Akte zum Thema Y finden, weil darin zum Beispiel Briefe von X enthalten sein können. Nötig ist also ein gutes Fingerspitzengefühl, genügend Zeit und Geduld. Wenn Sie wollen, kommen Sie Montagmorgen doch mal in mein Büro.«

Wie Du weißt, neige ich dazu, Dinge mit viel Energie anzugehen, die mit zunehmender Zeit wieder abnimmt. Mitunter vergeht sie ganz. Ich wende mich anderen, wie ich dann meine, wichtigeren Dingen zu.

»Nix zu Ende machen aber alles anfangen wollen!« Umso mehr versuchte ich jetzt, bei der Arbeit zu bleiben, um die Geschichte über das Cochemer KZ zu Ende zu schreiben. Zu Ende? Hätte ich damals geahnt, dass ich noch Jahre damit zubringen würde, wie hätte ich mich dann wohl entschieden? In diesem Frühjahr liegt unser Pfingstspaziergang schon viele Jahre zurück. Wie oft wird er sich noch jähren, bis ich mit der Arbeit zu Ende bin. Zu Ende? Sicher, dieses Buch wird an irgendeiner Stelle zu Ende sein. Aber die Geschichte? Die Geschichte meiner Geschichte?

Gewiss, Geschichte, Vergangenheit liegt hinter uns. Wir leben heute in der Fortführung dieser Vergangenheit, auch in der Fortführung der Geschehnisse von 1944. Sie platzen aus den Nähten ihrer Zeit, greifen einfach zu uns herüber, rumoren in unserer Zeit herum und lassen uns keine Ruhe.

Ich will Dir eine Begebenheit erzählen, die sich vor zwei, drei Jahren auf dem Weinfest zugetragen hat. Offiziell hatte der Weinstand schon geschlossen. Wir standen aber noch mit ein paar Unermüdlichen zusammen und tranken ein Glas nach dem anderen.

Er sei Jahrgang zweiundzwanzig sagte einer, und er würde heute alles wieder so tun und nichts bereuen. Er habe aus vollster Überzeugung gehandelt, und an dieser Überzeugung habe sich bis heute nichts geändert. Er sei sein Lebtag in keiner Partei gewesen, außer damals in der einen, zu der er nach wie vor stünde, wenn es sie noch gäbe. Er sei heute wie damals ein freier Mensch. Wie damals! Deshalb gehöre er heute keiner Partei an. Er habe ein Büro als Steuerberater in Cochem.

»Aber das nur nebenher.«

Er sagte, dass er und »ihr Linken«, offenbar vermutete er mich politisch dort, einiges gemeinsam hätten und uns durchaus verstehen könnten. Ich widersprach. Er hatte meinen Widerspruch zwar registriert, ließ meinen Einwand jedoch nicht gelten.

Neben mir saß Schwarzhaupt. Dieser begann plötzlich, mich lautstark zu beschimpfen. Ich versuchte, seine Beleidigungen zu ignorieren, was ihn ungemein zu ärgern schien. Er steigerte sich noch: »Du Pazifist, du dreckiger, du bist doch wohl total bescheuert. Hört euch den an!« Ich hatte gar nichts gesagt. »Ist der noch normal, dieser Wichser? Der wäre doch einer der ersten, die wieder *Heil Hitler* brüllen würden!« Da unterbrach er, *Jahrgang zweiundzwanzig*, ihn. Er würde da etwas verwechseln, sagte er, woraufhin Schwarzhaupt sich irritiert umschaute, nach dieser kurzen Atempause aber sofort mit seinen Beschimpfungen fortfuhr: »Hört euch diesen Schwätzer an!«, tönte er. Ich hatte immer noch nichts gesagt, sondern hörte ihm, *Jahrgang zweiundzwanzig*, zu, der erklärte, dass Engländer und Russen die Erfinder der Konzentrationslager gewesen seien. Was in Auschwitz geschehen ist, stritt er nicht ab. Ich sagte, dass er vorhin gesagt habe, er würde nichts bereuen und glaubte, ihn nun damit entlarven zu können. Aber er blieb bei seiner *vollsten Überzeugung*.

Dann sagte Schwarzhaupt, was er glaube, wo auch ich hingehörte. Bis jetzt hatte ich auf Schwarzhaupts Äußerungen nicht reagiert, was ihn offenbar in Rage gebracht hatte. Ich drehte mich erstmals zu ihm um und sagte, dass ich ihn ja schon ein paar Jahre kennen würde, jedoch nicht geglaubt hätte, dass er so ein Arschloch sei. Komisch, er wirkte erleichtert, als ich das gesagt hatte, jedenfalls beschimpfte er mich nicht sofort wieder. Auch ich hatte mir Luft gemacht und fuhr damit fort, ihn zu ignorieren.

Er, *Jahrgang zweiundzwanzig*, hatte mir inzwischen einen Wein bestellt und prostete mir zu. Ich schob das Weinglas von mir weg. Da nahm er einmal meine Hand, schaute wie ein getretener Hund und schüttelte sie heftig. Ich stieß mit der anderen Hand das Weinglas noch weiter von mir weg. Ich sei doch ein Deutscher, sagte er, warum ich mich denn so anstellen würde. Er wurde fast väterlich, fast freundlich. Schwarzhaupt verstand die Welt nicht mehr und beschimpfte nun auch ihn, jedoch nicht so heftig wie mich zuvor, woraufhin er, *Jahrgang zweiundzwanzig*, böse wurde. Ich nutzte diese Gelegenheit, mich aus der Affäre zu ziehen, bekam noch mit, dass Schwarzhaupt wild gestikulierend auf ihn, *Jahrgang zweiundzwanzig,* einredete und dieser ihm ruhig erklärte, dass so junge Leute wie er, doch nicht immer so aufgeregt argumentieren sollten.

Als Kind habe ich mit den Händen Löcher in die Erde im Weinberg gegraben, während Ihr dort gearbeitet habt. Ich weiß, wie sich diese Erde anfühlt, kenne genau ihren Geruch. Wie könnte mir gleichgültig sein, was sich wenige Jahre vorher auf dem Boden zugetragen hat, in den ich die Arme bis zu den Ellenbogen bohrte? Je tiefer ich kam, umso vorsichtiger krabbelten sich meine Fingerspitzen weiter voran, denn irgendwo da unten vermutete ich die Hölle.

Warum erzähle ich das? Vielleicht weil von da an ein Vierteljahrhundert vergehen musste, bis ich nach und nach erfuhr, was man uns in der Schule wissentlich verschwiegen hat? Und da sagt mir die am Telefon, die Mitarbeiterin der Rhein-Zeitung: *Da rühren Sie ja was auf.* Eine junge Frau, der Stimme nach vielleicht in meinem Alter, gibt zu bedenken: *Da sind ja nicht nur schöne Sachen passiert.*

Niedertracht und menschliche Größe

»Tausend Polen und Russen waren da unten in den Lagern«, wusste Gertrud K. »Die Nazis hatten diese bedauernswerten Menschen als minderwertige Rasse eingestuft.«

»Das Leben eines Russen war nichts wert«, ergänzte ihr Mann, »da wurde an Arbeitskraft noch rausgeholt, was rauszuholen war, und dann konnten sie verrecken.«

»Die waren nicht mehr wert, als der Preis, den die Nazis für die Goldzähne bekamen, die sie ihnen ausschlugen, abzüglich der Kosten für die Exekution und Einäscherung. Das Wenige, was diese Leute besaßen, wurde bei der Einlieferung in das KZ von den Deutschen einkassiert. Das kam später dann der totalen Kriegsführung zugute.«

Gertrud K. und ihr Mann wirkten gut informiert.

»Wir haben uns immer für diese Sachen interessiert«, sagte sie.

»Wer tut das heute noch?«

»Ja, ich weiß.«

»Wir waren ja damals, als das KZ hier bei uns existierte, noch Kinder«, bemerkte Herr K., »für uns ist es einfacher, uns mit dem, was geschehen ist, auseinanderzusetzen. Die Älteren, die vielleicht eine gewisse Mitschuld empfinden, haben es da schwerer.« Er sagte es fast ein wenig so, als wolle er um Verständnis werben für jene, die heute nichts mehr von den Naziverbrechen wissen wollen.

Das Ehepaar K. hatte bei meinem Anruf sofort zugesagt, sie seien zu einem Gespräch bereit.

»Wenn Sie wollen, können Sie sofort kommen, ich habe gerade einen Pflaumenkuchen aus dem Backofen geholt. Haben Sie schon Kaffee getrunken?«

Gertrud K. lebt mit ihrem Mann auf dem Valwiger Berg. Eine Viertelstunde nach dem Anruf war ich bei ihnen.

Herr K. erzählte, dass seine Frau vom Valwigerberg stamme, und er aus Bruttig. Er wisse nicht so viel über die Lager, aber seine Frau, die könne allerhand erzählen. Ich war gespannt.

»Die Polen und die Russen waren am schlimmsten dran«, sagte sie. »Ihnen wurde alles genommen. Ihre Heimat, ihre Habe, ihre Gesundheit und oft auch ihr Leben. Vernichtung durch Arbeit hieß die Devise gegenüber den Menschen aus dem Osten. Das bedeutete härteste Arbeitsbedingungen bei brutaler Behandlung durch Schläge und andere Qualen. Das Essen taugte nichts. Der Arbeitseinsatz ging bis zur völligen Erschöpfung und bis zum Tode.«

Die Frau schien zu wissen, wovon sie sprach. Sie habe in den letzten Jahren eine Menge Bücher über den Faschismus und die NS-Zeit gelesen, sagte sie.

»Ich wollte verstehen lernen, was ich als Kind erlebt habe. Es ist wichtig, dass man lernt, die Zusammenhänge zu sehen. Viele kleben an ihren persönlichen Erlebnissen, als sei das die einzige Wahrheit. Die Russen werden uns bis heute noch immer als die Bösen verkauft. Und die Leute glauben es, weil die Kriegsheimkehrer das Märchen vom bösen Bären im Osten, durch ganz persönliche Erlebnisschilderungen bestätigen. Man muss das eigene Erleben in die Zusammenhänge rücken«, erklärte sie, tippte dabei entschieden mit den Fingerspitzen auf den Tisch und bekräftigte: »Sonst ist es nichts wert!« Ohne Unterbrechung fuhr sie fort: »Die SS-Männer in Bruttig machten sich aus den Folterungen der Häftlinge einen Spaß. So war es eine ihrer Vergnügungen, leere Weinflaschen auf dem Lagerplatz zu zerschlagen und die Häftlinge mit nackten Füßen durch die Scherben laufen zu lassen. Geprügelt wurden sie jeden Tag auf dem Weg vom Lager zur Arbeit in den Tunnel, ebenso auf dem Rückweg, während der Arbeit und im Lager selbst. Viele fanden den Tod durch eine grauenhafte Folter. In einer bestimmten Baracke, einer Art Folter-Baracke, wurden die Männer mit dem Kopf nach unten aufgehängt. Die SS schlugen die so Hängenden mit langen Knüppeln, bis sie sich nicht mehr bewegten.«

»Das war in der Baracke, wo heute die Post in Bruttig drin ist«, sagte ihr Mann, der genau zuhörte, als wolle er darauf achten, dass seine Frau in ihrer Erzählung auch nichts auslässt. »Es muss einen nicht wundern, dass es immer wieder Fluchtversuche gab.«

»Den wenigsten gelang die Flucht. Wer abgehauen war und wieder erwischt wurde, dem war der Tod so gut wie sicher. Zur Abschreckung wurden ergriffene Flüchtige in den Lagern oder vor den Eingängen zum Tunnel erhängt. Gingen die Männer morgens zur Arbeit, mussten sie an ihren getöteten Kameraden vorbeimarschieren. Eine Flucht zu planen, war ein nahezu aussichtsloses Unterfangen. Die Lager und Arbeitsplätze wurden von schwerbewaffneten Soldaten mit Hunden bewacht. Eine Flucht musste spontan geschehen, einen günstigen Moment galt es zu finden, eine Unaufmerksamkeit der Bewacher musste abgewartet und ausgenutzt werden. Und dann weg! Aber wohin?« Die Frau streckte mir ihre Arme entgegen, hob ihre Handflächen, als trüge sie darin ein kostbares Gefäß, und schaute mir fragend ins Gesicht. »Wohin?«

So nah, wie die Moseldörfer bei Bruttig und auch anderswo beieinander liegen, wäre ein flüchtiger KZ-Häftling an seiner Kleidung sofort aufgefallen und erkannt worden. Bis nach Valwig, moselabwärts, sind es von Bruttig rund drei Kilometer. Nach Fankel in die andere Richtung höchstens ein paar hundert Meter. In allen Ortschaften der Umgebung gab es *Pflichtbewusste*, solche, die ohne jede Not bereit waren, der SS vor Ort in die Hände zu spielen und der Flucht eines Häftlings ein schnelles Ende zu setzen. Manche Flüchtige sollen, um nicht sofort als KZ-Häftling erkannt zu werden, ihre Kleider ausgezogen haben und halb nackt unterwegs gewesen sein. Doch ihre von Lagerhaft und Zwangsarbeit gezeichneten Körper müssen sie ebenso verraten haben, wie die gestreifte Häftlingskleidung.

Am Fluss entlang davonzulaufen, wäre nicht günstig gewesen. Das dürfte den Häftlingen auch klar gewesen sein. Denn ihr Marsch vom Cochemer Güterbahnhof nach Bruttig führte sie durch die Stadt Cochem und die Ortschaften Cond und Valwig. Auf der anderen Moselseite konnten sie den Cochemer Vorort Sehl, die Klosteranlage Ebernach und die Ortschaft Ernst erkennen. Bei einer Flucht aus dem Bruttiger Lager oder von der Baustelle wäre es für einen Mann bei intakter körperlicher Verfassung im Sommer sicher keine Schwierigkeit gewesen, sich bis zum Moselufer durchzuschlagen und die Mosel zu durchschwimmen. Doch auf der anderen Flussseite liegt die Ortschaft Ernst und die Flussströmung hätte einen Schwimmer leicht in die Nähe des Ortes bringen können. In Treis wäre es ähnlich gewesen und ein durch die Mosel Flüchtender wäre womöglich am Ufer der Ortschaft Karden gestrandet. Es blieb also nur eine Richtung mit der Hoffnung auf Erfolg: Durch die Weinberge, den Hang hinauf in den schützenden Wald.

Was aber ein der örtlichen Geografie unkundiger Häftling nicht wissen konnte: Auf dem Berg befindet man sich wie auf einer Halbinsel. Nach allen Seiten fällt das Gelände steil ab ins Moseltal. Die Mosel umfließt den Bergrücken in einer großen Schleife in der Form des Buchstaben C. Da, wo das C offen ist, schneidet der Flaumbach eine tiefe Furche in den Vorderhunsrück, so, dass es von der *Halbinsel* kaum einen Weg gab, der nicht wieder hinunter ins Tal führte. Für einen ortsunkundigen Häftling, der zu allem noch unter dem Druck der Verfolgung stand, war ein endgültiges Entkommen fast unmöglich. Im Tal befanden sich die Lager Treis und Bruttig sowie die gigantischen Baustellen, besonders vor den Tunnelportalen. Zuwegungen und große Geländeteile waren von der SS okkupiert und wurden aufs Schärfte bewacht. Das Flaumbachtal wurde von Landwehrmännern, Polizei und anderen Eifrigen kontrolliert. Oben auf dem Berg, mitten auf der *Halbinsel*, führte ein riesiger Luftschacht aus dem Tunnel ins Freie. An seinem Austritt, der einem gigantischen Schornstein aus roten Ziegeln glich, befand sich ein hoch gesicherter Stützpunkt der SS. Vom Belüftungsschacht bis zur Ortslage *Valwigerberg* betrug die Distanz rund tausend Meter. Wohin hätten flüchtige Häftlinge also laufen, wo ein sicheres Versteck finden können?

»Einige verliefen sich hierher«, sagte Frau K., »und versuchten, sich etwas zum Essen zu beschaffen. Einmal wurde ein Häftling in der Nähe des Schuweracker Hofes erwischt. Er hatte versucht, sich dort mit Lebensmitteln und Kleidung einzudecken. Er hatte ein Huhn geklaut, und dieses in einem Blecheimer über einem kleinen Feuer gebraten. Er hielt einen Hühnerschenkel in der Hand, als er entdeckt wurde. Dann wurde die SS herbeigerufen. Ein großer Teil der Bevölkerung spielte das grausige Spiel mit.

Eines Tages kam meine kleine Schwester aufgeregt zu mir gelaufen. Schnell, rufe die Mama, beschwor sie mich. Sie war so außer Atem, dass ich meine Mutter auch sofort rief. Sie sagte, Mama, sieh da oben in der Scheune, da liegt jemand im Stroh! Meine Mutter antwortete, dummes Kind, da kann doch niemand sein. Doch, da oben, beharrte meine Schwester. Dann sahen wir, wie sich oben im Stroh langsam zwei Hände hervor schoben. Dahinter folgte ein hageres Gesicht mit großen, ängstlichen Augen. Meine Mutter forderte den jungen Mann auf doch herunterzukommen, er brauche sich doch vor niemandem zu verstecken. Daraufhin setzte er sich zögernd langsam in Bewegung und kam die Leiter herunter. Erst jetzt sahen wir, dass er gestreifte Sträflingskleidung trug. Meine Mutter holte ihn ins Haus und gab ihm zu essen. Er sprach russisch. Wir erfuhren, dass er aus der Ukraine stammte. Er war 17 Jahre alt. Irgendjemand aus dem Ort musste ihn bei uns gesehen haben. Dieser hat es weitererzählt und kurz darauf war das halbe Dorf bei uns versammelt. Einige Hundertfünfzigprozentige machten sich sofort über ihn her und hielten ihn fest. Einer benachrichtigte die SS, die wenige Minuten später eintraf. Der oberste SS tobte vor Wut. ›Was sollen wir uns noch viel Arbeit mit dem hier machen‹, tönte er und forderte die Umstehenden auf: ›Gebt mir was zum Draufschlagen‹. Einer, hier aus dem Ort, lief sofort los, kam kurz darauf mit einem Spaten zurück und übergab diesen folgsam dem SS-Mann. Dieser Verbrecher prügelte damit auf den Jungen ein, bis er blutend und reglos am Boden lag. Dann haben sie ihn gepackt und ins KZ zurückgebracht. Dort haben sie ihn vor dem Portal des Tunnels erhängt. Ich war damals 14 Jahre alt und habe das Schauspiel in unserem Dorf mit ansehen müssen. Damals habe ich gedacht, wenn das hier einmal alles vorbei ist, und dass es vorbeigehen würde, dessen war ich mir ganz sicher, wenn das alles vorbei ist, dann werde ich zur Polizei gehen und den Mann, der den Spaten holte, anzeigen. Aber das habe ich dann doch nie getan.«

»Wer war der Mann?« ,wollte ich wissen. Gertrud K. zog überrascht die Augenbrauen hoch.

»Er ist schon tot. Es hat keinen Zweck mehr, jetzt noch die Namen zu nennen.«

Weiter erzählte sie von einem Russen, der sich im Conder Wald versteckt hatte. Die Hunde der Wachmannschaft sollen ihn aufgespürt haben. Eines der Tiere habe ihm die Hand abgebissen. Dennoch habe er sich losreißen und davonlaufen können. Auf dem *Valwigerberg* habe man ihn festgenommen.

»Die Hand baumelte nur noch an ein paar dünnen Fetzen am Unterarm. Auch der wurde erhängt. In Bruttig. Vor dem Tunnel.«

»Sehen Sie mal hier«, sagte F., der Archivar und schmunzelte. Dabei deutete er mit einem Kopfnicken auf einen Turm aus Akten, den er neben seinem Schreibtisch aufgebaut hatte.

»Jungejung«, sagte ich beeindruckt. »Da haben Sie aber gute Vorarbeit geleistet.«

»Ich habe hier alles aufgebaut, was irgendwie mit Ihrem Thema zu tun haben könnte. Es ist wichtig, dass Sie sich auch das ganze Drumherum einmal ansehen, was also mit dem Lager oder dem Tunnel direkt nichts zu tun hat. Sehen Sie alles in Ruhe einmal durch. Was für Sie wichtig ist, kann ich Ihnen dann auch kopieren.« Er verwies noch auf verschiedene Stellen, die ihm besonders interessant zu sein schienen und ließ mich dann mit dem ganzen Papier allein. Ich hatte gut zwei Tage zu tun, bis ich alles durchgesehen hatte. Die folgenden Aufzeichnungen habe ich dabei angefertigt, auch wenn mir manche Informationen inzwischen nicht mehr ganz neu erschienen. Oben drüber schrieb ich: *Etwas mehr als eine Landschenkung.*

Vermutlich in der Zeit zwischen Sommer und Winter des Jahres 1943 tauchte in Treis erstmals die SS auf, um nach einer geeigneten Unterkunft zu suchen, die sich als Lager für KZ-Häftlinge eignete. Mit der Unterstützung des seit 1937 im Amt befindlichen damaligen Amts- und Ortsbürgermeisters requirierte ein höherer SS-Offizier Anfang März 1944 neben anderen Räumlichkeiten den Tanzsaal des Hotels Wildburg am Treiser Moselufer. Der Hotelbesitzer glaubte zunächst, in seine Räume würde die SS einziehen, was sich jedoch bald als Irrtum erwies. Der rund 150 Quadratmeter große Saal wurde mit dreistöckigen Holzpritschen bestückt und die Fenster mit einem Stacheldrahtverhau versehen. Als die ersten Häftlinge von Natzweiler in Treis ankamen, wurden sie nach SS-Manier gezwungen, den Hotelkomplex, zu dem auch noch ein Hinterhof, ein Garten und eine Garage gehörten, zu ihrem eigenen Gefängnis auszubauen. Auf einer Ecke des Hotelgeländes errichteten sie einen Turm, von dem aus in der Folgezeit ein Maschinengewehr auf sie gerichtet war. Die Garage diente als Küche, ein Hotelzimmer dem kommandierenden SS-Hauptsturmführer als Büroraum. Die Wachmannschaft, die 32 Mann stark gewesen sein soll, wohnte teils im gleichen Hotel, teils in privaten Unterkünften im Ort.

Die Verpflegung der Häftlinge war mehr als dürftig und das in Bezug auf Qualität und Menge. Sie bestand im Wesentlichen aus trockenem Brot, schlechtem Kaffee und dünner Suppe.

Die Notdurft musste im Freien in eine Grube verrichtet werden, über der zwei Bretter lagen. Erst nachdem Beschwerden über den Gestank laut wurden, sah man sich veranlasst, Chlorkalk anzufordern, der das Übel abmildern sollte.

In der Mitte des zum Gefangenenlager umfunktionierten Tanzsaales stand eine Säule zum Abstützen der Decke. Daran war eine Kettenvorrichtung angebracht, an welche Gefangene angebunden und geprügelt werden konnten.

Von einer Hinrichtung wird berichtet. Dabei wurde ein Häftling an einem Baum erhängt, der auf dem künftigen Lagergelände stand, das die Häftlinge auf der Treiser Kipp *errichten mussten. Wegen der großen Entfernung zum Stammlager Natzweiler, wohin verstorbene Häftlinge eigentlich hätten zur Einäscherung gebracht werden müssen, wurden die Toten in Holzkisten in das Krematorium nach Mainz geschafft. Während der ganzen Zeit, in der sich das Lager im Tanzsaal des Hotels befand, lief der Hotelbetrieb im gleichen Haus weiter.*

Grund für die Errichtung des Lagers, war das Vorhaben, den Ausbau des Tunnels voranzutreiben. Dazu wurden KZ-Häftlinge als billige Arbeitskräfte herangezogen. Diese mussten sofort nach ihrer Ankunft mit den Bauarbeiten beginnen. Die Tunnelröhre wurde betoniert und ausgemauert, Montagekammern wurden errichtet.

In der Nähe der Ortschaft Valwigerberg trat bis vor wenigen Jahren der Entlüftungsschacht des Tunnels wie ein riesiger Schornstein aus der Erde heraus. Inzwischen ist er abgebaut und der Schacht verschlossen worden. An dieser Stelle befand sich ein SS-Stützpunkt zur Sicherung des Schachtes und des Tunnels. In beide Tunnelportale wurden fahrbare Betontore eingebaut, mit welchen die Tunnelröhre an ihren Enden verschlossen werden konnte. Gegenüber dem Treiser Tunneleingang nahe der Ortschaft Pommern auf der anderen Moselseite wurde eine Schaltzentrale errichtet. Darin befand sich eine Trafostation, von der aus das im Tunnel geplante Rüstungswerk sicher mit Strom versorgt werden sollte.

Die Kapazität des Lagers im Tanzsaal des Hotels Wildburg war bald erschöpft. Mit den 150 Menschen, die hier gefangen gehalten wurden, war das Hotel ohnehin schon mehr als überbelegt.

In kurzer Zeit errichteten die Häftlinge ein neues Lager auf der sogenannten Treiser Kipp, *am westlichen Ortsende, da, wo sich heute unterschiedliche Gewerbebetriebe breit machen. Die Übersiedlung in das Lager auf der Kipp wurde Ende März, Anfang April 1944 vollzogen, etwa zum gleichen Zeitpunkt, als auch das Lager auf der* Bruttig Kipp *eröffnet wurde.*

Das neue Treiser Lager, das zunächst nur aus einer zweistöckigen Baracke für die Häftlinge und drei weiteren Baracken bestand, von denen eine als Küchenbaracke, die beiden anderen den Wachmannschaften zum Aufenthalt dienten, glich nun auch äußerlich einem richtigen KZ. Es war von einem Stacheldrahtverhau umgeben. An den vier Ecken standen rund vier Meter hohe Wachtürme, von denen Posten mit Maschinengewehren und Scheinwerfern das Lager kontrollieren konnten. Es gab einen Zwinger für die Hunde der SS, die als lebende Waffen gegen die Häftlinge eingesetzt wurden. In den folgenden Wochen wurden weitere Baracken gebaut. Hierzu hatte man auch zwei Treiser Schreinereien verpflichtet. Die Zahl der Häftlinge stieg an.

Die Gebäude entstanden auf bereits vorhandenen Fundamenten, die zu den vormals geplanten Bahnanlagen gehörten. So kam es, dass diese teilweise sogar einen Keller besaßen. Darin wurde nach dem Krieg eine, wie man fand, eigenartige Nische entdeckt, in der ein Mensch nur stehend in gebückter Haltung Platz hatte. Diese Nische, so die Überzeugung ortskundiger Treiser Leute, sei, bevor die Baracken dort gestanden hätten, nicht vorhanden gewesen. Das legt die Vermutung nahe, dass diese, ähnlich wie die bereits beschriebene Nische im Bunker von Natzweiler, zur Bestrafung von Häftlingen genutzt worden sein könnte.

Nach der Evakuierung des Lagers wurden die Einrichtungen des Konzentrationslagers als Sammellager für vom Westwall kommende Fremdarbeiter *genutzt. Später quartierten sich die Amerikaner darin ein. Nach dem Krieg wurden Steine und brauchbares Baumaterial aus dem Lager zum Wiederaufbau zerstörter Häuser im Ort genutzt. Eine Baracke wurde abgebaut und als Wohnhaus im Ort wieder errichtet.*

In der Chronik der Pfarrei Treis, von der Auszüge im Landeshauptarchiv archiviert sind, steht zu lesen:

In dem Tunnel zwischen Treis und Bruttig begann im Sommer dieses Jahres eine eigenartige Arbeit. 1500 Insassen eines Konzentrationslagers wurden nach Treis transportiert, um in dem Tunnel Räume für eine Leichtme-

tallfabrik auszuzementieren. Die so hergestellten Leichtmetallwaren sollten für Flugzeuge gebraucht werden. Auf der sogenannten Kipp wurden Baracken errichtet, in denen diese armen, bedauernswerten Menschen wohnten. Der ganze Raum war mit dichtem Stacheldraht umgeben und von SS-Posten scharf bewacht. Nur Weniges drang in die Öffentlichkeit. Wohl hörte man schon mal von Treiser Bürgern, die als technische Arbeiter dort eingesetzt waren, von brutalen Misshandlungen, auch schon von Hinrichtungen durch Erhängen. Wie später in der Zeitung veröffentlicht wurde, sind 76 Inhaftierte umgebracht worden. Die Leichen wurden sämtlich nach Mainz ins Krematorium gebracht, nur drei wurden auf dem hiesigen Friedhof bestattet, ihre Gräber aber unkenntlich gemacht. Eine Anfrage des Pfarrers wegen kirchlicher Beerdigung wurde negativ entschieden. Das Konzentrationslager blieb bestehen bis einige Wochen vor Kriegsende.[23] *Zu Arbeiten in Leichtmetallerzeugnissen ist es nicht mehr gekommen. (...)*

An späterer Stelle schrieb der Chronist: *Und nun begann die furchtbarste Zeit für Treis. Am 9. März (1945) setzte von den Kardener und Pommerner Höhen die Beschießung von Treis ein. Die Brücke wurde in der letzten Stunde von unseren Soldaten gesprengt. Pommern, Klotten und Cochem waren schon von den Amerikanern besetzt. Bei Treis war ein Brückenkopf gebildet worden, dessen Kommandeur bis zum Äußersten kämpfen und von einer Übergabe nichts wissen wollte. (...) Die Einwohner von Treis flüchteten am Tag des 10. März in den Tunnel, aus dem seit einiger Zeit die Konzentrationsgefangenen fortgezogen waren, und viele flüchteten nach Kloster Engelport: nur 100 Menschen blieben im Dorf.*

Von der Gemeindeverwaltung Treis-Karden habe ich nach langem Hinhalten inzwischen die Auskunft bekommen, es habe im Treiser Lager 41 Todesfälle gegeben. Der Pfarrer sprach in der Chronik von 76 Toten. Ich werde auf die Schwierigkeiten mit der Gemeindeverwaltung Treis-Karden an anderer Stelle noch einmal zurückkommen.

Eine wichtige Rolle im Zusammenspiel von SS und Polizei kam dem Gendarmerie-Posten Treis zu. Ein gewisser Grosardt, der Amtsbezeich-

---

23 In diesem Punkt dürfte der Chronist irren. Die KZ-Häftlinge wurden im September 1944 abtransportiert und auf andere Konzentrationslager verteilt. Damit war das Konzentrationslager Außenlager Cochem geschlossen. Die Gebäude und Einrichtungen fanden danach anderweitig Verwendung.

nung nach *Meister der Gendarmerie*, war der verantwortliche Postenführer. Zusammen mit seinen Helfern namens Kalb und Maus sorgte er für die vermeintliche Ordnung und unterstützte die Bestrebungen der SS. Alles pflichtbewusste Männer, aber nicht die einzigen, die nur ihre Pflicht taten, wie die folgenden Berichte zeigen werden.

Am 22. April 1944, einem Samstag, führte der Wachposten, Obergefreiter Matthias Grundhöfer vom Wachkommando Treis, den Häftling Franz Düsel zum Gendarmerieposten und übergab ihn Grosardt. Der 32-jährige Düsel, angeblich ein BVer, hatte bereits mehrere Lager und Arbeitsstellen erleiden müssen, als er Anfang März 1944 nach Cochem kam. Hier wurde er dem Lager Treis zugeteilt. Vom 18. bis 23. Februar 1944 hatte er sich als Schubgefangener in der Polizeikaserne in Darmstadt in der Niederramstädter Straße befunden, wo er den Mitgefangenen Jacob Renner kennengelernt hatte. Gegen diesen wurde inzwischen, offenbar wegen seiner politischen Einstellung, ermittelt. Grosardt vernahm den Gefangenen Düsel und erfuhr:

Es kann möglich sein, dass es der 21.2.44 war, als ich mich auf der Arbeitsstelle vor der Kaserne in Darmstadt befand. Wir haben dort Erdarbeiten ausgeführt für Luftschutzzwecke. Außer mir waren noch 10 Mitgefangene zugegen, als Renner plötzlich den Oberarm frei machte, ob es der linke oder der rechte Oberarm war, kann ich nicht mehr angeben. Ich sah einen tätowierten Sowjetstern und auf diesen deutend sagte Renner: »Deswegen habe ich schon zwei Jahre in Dachau abgemacht, ich bin ein Gesinnungslump, das sind noch Männer, die so etwas tragen.« Renner tat sich den ganzen Tag über wichtig, dass er schon zwei Jahre in Natzweiler gewesen sei, dann habe er zwei Jahre in Dachau eingesessen. Auch brüstete er sich damit, dass er kommunistische Organisationen geleitet habe, wobei er die Bemerkung fallen ließ, dass er das, was er sei, auch bleiben würde. Bei jeder sich bietenden Gelegenheit tat er sich wichtig damit, dass er politischer Häftling sei.

In welcher Situation und an welchem Ort sich Jakob Renner zu diesem Zeitpunkt befunden hat, kann ich nicht sagen. Fest steht nur, dass er nicht in einem der Cochemer Lager war. Scheinbar war Grosardt angewiesen worden, Düsel zu vernehmen, um Belastungsmaterial gegen Renner zu erhalten. Düsel war noch bis mindestens Ende Juli Häftling im Außenlager Cochem.

Ich erzählte es bereits: Die Häftlinge wurden nicht ausschließlich im Tunnel eingesetzt, sondern auch anderweitig zu Arbeitseinsätzen herangezogen. Viele mussten Verladearbeiten auf dem Kardener Güterbahnhof verrichten, auf dem der überwiegende Teil des Baumaterials für den Tunnelausbau verladen wurde. Gelegentlich mussten sie in ortsansässigen Handwerksbetrieben oder auch in Haushalten arbeiten, wenn es dort sogenannte Männerarbeit zu tun gab. Männer fehlten ja zu dieser Zeit, da alle Wehrtüchtigen zum Kriegsdienst eingezogen waren. Die externen Arbeiten waren bei den Häftlingen beliebt, weil sie außerhalb der Großbaustellen nicht der ständigen Überwachung durch Kapos und Wachmannschaften ausgesetzt waren. Zudem durften sie damit rechnen, im Kontakt mit manchen mitfühlenden Dorfbewohnern, etwas zum Essen zu erhalten, das natürlich nicht offiziell, sondern heimlich verabreicht werden musste.

Am 7. April 1944 waren Häftlinge aus Treis zwischen Kail und Illerich in der Nähe von Wirfus auf einer nicht näher bezeichneten Arbeitsstelle beschäftigt. Gegen 10.30 Uhr gelang es den beiden Polen Wasil Niedzilski und Kasimir Rolka zunächst unbemerkt von dort zu verschwinden. Vermutlich versteckten sie sich zunächst im Wald. Um viertel nach zwölf läutete beim Gendarmerie-Posten Treis das Telefon. Ein Angehöriger des Wachkommandos des Lagers in Treis meldete Grosardt die Flucht der beiden 23 und 26 Jahre alten Häftlinge. Grosardt organisierte eine Jagd auf sie. Er alarmierte sofort die Landwachten von Kail, Wirfus, Illerich, Landkern und Klotten, die sich bei der Arbeitsstelle, von der die beiden geflüchtet waren, sofort einzufinden hatten. Er selbst requirierte den erstbesten PKW, den er in Treis finden konnte und fuhr zusammen mit dem Gendarmen Kalb zu dem Platz nahe Wirfus. Bei seinem Eintreffen standen die Landwachten marschbereit da. Mit dem Gendarmen Maus, der mit dem Krad schon vorgefahren war, übernahm er sofort die Einteilung der Männer. Zur Verstärkung der Landwacht forderte er, wie es heißt, *im Einvernehmen mit den zuständigen Wehrführern* die Freiwillige Feuerwehr und die Pflichtfeuerwehr an, die sodann bei der Menschenjagd mithalfen. Grosardt ließ einen äußeren Ring als äußere Absperrung um die Flüchtigen schließen. Ein Durchkämmen der Wälder, schrieb er am folgenden Tag an den

Landrat in Cochem, sei wegen des unübersichtlichen, zum Teil bergigen Geländes und der unzureichenden Zahl der Absperrposten nicht möglich gewesen. Er hatte die Absperrposten entlang der Straßen von Kail über Wirfus, Illerich, Landkern und Greimersburg bis hinunter nach Klotten in einem Abstand von einhundertfünfzig bis zweihundert Metern aufstellen lassen. Er hatte geplant, diese Posten, mit entsprechender Ablösung, bis zum Anbruch des nächsten Tages als äußere Absperrung stehen zu lassen, und falls sich die Flüchtigen bis dahin nicht gezeigt hätten, wollte er durch das abschnittsweise Vorziehen der Posten den Ring bis zur vollständigen Einkesselung der Häftlinge verkleinern. So hatte er es geplant. Doch dazu kam es nicht mehr. Gegen 19:00 Uhr wurde von der Landwacht Wirfus fernmündlich an die Landwacht Klotten durchgegeben, dass die Flüchtigen im Distrikt Korer, Gemarkung Wirfus festgenommen worden seien.

Am gleichen Tag stand gegen Abend der 34-jährige Arbeiter Simon Schneider aus Wirfus auf seinem außerhalb der Ortschaft gelegenen Hof. *Ich sah aus der Schlucht, die ich von meinem Haus aus einsehen kann, zwei Personen kommen. Ich hatte gehört, dass zwei Sträflinge am Vormittag des heutigen Tages von der Arbeitsstelle in Kail entwichen waren. Ich konnte die Personen nicht erkennen. Um zu sehen, wer diese waren, ging ich Ihnen entgegen und nahm meinen* Sechsmillimeter-Flobert *mit. Auf etwa dreihundert Meter Entfernung erkannte ich die Sträflinge an der Kleidung. Die Flüchtigen hatten mich noch nicht bemerkt. Ich arbeitete mich näher heran und rief aus einer Entfernung von ungefähr siebzig Metern: Hände hoch! Auf diesen Aufruf blieb einer der Flüchtigen stehen, während der andere Anstalten zur Flucht machte. Ich brachte sofort mein Gewehr in Anschlag und rief noch einmal: Hände hoch! Jetzt blieben beide stehen. Durch Zeichen gab ich ihnen zu verstehen, dass sie die Hände hoch nehmen sollten und ließ sie näher kommen. Nun ließ ich sie etwa zehn Meter vor mir her gehen und führte sie sofort zum Ortsbürgermeister Geyermann in Wirfus.«*

In seinem Bericht an den Cochemer Landrat, in dem er diesem genau den Verlauf seiner Jagd schilderte, schrieb Grosardt am nächsten Tag: *Schneider hat sich durch sein umsichtiges und unerschrockenes Verhalten besonders verdient gemacht. Die zu gewährende Belohnung steht ihm allein zu. Die Festgenommenen wurden gegen 20:00 Uhr der Sonderstreife des Gendarmerie-Postens Treis im Hause des Ortsbürgermeisters in Wirfus übergeben.*

Von dort aus erfolgte der Abtransport der Festgenommenen und die Rückfahrt der Sonderstreife des Gendarmerie-Postens Treis, mittels LKW des Transportunternehmers Roman Lenz aus Pommern. Gegen 20:45 Uhr erfolgte die Einlieferung der Festgenommenen bei der Wache des Wachkommandos Treis.

Grosardt konnte es sich nicht verkneifen, auch die besonderen Leistungen seiner Dienststelle gegenüber dem Cochemer Landrat wie folgt hervorzuheben.

Bez. Oberw. der Gend. der Res. Maus hat durch Gestellung seines privateigenen Krads und durch restlosen persönlichen Einsatz erheblich zur Festnahme der Flüchtigen beigetragen, insbesondere die schnelle und rechtzeitige Einsetzung der Landwacht in den einzelnen Abschnitten gewährleistet, desgleichen der Bez. Oberw. der Gend. der Res. Kalb, der sich durch umsichtiges und richtiges Handeln beim Einsatz verdient gemacht hat.

Vielleicht ließ sich sogar noch Kapital aus der Sache schlagen?

Der gestrige Einsatz hat erneut gezeigt, dass für den erfolgreichen Einsatz dem Gendarmerie-Posten unbedingt ein Dienst-Kraftfahrzeug zur Verfügung stehen muss. Bei dem für die Zukunft noch zu erwartenden stärkeren Zuzug von einheimischen und fremden Arbeitskräften werden sich die Fälle häufen, bei denen der Einsatz eines Kraftfahrzeuges unbedingt erforderlich sein wird.

Die beiden Häftlinge ereilte nach ihrer Wiederergreifung nicht, wie viele andere Ihrer Kameraden, der Tod. Jedoch darf es als sicher gelten, dass sie unmenschlichen Qualen durch die SS ausgesetzt wurden. Kasimir Rolka wurde am 1. Juni nach Natzweiler zurückgebracht. Im gleichen Transport befanden sich 49 weitere *Cochemer Häftlinge*. Sie hielten der schweren Arbeit und den Strapazen des Außenlagers nicht mehr stand. Alle wurden in das berüchtigte Revier des Konzentrationslagers Natzweiler eingeliefert. Wasil Niedzilski blieb vorerst in Cochem, wahrscheinlich weiterhin im Lager Treis, bis mindestens Ende Juli.

Am 21. Juni 1944 bat Grosardt die Ortspolizeibehörde in Karden-Treis schriftlich um den Erlass einer Bekanntmachung, worin die Bevölkerung zur Mitfahndung aufgefordert werden sollte. Aus dem Lager in Treis, beziehungsweise von der Arbeitsstelle vor dem Tunnel, so meldete er, seien in den letzten Tagen drei Häftlinge entwichen. Er wies ausdrücklich darauf hin, dass die Bekanntmachung den Hinweis auf eine ausgesetzte Belohnung von hundert Reichsmark für die Wiederergreifung eines jeden Flüchtigen enthalten solle.

Auch in den letzten Tagen hatte er mehrfach die Landwacht bemüht. Diese war, jeweils unterstützt von zwei Hundeführern, unter seinem Kommando ausgerückt. Aber vergeblich. *Bisher konnte keiner der Flüchtigen wiederergriffen werden,* schrieb er in einem Bericht an die Kriminalpolizeistelle Koblenz.

Mit einem Transport des Einsatzkommandos 9 aus Minsk wurden am 4. Dezember des Jahres 1943 weißrussische und polnische Männer und Frauen in das Konzentrationslager Auschwitz eingeliefert. Die insgesamt 1477 Personen hatten als Partisanen und aktive Mitglieder der russischen Widerstandsbewegung in den besetzten Gebieten gegen die deutsche Wehrmacht gekämpft. Es waren 543 Frauen und 934 Männer. Von diesen wurden 26 Männer fünf Monate später in das KZ-Außenlager Cochem verschleppt. Insgesamt bestand der Häftlingstransport aus 850 Personen. Einer der Deportierten hieß Germagien Konopielko, ein 21 Jahre alter Pole, der dem Lager Treis zugeteilt wurde. Es gelang ihm, von seiner Arbeitsstelle beim Tunnel zu entkommen. Er war einer der drei von Grosardt gesuchten Häftlinge. Zwei Tage lang fand man keine Spur von ihm, dann wurde er von den Posten des Wachkommandos im Tunnel entdeckt, wo er sich die ganze Zeit über versteckt gehalten hatte. Es kann als sicher gelten, dass er für seinen Versuch zu entweichen, unmenschlichen Qualen ausgesetzt wurde. Getötet hat man ihn jedoch nicht sofort. Vielleicht, weil er nicht tatsächlich geflohen war, sondern sich *nur* versteckt gehalten hatte. Er war noch bis mindestens Ende Juni im KZ-Außenlager Cochem, wahrscheinlich weiterhin im Nebenlager Treis.

Ein anderer Pole, der ebenfalls 21-jährige Nikolaj Burdakow, hatte einen Tag früher als Konopielko, am 19. Juni, von der gleichen Arbeitsstelle entkommen können. Seine Flucht dauerte fünf Tage. Gegen 17:30 Uhr des fünften Tages wurde er von einem Oberwachtmeister namens Treber festgenommen. Auch Treber gehörte dem Gendarmerie-Posten Treis an. Er verfasste den anschließenden Bericht:

Am gestrigen Nachmittag wurde von mir gelegentlich einer Streife nach Fisch-Frevlern in Flaumbachtal, Straße Treis – Kloster Engelport, ein polni-

scher Häftling gestellt und festgenommen. Der Vorbezeichnete wurde von mir aus einer Entfernung von cirka zweihundert Metern gesichtet in dem Augenblick, als er aus dem Buschwald heraus die Straße betrat. Beim Näherkommen konnte ich feststellen, dass es sich nicht um einen Ortseinwohner sondern um einen Fremdvölkischen handelte. Der Aufforderung zur Legitimation konnte er nicht nachkommen, da er nicht im Besitz von Ausweispapieren war. Bei Durchsicht der mitgeführten Aktentasche konnte ich feststellen, dass dieselbe außer einer cirka 35 Zentimeter langen Eisenflachfeile nur Brotabschnitte enthielt und zwar von dem Brote, das den bei dem S-Unternehmen beschäftigten Arbeitern aus der Gemeinschaftsküche geliefert wird. Da er kaum ein Wort deutsch verstand und auch die Kleidung sehr verdächtig aussah – er trug deutsche Militärstiefel, blaue Arbeitshose, grauen Rock und grauen Hut – sowie aus dem Umstande, dass er von dem vorbezeichneten Brote, welches sonst nicht käuflich ist, mitführte, musste ich entnehmen, dass es sich um einen entwichenen Häftling handeln musste. Ich beschloss deshalb, ihn dem Wachkommando Treis zuzuführen, um dort unter Mithilfe eines Dolmetschers das Nähere festzustellen. Auf dem Transport dorthin, etwa auf halbem Wege, versuchte der Festgenommene auf einem abzweigenden Feldweg zu entkommen. Auf Halt-Ruf und angesichts der bereitgehaltenen Schusswaffe blieb er jedoch sofort stehen. Im Lager Treis angekommen, konnte ich dann mit Hilfe eines Dolmetschers feststellen, dass es sich um den am vergangenen Montag, den 19.6. um 17.30 Uhr auf der Arbeitsstelle des S.-Unternehmens entwichenen polnischen Häftling Nikolaj Burdakow handelte. Anschließend wurde derselbe von mir dem Wachkommando Treis übergeben.

Nikolaj Burdakow war in der ersten Aprilwoche mit dem siebenhundert Personen zählenden Häftlingstransport aus dem Konzentrationslager Majdanek/Lublin nach Cochem gekommen. Dass er in den fünf Tagen, in denen er nach seinem Ausbruch unterwegs war, nicht weiter als in das an Treis grenzende Flaumbachtal gekommen ist, scheint mir auch ein Beleg für meine Überlegung zu sein, dass ein endgültiges Entrinnen durch die örtliche Geographie sehr erschwert werden musste. Burdakow wurde noch am Tag seiner Festnahme und Auslieferung durch Treber am Samstagabend, den 24. Juni 1944 im Treiser Lager hingerichtet.[24] Das darf als sicher gelten.

Der Russe Iwan Matiazko, auch einer der 700 Häftlinge aus Majdanek/Lublin, hatte vielleicht mehr Glück. Er konnte sich, nachdem es am Donnerstagabend, den 15. Juni, dunkel geworden war, aus dem Lager in Treis befreien. Er durchschnitt die Umzäunung und verschwand in der Dunkelheit. Sein Schicksal ist ungeklärt. Er taucht in den Akten nicht wieder auf. Sicher ist jedoch, dass er sich am 21. Juni noch auf der Flucht befand und auch im Herbst, Oktober/November, 1944 noch nicht wiederergriffen und in das KZ Natzweiler oder in eines seiner Außenlager eingeliefert worden war.

Als die SS bemerkte, dass die Häftlinge das Mitgefühl der Ortsbewohner erregten, ließ sie verbreiten, dass es sich bei diesen ausschließlich um Verbrecher handele. Tatsächlich wuchs darauf hin die Akzeptanz in der Bevölkerung. Mit der Zeit drang jedoch durch, dass sich unter den Gefangenen auch Priester befänden, was bei der katholischen Bevölkerung in Bruttig und Treis die Skepsis wieder wachsen ließ. Dennoch gingen die Versuche, diesen geschundenen Menschen zu helfen, über das heimliche Zustecken von Brot, Obst oder Zigaretten kaum hinaus. Jeder hatte Angst, erwischt zu werden, und die Sorge vor möglichen Folgen war groß.

Am 29. Juni 1944 führte der dem SS-Führungsstab angehörende und berüchtigte SS-Obersturmführer Walter Scheffe höchstpersönlich zwei Männer zum Gendarmerie-Posten Treis. Dort übergab er sie dem Postenführer Grosardt. Es handelte sich um zwei luxemburgische Zivilarbeiter, Johann-Peter Wilwert und Wilhelm Braun. Sie hatten sich mehr getraut, hatten mehr gewagt, als die meisten. Noch am gleichen Abend mussten sie sich einer Vernehmung durch Grosardt unterziehen.

Braun hatte sich schon 1940 freiwillig zum Arbeitseinsatz nach Deutschland gemeldet. Seit dem 4. April 1944 arbeitete er bei der Baufirma FIX als Maurer. Diese war am Tunnelausbau maßgeblich betei-

---

24 siehe: Bericht des Gendarmeriepostens Treis vom 21.6.1944 an die Kriminalpolizeidienststelle Koblenz, sowie den Bericht des Obw. d. Gend. D. Res Treber vom 25. Juni 1944, sowie die Beurkundung von Sterbefällen von Angehörigen des Arbeitskommandos Treis der Gemeinde Treis-Karden

ligt. Ebenso wie die Firma BAUWENS, bei der Wilwert seit dem 1. Juni 1944 als Hauer arbeitete. Auf der Baustelle im Tunnel begegneten sich die beiden Männer und schlossen, als sie erfuhren, dass sie Landsleute waren, nähere Bekanntschaft. Der Tunnel war ihre tägliche Arbeitsstelle.

Am 19. Juni 1944 verließ ein Häftlingstransport mit 200 Menschen, darunter 39 Italiener, das Konzentrationslager Natzweiler. Das Ziel war Cochem an der Mosel. Die Italiener wurden in das Lager Treis eingewiesen, von wo aus sie zu Arbeiten im Tunnel eingesetzt wurden. Drei dieser Männer wurden dort der zehn bis fünfzehn Mann zählenden Kolonne des Zivilarbeiters und Kolonnenführers Wilhelm Braun zugeteilt. Ihre Namen waren Fillippeti, Bonazzi und Di Lucia. Ein aus Mainz stammender Kapo führte die Aufsicht. Trotzdem, oder vielleicht auch gerade wegen dieses Kapos, gelang es den Italienern, über die für den Arbeitsablauf notwendigen Kontakte hinaus, Verbindung mit Braun aufzunehmen. Bald erfuhr er, dass die Italiener vor dem Krieg nach Esch in Luxemburg zugereist waren, wo jetzt auch noch ihre Familien lebten. Landsleute zweiten Grades.

Braun ließ es zu, dass die drei sich öfter von der Kolonne entfernen konnten um sich mit Wilwert, seinem Arbeitskollegen, zu treffen. Wilwert, der die italienische Sprache beherrschte, redete italienisch mit ihnen, und so erfuhr vorläufig niemand, was sie miteinander ausheckten. Der Kapo sah nicht hin. Die Italiener arbeiteten sehr fleißig, so dass Brauns Kolonne schon nach wenigen Tagen eine Anerkennung durch einen zuständigen Feldwebel erhielt. Duldete der Kapo vielleicht deshalb die Extratouren der Italiener, weil sie so fleißig waren?

Am Samstagmorgen, den 24. Juli 1944 trat Johann-Peter Wilwert einen Kurzurlaub an, der bis Montag 11:30 Uhr dauern sollte. Als er Treis verließ und am Kardener Bahnhof den Zug bestieg, hatte er zwei Briefe in der Tasche. Den einen hatte der KZ-Häftling Marian Fillippeti für seine Frau auf ein Stück Papier geschrieben, das er von einem Zementsack abgerissen hatte. Der Brief war acht bis zehn Zeilen lang. Der zweite Brief, ein kleines weißes Stück Papier, mit Bleistift beschrieben, verfasst von dem KZ-Häftling Giovanni Bonazzi, gerichtet an seine Frau in Luxemburg. Fillippeti und Bonazzi hatten ihm die Briefe in der vergangenen Nacht während der Arbeit im Tunnel zugesteckt.

Am Samstagnachmittag betrat Wilwert gegen 15:30 Uhr die *Gastwirtschaft Kapratschi* in der Deutsch-Otherstraße in der luxemburgischen Stadt Esch. Dort traf er zwei Frauen an. Wilwert stellte sich vor und erfuhr, dass die ältere, Frau Kapratschi, die Inhaberin der Wirtschaft war. Die jüngere war deren Tochter und die Ehefrau des Häftlings Fillippeti, den er von der Baustelle im Tunnel kannte. Er übergab der Frau Fillippeti beide Briefe. Sie war mit der Frau Bonazzi bekannt und versprach, ihr den Brief zu überbringen. Wilwert schilderte den Frauen die Situation, dass er und Braun täglich mit ihren Männern in Kontakt stünden. Er sei auch gerne bereit, für diese etwas nach Treis mitzunehmen. Daraufhin machte er sich auf den Weg in seine Wohnung nach Tetingen. Durch sein Auftauchen in der Gastwirtschaft wurde seine Anwesenheit in Esch bekannt. Er hatte den beiden Frauen seine Adresse von Tetingen hinterlassen und gesagt, dass sie ihm die Sachen für ihre Männer in seine Wohnung bringen sollen. Er würde diese dann mitnehmen und den Häftlingen zustecken. Die Frau Fillippeti und ihre Mutter hatten den Frauen der beiden anderen italienischen Häftlingen Bescheid gesagt, und vom Besuch des Johann-Peter Wilwert berichtet.

Die Frau des Häftlings Fillippeti suchte Wilwert am nächsten Vormittag gegen zehn Uhr in Begleitung der Frau des Häftlings Di Lucia in Tetingen auf. Sie brachten ihm je einen Brief, Lebensmittelmarken und Geld. Sie hatten jede für ihren Mann ein Päckchen gepackt, mit Wäschestücken, Rasierzeug, Zigaretten und Kuchen. Eine der Frauen gab ihm eine Flasche Wein mit. Außerdem übergaben sie ihm die Briefe weiterer Frauen von Häftlingen, die diese für ihre Männer geschrieben hatten.

Die Frau des Häftlings Bonazzi besuchte Wilwert gegen dreizehn Uhr in seiner Wohnung. Auch sie hatte ein Päckchen mit allerhand Lebensmitteln, Zigaretten und einem Pullover für ihren Mann dabei. Sie gab Wilwert außerdem Lebensmittelmarken, zehn Reichsmark, einen Brief und ein Foto.

All diese Dinge wollte Wilwert nach seiner Rückkehr in Treis den Italienern gewissenhaft zustecken. Dazu entnahm er die einzelnen Teile den Paketen, denn er musste die Waren in seiner Kleidung versteckt zur Arbeitsstelle schaffen. Er stellte hierzu auch seinen Kollegen Wilhelm Braun an, mit dem er die Sachen gemeinsam am Montag und Dienstag mitnahm und unbemerkt an die Häftlinge weitergab. Den Kuchen verteilte er am Montagabend an die Häftlinge von Brauns Kolonne. Er sorgte dafür, dass alle ein Stück bekamen. Die Lebensmittelmarken und insgesamt 45 Reichsmark vertrauten die Häftlinge Wilwert an. Der versprach, Lebensmittel dafür zu besorgen. Nach Feierabend gab er Braun einen Teil der Lebensmittelmarken und fünf Reichsmark. Braun erledigte den Einkauf.

Am Mittwoch, den 28. des Monats Juni, gestand Braun dem Postenführer Grosardt, *übergab ich gegen 23:30 Uhr im Tunnel an einen Italiener, dem Wirt aus Esch, die Lebensmittel und das Rasierzeug in einem Paket, das ich zuhause fertig gemacht hatte. Dem Kapo gab ich noch ein Stück Brot. Die Italiener haben dann etwa ein Drittel der Lebensmittel verzehrt. Den Rest wollten sie mitnehmen, um ihren im Lager befindlichen italienischen Kameraden etwas davon abzugeben. Am Donnerstag früh gegen 6:00 Uhr wurde bei einem der Italiener ein Päckchen entdeckt, als ein Posten diesen näher ansah. Hierdurch kam die ganze Sache heraus.*

Von Wilwert bekam Grosardt zunächst nicht viel zu hören. Er gestand lediglich, dass vorgestern zum ersten Mal ein Häftling an ihn herangetreten sei und gesagt habe: Ich habe Hunger. Daraufhin habe er seinem Kameraden Braun Lebensmittelkarten und Geld gegeben und ihn gebeten, dafür Lebensmittel zu besorgen und diese den Häftlingen zuzustecken. Wilwert verriet nichts von der ganzen Vorgeschichte, verschwieg die Briefe und die Lieferungen, die er aus Luxemburg mitgebracht hatte. Er nannte keine Namen von Häftlingen. Auf Grosardts Frage, wie denn der Häftling ausgesehen habe, der zu ihm, ich habe Hunger, gesagt habe, antwortete Wilwert nur: Er war von großer Statur.

Braun war gesprächiger und gestand, dass die drei italienischen Häftlinge schon seit einiger Zeit Verbindungen zu Wilwert unterhielten.

Der Kapo hat gegen diese Zusammenkünfte nie etwas eingewendet, sagte er. *Die Italiener vereinbarten mit Wilwert, dass er von zuhause Lebensmittelkarten mitbringen sollte, damit sie sich, wie sie sich ausdrückten, endlich einmal satt essen könnten.* Als Wilwert von seinem Kurzurlaub zurückgekehrt sei, gestand Braun weiter, habe dieser ihm abends gegen 20:30 Uhr auf der Baustelle die Lebensmittelkarten und fünf Mark gegeben, mit dem Auftrag, die Lebensmittel einzukaufen und den Häftlingen zuzustecken.

Grosardt ließ die beiden Männer einsperren und setzte die Verhöre am nächsten Morgen mit Wilwert fort. Jetzt zwang er auch ihn auszupacken. Wilwert gestand alle Einzelheiten, nannte sogar die Namen der betreffenden Häftlinge und die Wohnadressen von deren Frauen. Von Braun erfuhr Grosardt noch einige Details. Welche Druckmittel Grosardt angewendet hat, um Wilwert und Braun zum Reden zu bringen, ist nicht bekannt. Wahrscheinlich war auch SS-Obersturmführer Walter Scheffe bei den Verhören zugegen, was zusätzlich dafür spricht, dass mit Wilwert und Braun nicht zimperlich verfahren wurde.

Außerdem darf als sicher gelten, dass noch am gleichen Tag die Gestapo bei den Frauen der italienischen Häftlinge in Luxemburg auftauchte.

Der SS-Obersturmführer Walter Scheffe, der die beiden Männer nach ihrer Festnahme zunächst einmal selbst vernommen hatte, war bei seiner Befragung von den Briefen gewahr geworden, welche die Frauen dem Wilwert mitgegeben hatten. Daraufhin setzte er sich telefonisch mit der Gestapo in Koblenz in Verbindung und gab die luxemburgischen Anschriften der Häftlingsfrauen dorthin weiter.

In Erfüllung seiner Pflicht teilte am 1. Juli 1944 der Meister der Gendarmerie und Postenführer Grosardt dem *Herrn Landrat in Kochem* mit:

Betrifft: Festnahme der luxemburgischen Staatsangehörigen Wilwert und Braun. Die Obengenannten wurden am 29.6.44 der Dienststelle durch SS Obersturmführer Scheffe, SS Führungsstab A7 in Kochem, zugeführt, weil sie sich durch Hergabe von Lebensmitteln, Bekleidungsstücken, und Gebrauchsgegenständen der Begünstigung von KZ-Häftlingen in Treis schuldig gemacht hatten.

Bei den am 29. und 30.6.1944 durchgeführten Vernehmungen der Beschuldigten und den beteiligten KZ-Häftlingen, konnte festgestellt werden, dass sich sowohl Wilwert als auch Braun des Briefschmuggels nach und von Luxemburg und Lothringen schuldig gemacht hatten. Die geständigen Beschuldigten, gegen die außerdem Spionage-Verdacht besteht, wurden am 30.6.1944 der Geheimen Staatspolizei überstellt.

Wilhelm Braun musste wegen der Zusammenarbeit mit Häftlingen in Treis selbst vom 17. Juli bis 21. September 1944 als Häftling in Treis arbeiten. Ob er offiziell als KZ-Häftling in Natzweiler geführt wurde, konnte ich nicht feststellen. Braun starb nach dem Kriege im Jahr 1955 in Grevenmacher in Luxemburg an den Folgen seiner Deportation.

Den Johann Peter Wilwert traf das Schicksal noch viel härter. Auch er war zur Arbeit in Treis *dienstverpflichtet* worden. Nachdem er im Juli

1944 durch den Gendarmerieposten Treis der Gestapo *zur Verfügung gestellt* worden war, kam er möglicherweise vorübergehend in das Arbeitserziehungslager Neuwied. Sicher ist, dass er im Herbst 1944 in das KZ Buchenwald eingeliefert wurde. Dort starb er am 25.12.1944 oder am 7.1.1945, völlig erschöpft durch die unmenschliche Behandlung, durch Arbeit und Entbehrung.

Für die Bestrafung der italienischen Häftlinge in Treis sorgte die SS. Die Italiener überlebten jedoch noch mindestens dreieinhalb Wochen das KZ-Außenlager Cochem, möglicherweise sogar noch länger.

»Die Bevölkerung hat sich sehr aufgeregt darüber ...«

Wie die Dinge auf einmal in Bewegung gerieten! Auf meine Anzeige in der Rhein-Zeitung hatte niemand reagiert. Das schürte meine Befürchtung, bei den Leuten auf Ablehnung zu stoßen, würde ich nach dem Konzentrationslager fragen. Was ich dann tatsächlich erfuhr, war Betroffenheit. Besonders die älteren Einwohner, die den Terror in Bruttig und Treis miterlebt hatten, wirkten erschüttert, wenn ich das Thema ansprach. Auf Anhieb. Ihre Stimmlage wechselte unwillkürlich, sobald sie über das KZ zu sprechen begannen.

»Ech wor domols noch e jung Mädche. Jäjen die SS kunntst de nix mache. Janix. Do worst de machtlos. Die woren *su* brutal.«[25] Ich hatte befürchtet, dass die Menschen auf Abstand gehen würden, sich lieber nicht an die Zeit erinnern und darüber erzählen wollten. Das Gegenteil war der Fall: »Wo mir helfe kinne, do helfe mir gern.«[26]

Der Bruttiger Bert S. rief mich an. Wir kannten uns nicht. Er habe von seinem Freund auf dem *Valwigerberg* von meinem Interesse an der Bruttiger KZ-Geschichte gehört. Er glaube, dass er mir weiterhelfen könne. Jedes Jahr bekäme er ein, zwei Mal von einem Freund aus Belgien Besuch. Dieser habe im KZ in Bruttig gearbeitet. Ich war überrascht über die Mitteilung, die er unumwunden an mich herantrug. Dann stutzte er einen Moment und bevor er weiterredete, fragte er: »Wer sind Sie denn eigentlich?« Ich nannte meinen Namen und dass ich von Cond sei, von der Valwiger Straße. Damit hatte ich mich legitimiert.

»Ach so, von der Valwiger Straße«, sagte er beruhigt, »ja dann ...«

Sein belgischer Freund heiße Marcel Dieven-Dierix. Wenn er das nächste Mal nach Bruttig komme – und das könne schon im Laufe der nächsten Wochen sein – würde er mich auf jeden Fall rechtzeitig benachrichtigen und ich könne ihn in Bruttig treffen.

---

25 Moselfränkisches Zitat übersetzt: Ich war damals noch ein junges Mädchen. Gegen die SS konntest du nichts machen/ausrichten. Gar nichts. Da warst du machtlos. Die waren so brutal.

26 Moselfränkisches Zitat übersetzt: Wo wir helfen können, da helfen wir gern.

Ich fuhr schon sehr bald nach Bruttig. Doch zunächst nicht zu Bert S., sondern zu Manfred Ostermann, der auf meinen Brief, den ich an den Bruttiger Pastor gesandt hatte, geantwortet und mich zu sich eingeladen hatte. Ich merkte bald, dass er auf mein Kommen gut vorbereitet war. Er begann, die Geschichte des Tunnels von Anfang an aufzurollen. Sachlich.

»Mit der Entlastungsstrecke von Karden bis nach Bullay sollten die Dörfer des Cochemer Krampens durch die Bahn erschlossen werden. Sie ist um 1900 herum geplant worden. Die Bauausführung hier in Bruttig war zwischen 1917 und ungefähr 1922 gewesen. Die große Bahnunterführung hier mitten im Ort, gleich um die Ecke von hier, hat den Schlussstein von 1920. In Folge des Versailler Vertrages wurde die Maßnahme erst einmal wieder gestoppt. Der Tunnel war zu diesem Zeitpunkt bereits fertig gestellt, weil er ja das schwierigste Stück der Stecke war. Er wurde dann von der hiesigen Bevölkerung genutzt, um mit dem Ochsenkarren das Korn zur Treiser Mühle zu fahren. Das weiß ich definitiv von meinem Vater. Vorn an den Karren wurde eine Stalllaterne gehängt, damit man im Tunnel etwas sehen konnte. Das war ja wesentlich bequemer, als über den Berg nach Treis zu fahren. Bequemer für Mensch und Vieh. In Bruttig gab es keine Mühle. Deshalb mussten die Bruttiger ihr Korn nach Treis bringen. Von diesen Touren hat mein Vater immer gerne erzählt. Der Tunnel war also fertig gewesen. In den dreißiger Jahren kam dann eine Pilzzucht, eine Champignonzucht, die ein Spanier, namens Guillhelmo Alcover betrieb. Das war für den Ort eine wunderbare Sache. Viele Frauen des Ortes und auch einige Männer fanden dort Arbeit. Das war für unsere Verhältnisse ein richtiger Industriebetrieb. So etwas fehlt uns heute wieder. Der Pilzzüchter musste dann im Krieg über Nacht weichen, weil die Firma Bosch aus der gefährdeten Großstadt kam. Im Eingangsbereich des Tunnels wurde eine Panzerwand betoniert, die habe ich selbst gesehen. Natürlich nicht damals im Krieg, so alt bin ich ja noch nicht. Vor ein paar Jahren ist da, wo sich der Eingang befand, der Boden abgerutscht, wobei ein Loch entstand. Durch dieses bin ich in den Tunnel hinein geklettert.

Die Betonwand hat den Tunnel bombensicher verschlossen. Man musste durch einen zwei Mal abgewinkelten Gang hindurch gehen, um in den Tunnel, hinter die Panzerwand zu gelangen. Die bergseitige

Hälfte der eingebauten Panzerwand stand auf Rollen, die über Schienen liefen. So konnte dieser Teil der Wand verschoben und das Tunnelportal verschlossen und geöffnet werden.

Im Innern des Tunnels, vielleicht 20 oder 30 Meter hinter dieser Wand, war moselseitig ein Gang angelegt worden, der zum oberen der beiden im Hang befindlichen, heute noch vorhandenen Bunker führte. Der obere Bunker konnte als Noteingang genutzt werden. Der untere, tiefer zur Mosel hin gelegene Bunker schützte eine Pumpstation und einen Vorratsbehälter für Brauchwasser, das man aus der Mosel förderte.

Im Tunnel war also die Firma Bosch. Es sollen darin einzelne Kammern ausgebaut worden sein, so, dass eine große unterirdische Fabrikhalle entstanden war. Ob von dem eigentlichen Tunnel noch weitere Stollen in den Berg hinein getrieben wurden, wie die Leute das hier erzählen, bezweifele ich. Die Kammern wurden durch Mauern einfach abgetrennt. Es war ja Platz genug da. Die Arbeiten wurden von politischen Häftlingen und Kriegsgefangenen verrichtet, soweit ich informiert bin. Aber meine Mutter wird dazu mehr wissen.«

Abb. 25: Die Hauptsraße in Bruttig. Jeden Morgen und jeden Abend zogen die Häftlingskolonnen hier vorbei. (Foto: E. Heimes aus dem Jahr 1986)

Abb. 26: Im Bruttiger Gasthaus Schneiders »Zum guten Onkel« wurde das erste provisorische Lager eingerichtet. Dieses Foto aus der Zeit nach dem Zweiten Weltkrieg zeigt den Gebäudekomplex in der Anordnung von 1944. (Historische Aufnahme/Postkarte, Sammlung E. Heimes)

Manfred Ostermanns Mutter hatte schon eine Weile mit am Tisch gesessen und dem gelauscht, was ihr Sohn zu erzählen hatte.

»Als man die Gefangenen hierher brachte«, begann sie, »wurden sie erst im Gasthaus Schneiders in einem großen Saal einquartiert. Von da an kam niemand mehr in das Gasthaus hinein. Wie es also darin aussah, hat kein Mensch gesehen. Nicht einmal in den Hof durfte man gehen. Von dem Bahndamm aus konnte man aber in den Hof hineinschauen. Es stand dort eine Gulaschkanone, an der Essen ausgegeben wurde. Die Gefangenen mussten rund gehen, und jeder hat einen *Schlapp* Essen in sein Schüsselchen bekommen.[27] Dann mussten sie sofort weitergehen. Einige wollten sich vordrängen, haben sich beeilt, denn wenn etwas übrig blieb, wurde das noch verteilt. Die Kapos haben auf die, die sich vordrängten, eingeschlagen. Kapos, das waren auch Häftlin-

27 einen Schlapp Essen = moselfränkisch, umgangssprachlich, gemeint ist: wenig Essen, einen Schluck, Wortverwandtschaft vermutlich: schlabbern/verschlabbern

ge, die besondere Arbeiten zu verrichten hatten. Dazu zählte auch das Essenausteilen. Die SS-Leute führten nur die Aufsicht. Die Häftlinge bekamen sehr wenig zu essen. Ein kleines Schüsselchen voll. Davon konnten sie nicht satt werden. Deswegen versuchten sie immer wieder, sich ein zweites Mal vorzudrängen. Sie arbeiteten den ganzen Tag. In den gestreiften Anzügen wurden die Häftlinge morgens zur Arbeit in den Tunnel geführt, und abends wieder zurück. Im Innern des Tunnels war es sehr feucht. Von der Decke und von den Wänden lief Wasser. Die Gefangenen kamen manchmal pudelnass aus dem Tunnel zurück. Sie hatten nichts, um sich umzuziehen und mussten sich mit den nassen Kleidern zum Schlafen hinlegen. Sie hatten auch nur eine Decke, und viele von ihnen sind krank geworden und gestorben. Die ersten, die hier verstarben, sind auf unserem Friedhof begraben worden.«

»In den 1960er Jahren«, sagte der Sohn, »hat man bei einer Umgestaltung des Friedhofes die dort begrabenen KZ-Häftlinge und die hierher überführten, gefallenen Bruttiger Soldaten zusammen in eine Reihe gelegt, damit das ein für allemal ein Ehrenfriedhof werden konnte. Die Gräber werden von der Gemeinde gepflegt. Sie sind also gleichgestellt, die Häftlinge und die gefallenen Soldaten. Diese Gleichstellung zu demonstrieren, war mit der Grund für die Umbettungen und Zusammenlegungen.«

»Ein Versuch von Wiedergutmachung«, sagte ich.

Ostermanns Mutter fuhr fort: »Die Bevölkerung hat sich sehr aufgeregt darüber, dass die toten Gefangenen dort einfach so verscharrt wurden. Sie sind in sehr schneller Reihenfolge gestorben. Im Tunnel tropfte es von der Decke. Angeblich haben die Pumpen auch nicht besonders gut funktioniert. Die Häftlinge haben demnach im Wasser gestanden und wurden gleichzeitig von oben nass. Es war unmöglich! Kein Wunder, dass so viele dort allein durch die schlechten Arbeitsbedingungen umgekommen sind. Die Toten sind auf einem Lastwagen ins Krematorium nach Mainz gebracht worden. Es hieß, im Lager seien alle Berufsstände vertreten gewesen und Häftlinge aus allen Ländern: Holländer, Luxemburger, Franzosen, Polen, Russen …«

»Ja, das ist richtig, das entspricht auch meinen Informationen.«

»Wir hatten einen Feldwebel bei uns im Quartier. Der war einer der Aufseher. Auch bei den Nachbarn war einer einquartiert, der ein schrecklicher Kerl gewesen sein soll. Unserer hingegen war sehr human zu den Gefangenen. Wenn es im Haus etwas zu reparieren gab, dann hat er uns einen Häftling gebracht, der Mechaniker war. Die Gelegenheit nutzten wir, um diesen mal richtig zu füttern. Das war noch zu der Zeit, als das Lager im Gasthaus Schneiders gewesen ist. Das Lager auf der Kipp wurde von den Häftlingen errichtet, die im Gasthaus Schneiders wohnten. Alle Wohnhäuser, die heute oben auf der Kipp stehen, nein, nicht alle, aber eine große Anzahl, sind einmal Lagerbaracken gewesen. Wenn Sie sich die einmal genau anschauen, können Sie das auch sehen. Wenn die Gefangenen morgens zur Arbeit gingen, kamen sie hier vor unserem Haus vorbei, eine ganze Truppe, und abends kamen sie hier über die Hauptstraße auch wieder zurück.«

»Gingen die nicht über den Bahndamm?«, fragte ich.

»Nein, nein, die kamen hier über die Straße.«

»Das ist mir auch unverständlich«, schaltete Manfred Ostermann sich ein, »der Bahndamm war ja eigentlich frei, bis auf einige Weinberge, die auch schon damals dort oben angelegt waren. Aber sie gingen tatsächlich durchs Dorf.«

»Die Leute versuchten, etwas zum Essen auf die Fensterbank zu legen. Als die Bewacher das bemerkten, wurden die Leute gewarnt und gefragt, ob sie auch in der Kolonne mitgehen wollten, in das Lager. Dann haben die Leute das sein lassen.«

»Kommen wir noch einmal auf die SS-Männer und das Wachpersonal zurück«, sagte ich. »Die waren alle in Privatquartieren hier im Dorf untergebracht?«

»Ja, die wohnten alle hier im Dorf. Die haben Zimmer requiriert. Es gab Zwangszuweisungen, gegen die man sich nicht wehren konnte. Im jetzigen Gasthaus *Treffpunkt*, damals Gasthaus Hess in der Ortsmitte, da war das Hauptbüro. Zumindest so lange, wie oben im Lager noch kein Gebäude dazu zur Verfügung stand, war dort die Verwaltung des Lagers. Gegessen haben die SS in der Metzgerei. Man ließ den Leuten im Dorf keine Wahl.«

»Wie meine Mutter schon sagte, es muss auch bei den SS-Leuten unterschiedliche Charaktere gegeben haben. Der Mann, der bei meinen Eltern einquartiert war, habe jedoch gesagt, dass er schon zu der Sache stehen würde.«

»Damit hat er seine hiesige Tätigkeit und die Nazi-Ideologie gemeint«, sagte ich.

»Ja, wie der gemerkt hat, dass wir nicht so wie er und die SS eingestellt waren«, sagte Frau Ostermann, ist er ruhiger geworden und hat nicht mehr so viel erzählt. Mein Mann hat manchmal mit dem Unteroffizier geredet und gesagt, dass das nicht richtig sei, was er da mache. Dieser war auch eigentlich ein ganz manierlicher Mann. Andere hingegen waren wieder …«, sie atmete tief, als brauche sie mehr Luft, um den Satz zu Ende sagen zu können, »… wie man's von ihnen verlangt hat. Die SS-Männer waren hinter den Gefangenen mit Hunden her und allem möglichem, dass bloß keiner ausreißen konnte. Aber es sind trotzdem immer wieder welche ausgerissen. Die haben sie dann gesucht, und wenn sie sie gefunden hatten, wurden sie im Galopp hier vorbei gebracht. Also das Bild, das stelle ich mir heute noch vor. Ich habe damals gesagt, das ist genau, wie man den Herrgott zum Kreuz geführt hat. Zwei SS-Männer gingen hinter den Gefangenen mit aufgepflanztem Seitengewehr und schweren Hunden. Also furchtbar war das. Die Gefangenen bluteten, die waren schon tüchtig geschlagen worden. Das ganze Gesicht war voll Blut gewesen. Also … Da kann ich mich heute noch entsetzen drüber. Auch die Nachbarsleute haben das gesehen, wie sie die Gefangenen, hier vor unseren Haustüren vorbei, in das Lager gebracht haben.«

»Das Lager war hoch mit Draht gesichert, so, wie man das auch von den großen Konzentrationslagern kennt«, wusste der Sohn. »Dort wurden die Gefangenen, die man vorher eingefangen hatte, erhängt.«

Ich fragte: »Im Lager?«

Frau Ostermann: »Ja, im Lager. Ganz frei hingen die dort. Das konnte jeder sehen, der da vorbei ging.«

»Ich weiß von einem Mann aus Fankel«, erzählte Manfred Ostermann, »der damals ein Schuljunge war, dass er damals jeden Morgen von Fankel nach Bruttig zur Schule gehen musste. Der Schulweg führte direkt am Lager vorbei. Der hat die Erhängten gesehen. Er sagte, er werde diesen Eindruck sein Leben lang nicht vergessen.«

Ostermanns Mutter sagte: »Eines muss man der damaligen, hiesigen NS-Leitung, diesen Dorfgrößen, heute noch anlasten. Sie ließen, besser gesagt, hauptsächlich einer von ihnen ließ bekanntmachen, die Einwohner von Bruttig sollten zum Lager gehen und sich ansehen, was man mit Staatsfeinden mache, wie man die bestrafe. Es sollen daraufhin auch einige Leute zum Zaun gegangen sein, um der Exekution zuzusehen, aber nur sehr wenige sollen es gewesen sein. Wie viele genau, weiß ich nicht, ich war ja nicht dabei. Die leitenden Herren der NS hier im Dorf wohnten ziemlich nah in unserer Nachbarschaft. Von denen erfuhren wir auch, dass nicht viele Leute dort gewesen sind.«

Manfred Ostermann sagte: »Was sonst im Lager vorgefallen ist, ich glaube, das wissen nur sehr wenige Leute. Möglich, dass vorwitzige Kinder und Jugendliche mehr gesehen haben, als die meisten. Aber die jetzt noch ausfindig zu machen ist schwer, da müsste man schon von Haus zu Haus gehen und fragen.«

»Was in dem Tunnel gearbeitet wurde, wussten wir damals nicht. Das war ja sehr geheim. Das, was die Leute von der Arbeit im Tunnel wissen, wissen sie aus der Zeit danach, als sie im Tunnel drin waren und sich dort umgesehen haben. Der Tunnel wurde kurz vor dem Zusammenbruch, als die Amerikaner anrückten, geräumt, und da stand alles offen. Vor allen Dingen nachher, als die Alliierten da waren, war das ja alles herrenlos. Armeeausrüstung, Fahrzeuge, es war alles da. Wie auf der Flucht, war alles verlassen worden. Viele nutzten den Tunnel in den letzten Kriegswochen, um vor den Fliegerangriffen in Deckung zu gehen. Alle im Dorf, die ungeschützt waren, sind in den Tunnel gegangen. Wir hatten einen Stollen gegraben, in dem wir uns vor Bomben schützten. Bei Fliegeralarm war das wie eine Prozession zum Tunnel hin. Die Gefangenen waren zu dem Zeitpunkt schon nicht mehr hier. Das Lager ist ja nicht von den Alliierten befreit worden. Als die kamen, war niemand mehr da. Wann sie weggegangen sind, weiß ich nicht mehr. Es wurde immer gemunkelt, die machen da noch was, der Führer hat noch was, der bringt noch was, wir gewinnen den Krieg. Nachher hieß es, die bauen im Tunnel Einzelteile für die V1 und die V2, die Wunderwaffen des Führers.«

»Im Tunnel war eine Produktionsstätte der Firma Bosch«, sagte Manfred Ostermann, »und es ist bekannt, das Zündkerzen für die Luftfahrt darin produziert wurden.«

»Frau Ostermann, haben Sie einmal miterlebt, dass Häftlinge ausgebrochen sind?«

»Das kann ich nicht mehr genau sagen. Ich weiß nur von den beiden, die im Wald gesucht und dann hier vorbeigebracht worden sind. Die wurden da oben hin zum Richtplatz geführt.«

»Ich habe in anderen Erzählungen gehört, dass eingefangene Häftlinge vor dem Tunneleingang erhängt worden seien«, sagte ich.

»Nein, die beiden hingen da oben, zwischen Bruttig und Fankel.«

Manfred Ostermann sagte: »Ich will nicht direkt sagen, dass einige im Dorf einen Vorteil daran hatten, dass hier das Lager war, aber sie hatten indirekt damit zu tun. Die Häftlinge, die mussten ja auch etwas essen. Der einheimische Bäcker hat seinen Backofen vergrößern können, oder dürfen, oder müssen … Ich weiß das von dem Betroffenen

Abb. 27: Das Tunnelportal in Bruttig in einer Aufnahme aus der Zeit vor 1944. Die Personen auf dem Foto sind möglicherweise Mitarbeiter des Champignonzuchtbetriebes. (Historische Aufnahme/Postkarte, Sammlung E. Heimes)

selbst. Inwieweit der örtliche Bauunternehmer Vorteile hatte, weiß ich nicht. Die Eltern meiner Schwiegermutter hatten eine Metzgerei und die SS-Leute haben da gegessen.

Der Wirt vom ehemaligen Gasthaus Hess, heute ›Zum Treffpunkt‹ hat mir erzählt, dass er einen SS-Mann gebeten hat, ihn doch mit dem Auto nach Cochem mitzunehmen. Dieser habe ihm angeboten, auf seinen LKW zu steigen. Als er auf die Ladefläche kletterte, sah er, dass mehrere Leichen darauf lagen, die nach Mainz ins Krematorium gebracht werden sollten.

Unter den Häftlingen waren scheinbar sehr begabte Leute. Einige haben Figuren geschnitzt, Spielzeug für Kinder aus Holz. Davon existiert heute auch sicher noch einiges. Aber wo?«

Die Mutter: »Der Feldwebel, der Bach, der hat mal so etwas mitgebracht, für ein kleines Kind damals. Die Häftlinge haben die Sachen hauptsächlich für die Leute geschnitzt, die etwas zum Essen hingelegt hatten. Sie besaßen ja sonst nichts, womit sie sich hätten bedanken können.«

»Die Angestellten der Firma Bosch, die hier arbeiteten, wo haben die denn gewohnt?«

»Das weiß ich nicht«, sagte die Frau. »Da habe ich nie von gehört. Ich habe auch nie etwas von einer Firma gehört.«

Manfred Ostermann: »Dass es sich um Bosch handelte, weiß ich auch nur aus der amtlichen Verlautbarung im Nachhinein.«

»Die Verhältnisse auf der Treiser Seite, da war ja genau dasselbe, sind hier in Bruttig so gut wie unbekannt«, sagte Frau Ostermann. »Dort war ja zwangsläufig dieselbe Geheimniskrämerei wie hier in Bruttig. Ich wusste, dass in Treis auch ein Lager war. Aber hier sind Ortschaften in der direkten Umgebung, da wussten die Leute nicht, dass hier in Bruttig so etwas war. Man durfte ja auch nichts erzählen, keinem Menschen sagen, was sich hier abspielte. Wir kamen an das Lager nicht heran, da ist man nicht vorbei gegangen.«

»Man hat es vermieden, da vorbeizugehen?«

»Ja, ich bin damals auch nicht mit in den Wingert gegangen. Ich war die meiste Zeit daheim. Ich habe nur gehört und gesehen, was hier unten im Dorf vor sich ging. Manchmal wurde heimlich etwas erzählt. Es war keiner zu kühn, laut etwas zu sagen. Das war unmöglich, irgendetwas dagegen zu reden. Wenn die das gehört hätten … Ohje!«

»Wie viele Häftlinge waren denn hier, eintausend?«

»So viele glaube ich nicht. Nicht alle auf einmal, aber im Laufe der Zeit, weil die ja so schnell gestorben sind. Wie viele es tatsächlich waren, ich kann es nicht sagen. Sie sind in Viererreihen hier vorbeigegangen.«

»Der Größe des Lagers auf der Kipp nach, müssen es schon allerhand Menschen gewesen sein«, sagte Manfred Ostermann. »Die große Baracke, die heute noch auf dem Damm über der Unterführung steht, ist der Speisesaal mit den sogenannten Sanitäranlagen gewesen. Zum Teil, in Richtung Fankel, gibt es den Bahndamm ja gar nicht mehr. Das Lager ging bis an die Ortslage Fankel heran. Bis dahin standen auch Baracken. Da passten schon eine Menge Leute hinein.«

Nach Luxemburg

Der nasse Asphalt auf dem Bahnhofsvorplatz der Hauptstadt erhöhte die Fahrgeräusche der vorbeifahrenden Autos. Schon gestern hatte ich mich in der Stadt zu orientieren versucht, vorher aber in einem Hotel nah beim Bahnhof eingerichtet. Es gehörte zu der Klasse von Hotels, wie sie in fast allen europäischen Großstädten in der Nähe der Bahnhöfe zu finden sind. Etwas besser als schäbig. Bett, Stuhl, Tisch, Fenster zum Hinterhof. Schreiben würde ich hier nicht können, das wusste ich sofort. Dem Hotelangestellten, der mir teilnahmslos einen Schlüssel in die Hand drückte, meine Zimmernummer nannte und mir hinterher rief: »Sie können den Aufzug benutzen!« sagte ich, als ich kurz darauf das Haus wieder verließ, um mich in der Stadt umzusehen: »Okay, das Zimmer nehme ich.« Ich war erleichtert, das Thema Zimmersuche aus dem Kopf zu haben. Ich kam in den nächsten Tagen nur zum Schlafen in das Hotel zurück.

Wie vereinbart, hatte ich nach meiner Ankunft Ernest Gillen angerufen und mit ihm einen Treffpunkt und Zeitpunkt vereinbart. Wir würden uns schon erkennen, hatte er zuversichtlich gesagt, beschrieb aber trotzdem Typ und Farbe seines Automobils – sicherheitshalber.

Ernest Gillen kam schnurstracks auf mich zu gefahren. Ich erkannte das Fahrzeug und machte ein Zeichen mit der Hand.

»Steigen sie ein!« Er lehnte sich über den Beifahrersitz und öffnete die Wagentür: »Das Wetter ist ja nicht so gut, heute Morgen«, begann er und lächelte freundlich.

In den drei folgenden Tagen verbrachten wir die meiste Zeit zusammen. Wir tauschten Unterlagen aus, verglichen unsere Forschungsergebnisse, versuchten Schicksale von Häftlingen zu rekonstruieren, und ich lauschte, wenn Ernest Gillen oder einer der Männer, mit denen er mich in Verbindung brachte, aus der Zeit erzählten, als *ihr Deutsche uns in die Konzentrationslager gesperrt habt.*

Die persönlichen Berichte der ehemaligen luxemburgischen KZ-Häftlinge, die ich in Begleitung von Ernest Gillen aufsuchte und die von ihnen vermittelten Sachinformationen, lasse ich in meine Aufzeichnungen zu diesem Buch einfließen. Ich hatte mir damals nur spärlich

Notizen gemacht. Es war nicht das Hotelzimmer allein, das mich am Schreiben hinderte. Vielmehr verspürte ich durch die beeindruckenden, teils schockierenden oder stark emotional geprägten Gespräche eine wachsende Melancholie, die mich am Schreiben hinderte.

Ich sprach nur wenig, stellte kaum Fragen an meine Gastgeber. Aber ich lauschte aufmerksam dem, was sie zu erzählen hatten, versuchte mitzuempfinden, wenn die Erinnerung sie überwältigte und bemühte mich, mir ihre Gesichtszüge, ihre Mimik und Gestik einzuprägen. Ich war ganz auf Empfang gestellt. Die starken Eindrücke, die diese Männer auf mich machten, nahm ich mit nach Hause. Sie sind bis heute nicht vergessen und tief in meiner Erinnerung verwurzelt.

Ein ehemaliger luxemburgischer KZ-Häftling, mit dem ich mich einen halben Nachmittag lang unterhielt, sah mir während unseres Gesprächs kein einziges Mal in die Augen, vielmehr noch, er blickte nicht einmal in meine Richtung. Beharrlich schaute er an mir vorbei, als sei ich Luft für ihn. Meine ausgestreckte Hand, die ich ihm zur Begrüßung und Verabschiedung reichen wollte, ignorierte er. Ernest Gillen sagte dazu, dass es schon beachtlich sei, dass er überhaupt eingewilligt habe, mit mir zu reden.

Gegen Ende meiner Luxemburgreise, die ich mit einer mehrtägigen Wanderung durch das kleine Land fortsetzte, skizzierte ich die zurückliegenden Tage. Ich begann meine Aufzeichnungen mit dem Zeitpunkt, an dem ich mich von der Stadt Luxemburg und den Männern, die unter den Deutschen so schrecklich gelitten hatten, verabschiedet hatte.

»Ich weiß nicht mehr, was ich damals dachte.«

Kaum war ich aus Luxemburg zurück, erreichte mich ein Schreiben von Ernest Gillen, dem er, wie verabredet, Kopien verschiedener Dokumente beigefügt hatte. Sein Brief enthielt Hausaufgaben, über die wir uns bereits verständigt hatten und die zu erledigen, ich mir für die nächste Zeit vornahm. Auch übermittelte Gillen mir den folgenden Hinweis:

Aus einem Dokument ersehe ich, dass der SS Obersturmführer Gerrit Oldeboershuis verantwortlich war für das Projekt A7, Tunnel Bruttig-Treis und dass er damals im GASTHAUS HESS, am Kirchweg in Bruttig wohnte. Dieses Gasthaus besteht noch heute, wird aber nun von anderen Leuten betrieben.

Ich fand heraus, dass die damaligen Besitzer, das Ehepaar Hess, heute in der Nähe des Gasthauses wohnten, das jetzt *Zum Treffpunkt* hieß. Hatte nicht auch Manfred Ostermann. davon erzählt?

Die Tochter oder Schwiegertochter der Eheleute Hess öffnete mir die Tür, und es bedurfte einiger Erklärungen, bis sie mich zu ihnen vorließ. Ich kam ohne Anmeldung an einem Sonntagmittag gegen 14:00 Uhr.

Abb. 28: Der Gasthof Hess in Bruttig. Schaltzentrale der SS. (Foto: E. Heimes, Aufnahme 31.7.1988)

Das war nicht gerade die feine Art, und ich sorgte mit meinem Auftauchen in der Familie für einige Verwirrung. Es erwies sich wieder einmal als günstig, bei meiner Vorstellung zu sagen, dass ich aus dem Nachbardorf Cond sei. Ich erklärte auch, aus welchem Haus ich stamme und worüber ich gern mit ihnen reden möchte.

»Ah ja«, das war schon was anderes. Ich war kein Fremder, sondern ein *Cunner*.

Als das klar war, wurde sofort Platt gesprochen.

Auf meine Frage, ob ich das Gespräch auf ein Tonband aufzeichnen dürfe, schauten sich die Eheleute Hess einen Moment lang verdutzt an.

»Jojo, wenn Sie dat meinen ...«

Ich hatte einen Kassettenrekorder mitgebracht, den ich mir neu zugelegt hatte. Die Aufnahmen, die ich bisher mit einem kleinen Diktiergerät gemacht hatte, waren von so schlechter Qualität, dass es einer tagelangen Sisyphosarbeit bedurfte, diese abzuhören und den Text aufs Papier zu übertragen.

»Wird jetzt alles, was wir hier reden, aufgenommen«, fragte die Frau und schmunzelte.

»Ja, richtig.«

»Ich weiß überhaupt nicht, was ich Ihnen erzählen soll, Sie müssen mir schon Fragen stellen.«

»Ich habe ein paar Fragen vorbereitet, aber versuchen Sie doch erst einmal, sich an die Zeit zu erinnern, als die SS in Ihrem Gasthaus wohnte. Erzählen sie einfach.« Unentschlossenes Schweigen folgte.

»Das Lager war ja oben auf dem Bahndamm«, half ich weiter, »und die SS-Männer haben bei Ihnen im Haus gewohnt.«

»Ja«, bekräftigten beide. »Die hatten ein Büro bei uns, haben teils auch bei uns gewohnt. Wir hatten ja unten im Haus die Wirtschaft. Da war das Büro drin.«

Die Frau versuchte sich zu erinnern.

»Wann sind die überhaupt gekommen?«, fragte sie ihren Mann. Er überlegte: »Das weiß ich nicht.«

»Ich weiß das heute auch schon gar nicht mehr.«

»1940«, sagte er, »nein, 1941 oder 1942?«

Ich fragte: »War die SS hier bereits vor Ort, *bevor* das Lager errichtet wurde?«

»Die kamen gleichzeitig mit dem Lager. Die ersten Gefangenen wurden im Saalbau des Gasthauses *Zum guten Onkel* untergebracht und haben das Lager auf der Kipp aufgebaut. Später sind sie dann umgezogen. Der Bautrupp der Häftlinge ist jeden Tag hier vor der Haustür vorbeigezogen. Das waren so armselige Kreaturen. Nackte Füße, gestreifter Anzug.«

»Wie viele waren es ungefähr?«

»Waren es fünfzig oder waren es noch mehr? Ich kann es nicht mehr sagen.«

»Schwer zu sagen«, überlegte der Mann.

»Damals hat man es vielleicht gewusst, gell«, sagte sie. »Wir durften ja nicht mit denen schwätzen, wenn die durchs Dorf gezogen sind.«

»Die SS-Männer in Ihrem Haus, was waren das für Leute?«

»Die mit den Wachhunden haben bei uns im Haus geschlafen. Sie hatten die Hunde auch dabei«

»Die Hunde waren auch im Haus?«

»Ja, vier Hunde. Oder waren es zwei? Die Hunde schliefen mit auf den Zimmern und waren dazu da, um die Gefangenen wieder einzufangen, wenn sie ausgerissen waren, und das ist ja schon manchmal vorgekommen. Auf den Zimmern neun und zehn schliefen die. Die Hunde haben mir noch die Betten angeknabbert. Andere SS-Männer waren reine Büromenschen, die hatten mit den Hunden nichts zu tun. Wie hießen die Obersten«, überlegte sie, »der eine hieß Beer …«

»Den haben sie später noch bei Hamburg geschnappt«, unterbrach der Mann, »Jahre später. Der arbeitete in Hamburg als Waldarbeiter. Der hatte sich getarnt.«

»Meinst du, der wäre das gewesen?«

»Ja, ja, das war der, Untersturmbannführer Beer.«[28]

---

28 Tatsächlich verwechselt Herr Hess die beiden fast gleichnamigen SS-Offiziere. Bei dem Bruttiger Kommandoführer handelte es sich um den SS-Obersturmführer Rudolf Beer. Herr Hess hat wohl Richard Baer im Sinn, der im Mai 1944 die Funktion des Lagerkommandanten im Konzentrationslager Auschwitz übernahm. Der SS-Sturmbannführer Richard Baer konnte nach Kriegsende abtauchen und erst am 20. Dezember 1960 in Haft genommen werden.

»Hier«, sagte ich und legte ein Dokument auf den Tisch. »Das Papier enthält unter anderem eine Aufstellung des SS-Führungsstabes A7 Cochem / Mosel vom Mai 1944. Hier stehen die Namen.«

Die Frau las interessiert.

»Kennen Sie diesen hier?«, fragte ich, »Oldeboershuis, scheinbar ein holländischer Name.«

»Nein, den kenne ich nicht.«

»Hier steht ein Burckhard, als stellvertretender Leiter, und der Scheffe taucht auch häufig beim Schriftwechsel auf.«

»Ja? Das ist alles so lange her, ich erinnere mich nicht.«

»Dann stehen hier noch ein Prieur und ein Bräuer, kennen Sie die?«

»Nein, die Namen sind mir kein Begriff.«

»An Ostern 1944«, erzählte der Mann, kam ich auf Heimaturlaub nach Hause. Da waren die Soldaten hier, auf Karsamstag war das genau. Ich machte die Türe auf und ging in mein Haus hinein. Da saßen der Ortsbürgermeister, Soldaten und Frauen aus dem Ort. Ich sagte, was ist denn hier los? Wir haben heute Tanz, bekam ich zur Antwort. Wie? sagte ich zu den Frauen, Tanz? Schämt ihr euch denn nicht? Euere Männer sind fort, und ihr wollt tanzen mit diesen Vögeln hier? Ich sagte, so weit kommt das, hier ist kein Tanz heute Abend. Dann sind sie verschwunden.«

»Das waren Frauen hier aus dem Ort, die mit den SS-Leuten tanzen wollten?«

»Ja, auf Karsamstag.«

»Was sagten die von der SS zu Ihrem couragierten Auftreten?«

»Nichts! Der eine, der war angeblich ein Schullehrer, Sturmbannführer war der, mit dem habe ich mich nachher draußen im Hof, als es schon dunkel war, noch disputiert. Der war schnell verschwunden, ganz klein ist der geworden.«[29]

»War es nicht gefährlich, sich mit der SS anzulegen?«

»Mein Mann hat auf so etwas nie groß Rücksicht genommen. Der hat sich immer durchgesetzt, der hat sich nichts gefallen lassen.« Sie lachte: »Der hat gesagt, hier auf meinem Eigentum tanzt ihr nicht. Tanzfes-

---

29 Offenbar meint Herr Hess hier den SS-Obersturmführer Rudolf Beer, der im Zivilberuf tatsächlich Lehrer war.

te haben die ja öfters bei uns in den Räumen der Gastwirtschaft gefeiert. Ich bin aber gut mit ihnen klar gekommen, das muss ich sagen, ich habe sie mir demnach erzogen.«

»Es gab also keine Schwierigkeiten, dass die sich mal daneben benommen hätten …«

»Oh doch, sie haben es mal versucht. Aber ich habe von vorn herein klaren Wein eingeschenkt, da wussten sie, wo sie dran waren. Damit hatte ich keine Schwierigkeiten. Die wussten, sie hatten mich nicht zu duzen. Auch die Soldaten, die hier herum waren, die wohnten bei Familien und taten, als wären sie Gott weiß wer. Das waren dann oft erste Annäherungsversuche. Ich habe mir alle fern gehalten. Damit hatte ich keine Schwierigkeiten. Aber Tanzveranstaltungen gab es immer wieder. Später tanzten sie dann im Winzerhaus. Das war eine der letzten offenen Wirtschaften.«

»Wie viel SS-Männer waren es denn ungefähr?«

»Ich weiß es auch nicht.«

»Waren es eher fünf oder fünfzehn?«

Sie überlegte, wurde unsicher. »Das kann ich wirklich nicht mehr sagen.«

»Ungefähr?«

»Gott, ich hatte das Haus voll. Mehr kann ich da auch nicht zu sagen.«

»Es werden also eher zwölf oder fünfzehn gewesen sein, als drei oder vier.«

»Ja, es waren schon mehrere. Aber wie viele das genau waren, ich weiß es nicht mehr. Es ist lange her, ich weiß nur, dass ich das Haus belagert hatte und ich mich dauernd mit Fremden herumschlagen musste.«

»Wie war das, als die SS-Männer hier ankamen?«

»Wie meinen Sie das?«

»Die haben ja sicher nicht, wie heute die Touristen, an der Haustüre geklingelt und gefragt, ist noch ein Zimmer frei.«

»Nein, natürlich nicht. Das Haus wurde beschlagnahmt.«

»Sagten die Ihnen, warum sie jetzt hier sind und wozu sie das Haus brauchen? War von dem Lager die Rede?«

»Ach was. Da haben wir nie ein Wort drüber verloren. Ich wusste nur, was ich zufällig mitbekommen habe. Ab und zu brachten sie Gefangene mit. Die haben dann hier im Haus arbeiten müssen. Die armen *Schlug-*

gada[30]. Die Wirtschaft haben wir geschlossen, als mein Mann 1940 in den Krieg musste. Der Wirtsraum war ungenutzt.«

»Sie haben zu der Zeit aber in dem Haus gewohnt?«

»Ja, sicher.«

»Von hier aus haben die doch nach Mainz angerufen, hast du immer gesagt«, schaltete sich der Mann ein. »Dort sind die doch verbrannt worden, die Toten, hier aus Bruttig.«

»Das weiß ich nicht mehr«, antwortete sie energisch. Dann senkte sich ihre Stimme: »Ich habe ab und zu von der Küche aus, die sich ja direkt neben dem Büroraum befand, an der Türe gelauscht. Wenn einer gestorben war, hieß es immer, er sei an Herzschwäche gestorben, aber das war in Wirklichkeit etwas anderes. Woran die tatsächlich gestorben sind ... Nein«, stöhnte sie, »da kann ich nicht mehr viel ... An Herzschwäche verstorben, so hieß es immer.«

»Weißt du noch, als sie den Polen brachten?«, fragte der Mann. »Ich kam gerade zum Urlaub hierher.«

»Ja, ja.« Sie hörte das nicht gerne, was er da sagte.

»Sie brachten ihn mit drei schweren Hunden in den Hof ...«

»Ach, der nimmt jetzt alles auf«, unterbrach die Frau plötzlich und zeigte auf den Kassettenrecorder auf dem Tisch, »All das dumme Zeug, das wir hier sprechen.«

Der Mann sprach unbeeindruckt weiter: »Da habe ich gesagt, macht nur keinen Mist hier, macht nur, dass Ihr hier raus kommt. Dann sind sie fortgegangen mit dem Mann. Was dann passiert ist, weiß ich auch nicht. Er war ein kleiner, älterer Mensch, der Pole.« Nach kurzer Stille bekräftigte er noch einmal: »Ja, klein war er. Die SS-Männer sind weg mit ihm und haben nichts mehr gesagt. Tja.«

»Haben sich öfter solche oder ähnliche Begebenheiten hier bei Ihrem Haus zugetragen?«

»Nein, ich habe nur ein paar Mal erlebt«, sagte sie, »dass hier welche von den Häftlingen gearbeitet haben – gell? – am Kanal, und an der *Mistkaul* haben sie auch mal was geschafft.«

»Da kam ich einmal dazu«, sagte er, »da waren zwei Mann beschäftigt. Das waren zwei katholische Geistliche. Die hatten sie geschnappt.«

---

30 Schluggada = moselfränkisch, umgangssprachlich für »die armen Schlucker«

»Da war ja alles dabei unter den Häftlingen, das konnte man zwar nicht sehen, aber …«

»Was arbeiteten die beiden Geistlichen hier?«

»Ich habe das so in Erinnerung, dass die irgendwas am Kanal machen mussten. Zwischendurch haben die auch immer im Misthaufen herumgewühlt und darin Äppelkrotze gesucht, Kartoffelschalen, Gemüseabfälle, irgendwas Essbares.«

»Die Leute haben ja sehr gelitten. Haben Sie mit den SS-Männern darüber einmal gesprochen?«

»Das hätte ich mich nicht getraut.«

»Da wurde also kein Wort drüber verloren?«

»Ich habe ja nicht viel mitgekriegt. Die sind hier vorübergezogen und zu ihrer Arbeit gegangen, gell. Es war ja verboten mit denen zu sprechen. Es hat Leute gegeben, die vor dem Vorbeimarsch etwas auf die Mauern gelegt haben, dass sie sich irgendwie was holen konnten.«

»Ich denke mir, wenn man die SS über Wochen im Haus hatte, dann hat man doch vielleicht mal gefragt: Wie ist das denn? Was passiert da eigentlich in dem Tunnel?«

»Mit der SS kam meine Frau ja nicht so viel in Berührung.«

»Man ist denen im Haus begegnet, und das war's meistens schon«, sagte sie, »ich könnte ja auch nicht einmal mehr sagen, wie viele SS-Leute es gewesen sind. An die schweren Hunde, daran erinnere ich mich in der Hauptsache.«

»Hatten Sie Angst vor diesen?«

»Ich weiß es nicht, die hatten ja einen Maulkorb und wurden an der Leine geführt.«

»Sehen Sie sich doch bitte die Liste des SS-Führungsstabes noch einmal an, ob Ihnen nicht doch der ein oder andere Name bekannt vorkommt.« Ich schob das Dokument wiederholt über den Tisch und die Frau las: »Scheffe, Scheffe«, überlegte sie, »hm, das könnte doch bald sein, dass einer Scheffe geheißen hat. War der ziemlich lange hier?«

»Der war ziemlich lange hier, ja.«

Sie überlegte: »Das könnte sein, dass der hier war, ich meine, der hätte in dem Scheid seinem Haus geschlafen.«

Sie studierte auch die anderen Namen noch einmal.

»Nein, von den anderen kenne ich keinen«, sagte sie.

»Einer von der SS war ein Weinbauer aus der Pfalz«, wusste der Mann. »Mit dem habe ich mal gesprochen.«

»Da ist nicht mehr viel, was Sie brauchen können.«

»Das ist zu lange her.«

»Vor zwanzig Jahren«, sagte ich, »wäre das sicher alles noch etwas einfacher gewesen.«

»Ja, sicher.«

»Erinnern Sie sich an die Evakuierung des Lagers?«

»Ja, die sind alle weggeschafft worden. Sind die nicht nach Buchenwald gekommen? Die haben von hier aus doch immer nach Buchenwald telefoniert, wenn etwas vorgefallen war«, sagte die Frau. Dann wurde sie aber unsicher, ob es wirklich Buchenwald war, wohin die Telefongespräche gingen und sie fragte: »Welches Lager ist denn sonst noch hier in der Nähe?«

»Natzweiler, sagt Ihnen Natzweiler etwas?«

»Ja, das kann sein.«

Eine Gesprächspause entstand. Wir starrten alle den Kassettenrecorder an, der einen leisen Fiepston von sich gab.

»Wie ist denn die Überschrift? Wie soll das denn heißen, Ihr Buch?«

»Ich habe bis jetzt nur den Arbeitstitel. Der heißt: *Ich habe immer nur den Zaun gesehen*.« Ich erzählte, wie ich zu dem Titel kam.

»Es hieß mal hier im Ort, da oben auf der Kipp würden welche aufgehangen werden. Da waren scheinbar welche durchgebrannt. Gell?«

»Ja«, bestätigte der Mann sofort, »da sind welche aufgehängt worden, das weiß ich. Da mussten die Gefangenen vorbeigehen, damit sie gesehen haben, wie die baumelten. Zur Abschreckung. Die hatten so einen Balken gebaut auf der Kipp, daran wurden die Ausreißer aufgehängt.«

»Wie viele waren es?«

»So vier, fünf, werden es gewesen sein, ich war zu der Zeit nicht hier.«

»Haben Sie die Zeit verdrängt, haben Sie später versucht, nicht mehr daran zu denken?«

»Wir haben das nicht an die große Glocke gehängt.« Alle starrten wieder auf das Gerät auf dem Tisch, von dem immer noch der Fiepston ausging.

»Ein Großteil des ehemaligen Lagers oben auf der Kipp steht ja heute noch«, unterbrach ich die Gesprächspause.

»Ja, die Baracken wurden umgebaut. Da sind jetzt zum Teil schöne Wohnungen drin«, sagte sie, »man ließ die Baracken stehen und die wurden an Bedürftige verkauft, die keine Wohnung hatten. Auch aus dem Ort sind da welche eingezogen. Aber wie gesagt, es musste Bedarf da sein. Gell? Da sind jetzt ganz nette Wohnungen drin.«

»Inzwischen sehen die Gebäude zum Teil ganz komfortabel aus«, sagte ich, »wie kleine Einfamilienhäuser.«

»Zwei große Häuser stehen auf dem Gelände, ein Doppelhaus praktisch. Da ist jetzt ein Doktor drin.«

»Mit einer Arztpraxis?«

»Ja, ja, in einem der Häuser. Das ist ganz umgebaut worden. Ein wunderschönes Haus ist das jetzt. Bis auf diese beiden Häuser waren alle anderen Bauten Baracken, nur einstöckig.«

»Ist das den Bewohnern denn bewusst, wo sie da wohnen?«, fragte ich. »In den Häusern, den heutigen Gärten und Straßen davor ist doch sehr viel Unrecht passiert.«

»An und für sich, ja … wenn man so überlegt, wer da vorher drin war und wie die da drin lebten …« Ich hatte das Gefühl, hier einen besonders empfindlichen Nerv getroffen zu haben. Doch dann sagte die Frau entschlossen: »Mein Gott, die armen Menschen damals. Die hatten die Ohren abstehen und Knochen im Gesicht.« Sie fasste sich an ihre Wangen: »Der ganze Kopf war entstellt.«

»Daran war die SS schuld, die bei Ihnen im Haus wohnte«, sagte ich.

»Ja, die waren zuständig.«

»Die hätten für eine vernünftige Mahlzeit sorgen können.«

»Ich weiß das ja nicht, was die zu essen bekamen.«

»Sah man ihnen das nicht an?«

»Zu wenig, wollen wir mal sagen. Die mussten ja auch noch schaffen.«

»Was für ein Gefühl hatten Sie den SS-Männern gegenüber? Sahen Sie in ihnen mehr die Offiziere in gepflegten Uniformen oder die menschenverachtenden Schweinehunde?«

»Ich weiß nicht mehr, was ich damals dachte. Wir haben die Gefangenen bedauert und damit hatte es sich. Weiter konnten wir nicht gehen. Du wolltest dich ja auch nicht erwischen lassen.«

»Wobei«, fragte ich ungläubig darüber, dass es etwas gab, wobei sie sich hätte erwischen lassen können.

»Wir hatten ja auch nicht viel, will ich mal auf Deutsch sagen. Das war für uns auch eine arme Zeit.«

»Aber in einem Winzerdorf wie Bruttig hatte doch jeder einen Apfelbaum, ein paar Weinberge, vielleicht ein Feld oder 'ne Wutz im Stall.«

»Die Wutz hat ja nix gebracht, solange sie nicht geschlachtet war.«

Der Mann hatte die ganze Zeit nur zugehört und schaltete sich jetzt erst wieder in das Gespräch ein: »Die meisten Männer waren ja fort, im Krieg.«

»Ja sicher«, sagte sie. »Dadurch war alles im Dorf durcheinander geraten.«

»Es ist nichts gepflanzt worden«, sagte er weiter, »und im Wingert war auch nicht viel.«

»Wie die Menschen in das Lager hineingeraten sind, wurde uns gegenüber verschwiegen. Die Gefangenen waren mit unterschiedlichen Farben gekennzeichnet. Die Homosexuellen hatten gelb. Oder?«

»Die trugen den Rosa Winkel«, sagte ich.

»Wat?«

»Ein rosa Dreieck.«

»Ob die in Wirklichkeit homosexuell waren, ist noch die zweite Frage«, sagte sie kritisch. »Man musste ja irgendeine Ursache erfinden, um die Leute ins Lager zu bringen.« Die Frau nahm tief Luft: »Das war ja nicht berühmt, was wir hier hatten«, sagte sie dann, »da brauchen wir nicht stolz drauf zu sein. Man hat ewig die Erkennungszeichen.« Damit meinte sie die Baracken auf der Kipp.

»In Treis sind doch keine Baracken mehr?«, wollte sie wissen.

»Nein, da ist jetzt die Firma Röhrig und ein Möbelparadies.«

»Ja, genau«, antworteten Herr und Frau Hess gleichzeitig.

»Das kam so«, wusste die Frau. »Die Treiser haben das Gelände direkt verpachtet. Die waren damals mehr auf der Höhe als wir.«

»Hier sollte ja erst auch eine Fabrik hinkommen«, sagte der Mann, »aber die Winzer im Dorf hatten Angst, ihre Tagelöhner zu verlieren, die dann womöglich in diesem Betrieb eine bessere Arbeit gefunden hätten. Heute brauchen sie keine Tagelöhner mehr«, lachte er.

Das Gespräch entwickelte sich plötzlich lebhaft zwischen den Ehepartnern weiter. Ich bekam keine Chance mehr, mich einzumischen. Er, der bis jetzt nur sehr heiser und zurückhaltend gesprochen hatte, wurde jetzt fast laut. Es ging um die Tagelöhner damals im Dorf und darum, wer wie viele in seinem Betrieb beschäftigt hatte. Waren die beiden plötzlich froh, erleichtert, ein anderes Thema gefunden zu haben, über das es sich leichter reden ließ?

Ich begann, mich zu verabschieden, wurde gefragt, ob ich Schullehrer sei, verneinte und gab Auskunft über meine Tätigkeit. Ich schrieb meine Adresse auf: »Damit Sie wissen, wer ich bin.«

»So ist das Leben«, sagte der Mann.

»Ja«, sagte ich und schaltete den Kassettenrecorder aus.

Ein junger Mann, Anfang zwanzig vielleicht, der sich als Redakteur eines regionalen Rundfunksenders vorstellte, tauchte bei mir auf. Er hatte von meinen Recherchen gehört und sagte: »Ich heiße Andreas. Was du da machst, interessiert mich. Vielleicht reicht es für 'ne Sendung.«

»Wenn du willst, können wir gleich mit einer Fortsetzungsreihe beginnen«, sagte ich scherzhaft.

»Langsam, langsam.«

Wir verstanden uns auf Anhieb. Ich erzählte von meinen Recherchen, meinen Schwierigkeiten, meinem Spaß dabei und meiner Reise nach Luxemburg.

»Vielleicht könnten wir ja einen ehemaligen Natzweiler-Häftling in der Sendung befragen«, schlug er vor. Ich dachte natürlich sofort an Ernest Gillen und fand die Idee glänzend. Ich versprach, Ernest Gillen zu fragen.

»Sobald ich mehr weiß, melde ich mich bei dir.«

Zwischenzeitlich hatte sich Manfred Ostermann aus Bruttig wieder gemeldet. Er habe einige Unterlagen und neue Informationen zusammengetragen. Bei unserem letzten Treffen hatte er mir versprochen, verschiedene Dinge, die uns beiden nicht ganz klar waren, bei Leuten aus dem Ort zu erfragen. »Mir erzählen die eher schon einmal was als Ihnen«, hatte er damals gesagt. Wenn ich wolle, könne ich jetzt noch einmal auf einen Abend bei ihm vorbeikommen. Außerdem habe während meiner Abwesenheit ein Mann Bruttig besucht, der als KZ-Häftling im Lager auf der Kipp gewesen sei. Man habe mich vergeblich zu erreichen versucht, an jenem Sonntag. Wegen dieses Besuches solle ich mich unbedingt mit Karl Jakobs in Verbindung setzen, der einen ganzen Nachmittag mit dem Herrn zusammengewesen sei und mir berichten könne.

»Ich habe den Mann auch kurz getroffen«, sagte Manfred Ostermann. »Er ist Pole und lebt heute in den USA. In meinem Brief an Sie schrieb ich ja bereits, dass Karl Jakobs ihn durch den Ort begleitet hat. Sie gingen natürlich auch auf die Kipp und an die Stelle, wo der Tunnel anfing. Aber sprechen Sie darüber lieber mit Karl Jakobs selbst.«

Manfred Ostermann öffnete eine Schranktüre, nahm allerhand Papiere und eine Papprolle heraus und legte alles auf den runden Tisch.

»So, diese Sachen habe ich für Sie zusammengesucht. Das können Sie alles einmal mit nach Hause nehmen.« Auf einem Zettel hatte er sich Notizen gemacht. »Hier sind einige Punkte, die ich für Sie noch habe in Erfahrung bringen können. Erstens: Die Bewacher der Gefangenen waren Soldaten der Luftwaffe. Sie trugen daher auch blaue Uniformen. Die Luftwaffenangehörigen waren zum Zeitpunkt, als hier das Lager war, schon nicht mehr ausgelastet. Ein Großteil der Flugzeuge war zerstört worden. Also setzte man sie in den Lagern ein.«

»Ja genau!«, sagte ich, »so sah das auch der Luxemburger Ernest Gillen, und im Bundesarchiv liegen Dokumente, die das bestätigen. Außerdem ist es naheliegend, dass, wenn in dem Tunnel für die Luftwaffe produziert wurde, dort auch Luftwaffensoldaten eingesetzt wurden.«

Manfred Ostermann fuhr fort. »Zweitens«, sagte er. »Auf dem großen Güterbahnhof in Karden wurde das Material für den Ausbau des Tunnels verladen. Die Information, die Sie ja aus dem Haftstättenverzeichnis haben … Wie heißt es da noch einmal?«

»Arbeiten an einem Tunnel und Verladearbeiten am Bahnhof«, antwortete ich.

»Genau, das bezieht sich auf den Güterbahnhof in Karden und nicht Cochem, wie Sie ja auch schon mal meinten. Verladen wurde hier das Baumaterial zum Ausbau des Tunnels.[31] Drittens: Die Baracken des Lagers wurden von den Häftlingen selber aufgebaut. Während der Bauphase wohnten sie im Gasthaus Schneiders. Davon hat meine Mutter

---

31 Tatsächlich wurden auf beiden Güterbahnhöfen Karden und Cochem Verladearbeiten durch Häftlinge ausgeführt.

Ihnen ja bereits erzählt.« Er durchblätterte die Papiere auf dem Tisch: »Hier ist ein Foto des Gasthofes, wie er damals ausgesehen hat. Die Häftlinge bewohnten dort den großen Tanzsaal und die Kegelbahn. Darin waren Feldbetten in mehreren Etagen aufgebaut worden. Hier der Hof des Gasthauses«, er zeigte auf das Foto, »war mit einem Stacheldrahtverhau versehen und gehörte zum Lager.

Die Baracken auf der Kipp wurden nach der Schließung des Lagers, wahrscheinlich aber erst nach dem Krieg, von der Bahn auf Abriss verkauft. Viele Käufer rissen die Baracken jedoch nicht ab, sondern bauten sie zu Wohnhäusern um und zogen ein.«

Manfred Ostermann rollte daraufhin eine Flurkarte der Gemarkung Bruttig aus, auf der er mir die genaue Lage des Lagers zeigte. Ich habe später zu Hause aufgrund dieser Karte das Lager rekonstruiert. Sie ist in diesem Buch abgedruckt.

»In der jetzigen Post wurde gefoltert«, sagte ich. Davon wisse er nichts, antwortete Manfred Ostermann. Ich erzählte Ihm, was ich von Herrn K. vom *Valwigerberg,* der ja auch aus Bruttig stammte, über diese Baracke zu hören bekommen hatte.

Nein, davon wisse er nichts.

Ich erzählte, dass ich von dem Luxemburger Ernest Gillen über Folterungen von Häftlingen gehört hatte, dass die Betreffenden an den rückwärts gebundenen Armen aufgehängt worden seien und dass dies eine spezielle Foltermethode in den Konzentrationslagern und Außenlagern gewesen sei. Mit dieser Methode habe man versucht, Geständnisse zu erpressen. Sie hätte aus Sicht der Folterer den Vorzug gehabt, dass dem Häftling größte Schmerzen zugeführt worden seien, während dieser bei vollem Bewusstsein blieb. Unter dieser Folter hätten alle geredet. Die übliche und häufiger angewandte Bestrafung sei die Prügelstrafe gewesen, die aber, um Aussagen zu erzwingen, ungeeignet gewesen sei. Eine gewisse Anzahl von Schlägen sei auszuhalten gewesen, ohne dass der Geprügelte geredet hätte. Gleichzeitig seien die Schläge so fest gewesen, dass das Opfer vor Erschöpfung nicht mehr hätte reden können.

»Die wurden halb tot geschlagen«, bekräftigte Ostermann.

Das Aufhängen der Häftlinge an den rückwärts gebundenen Armen, hatte Ernest Gillen erzählt, habe an sich jeweils nur einige Stunden oder

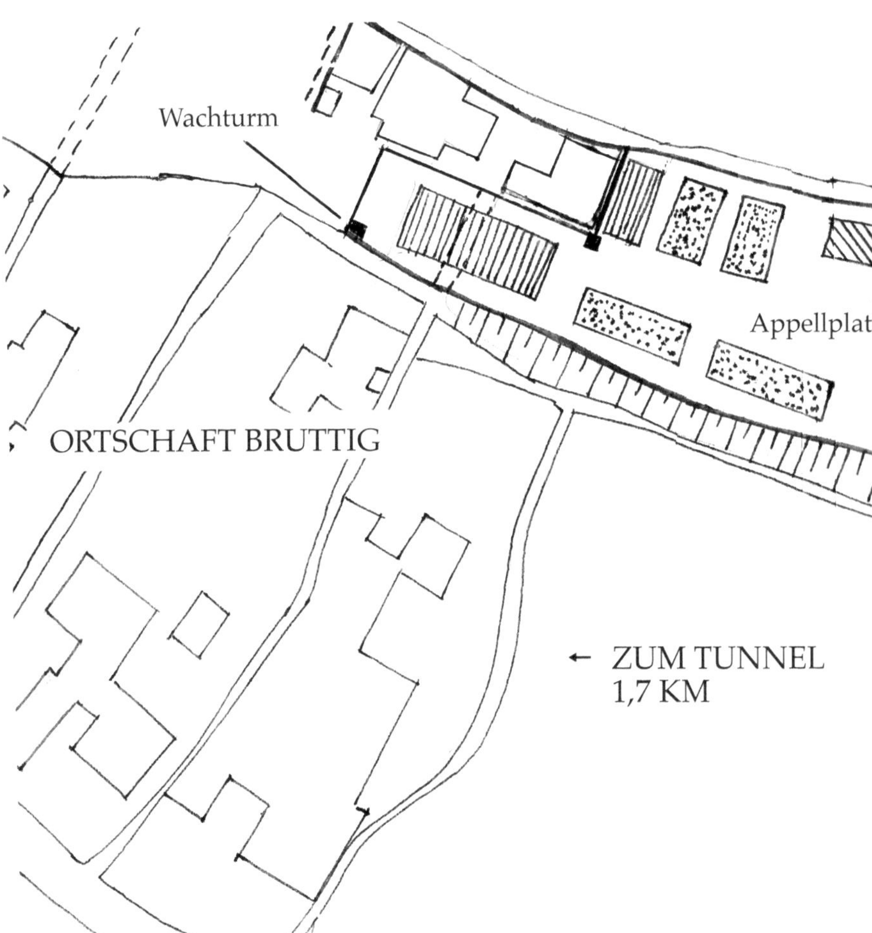

Rekonstruktion des Lagers Bruttig »Auf der Kipp« anhand einer Flurkarte. Diese Darstellung wurde mit dem Erscheinen der 1. Auflage dieses Buches im Jahr 1992 erstmals veröffentlicht. Die Skizze, angefertigt vom Autor, zeigt den erstmaligen Versuch seit 1944, die Lage des Konzentrationslagers in Bruttig zeichnerisch nachzubilden. Inzwischen gibt es perfektere Pläne aufgrund inzwischen veröffentlichter Luftbilder, die in kleinen Details von dieser Skizze abweichen.
Die Zeichnung zeigt in ihrem linken Teil den Aufbau des Häftlingslagers. Eine etwa drei Meter hohe mit Stacheldraht gesicherte Absperrung begrenzte das Häftlingslager. Im rechten Teil der Skizze (in Richtung der Ortschaft Fankel) sind weitere Baracken und massive Bauwerke eingezeichnet. Diese zogen sich bis an die Ortslage des Nachbarortes Fankel hinauf. Die Gebäude waren als Funktionsgebäude, sowie zur Unterbringung von Arbeitern der Rüstungsfabrik (Firma Bosch) im Tunnel vorgesehen.

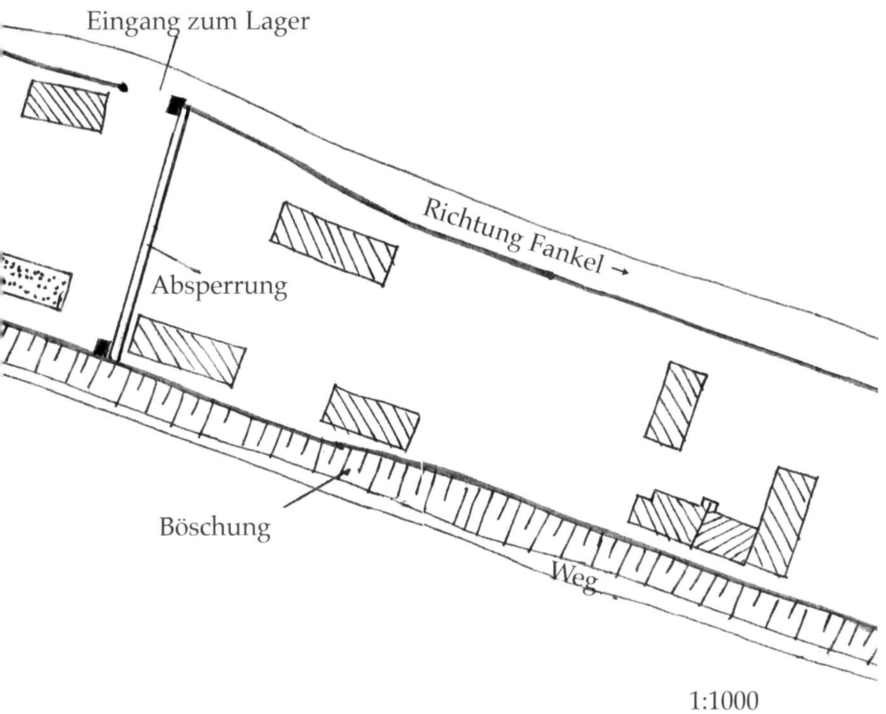

Die schraffiert eingezeichneten Gebäude sind bis heute (1992) an Ort und Stelle erhalten. Das Lagergelände war von einem Stacheldrahtzaun und vier Wachtürmen umgeben, die als schwarze Quadrate eingezeichnet sind. In der großen Baracke (auf der Skizze links) befand sich der sogenannte Speisesaal (siehe Abbildungen 4-7). Auf dem freien Platz in der Mitte des Lagers wurde der Lagerappell abgehalten. Hier war auch ein Galgen errichtet.

sogar nur Minuten gedauert. Es sei aber manchmal nach einer kleineren oder größeren Pause wiederholt worden. So sei das eine ganze Weile gegangen. Nach Ablegen des so erzwungenen Geständnisses hätten die Häftlinge noch tage- und nächtelang gefesselt stehen müssen. Ihre Exkremente seien während dieser Zeit an den Gefolterten runtergeflossen. Deshalb sei diese Prozedur nicht nur Folter, sondern auch äußerste Beschämung gewesen.

»Viertens«, sagte Manfred Ostermann. »Das gesamte Gelände, auf dem das Lager stand, und natürlich auch der Tunnel und die dazugehörigen Anlagen gehörten der Deutschen Reichsbahn. Auf Veranlassung der Bundesbahn sind die Bunkerreste am Treiser Tunnelausgang vor ein paar Jahren beseitigt worden. Der Grund war vermutlich, dass sich die Betonreste mitten in einer inzwischen zum Naturschutzgebiet ausgewiesenen Gegend befanden. Aber das weiß ich nicht genau. Fünftens: Bei der Gemeindeverwaltung Bruttig gibt es keine schriftlichen Unterlagen über Lager, Tunnel und Bahndamm. Ebenfalls gibt es im Sterberegister der Kirchengemeinde Bruttig keine Eintragungen über im Lager Verstorbene.

Sechstens: Bruttig hatte 1944 zwischen 900 und 950 Einwohner. Über die Anzahl der Gefangenen kann ich nichts sagen. Das sind die Punkte, zu denen ich noch etwas in Erfahrung habe bringen können. Sie können sich meine Notizen mitnehmen.«

»Haben Sie nicht herausbekommen, wer bei der öffentlichen Hinrichtung aus dem Ort dabei war?«

»Nein, nur dass sehr wenige dort hingegangen sind.«

Die Dinge geraten in Bewegung

Bevor ich jetzt weiter erzähle und Dir über das Gespräch – oder war es mehr ein Vortrag? – mit dem Bruttiger Karl Jakobs berichte, will ich noch von einer der *Hausaufgaben* sprechen, die Ernest Gillen mir aufgegeben hatte.

Die Amicale der ehemaligen luxemburgischen Natzweiler-Häftlinge ist bis heute bemüht, die Geschichte des KZ Natzweiler und seiner Außenlager ans Licht zu befördern. Im Zuge dieser Nachforschungen sind alle Gemeinden angeschrieben worden, bei denen es Außenlager von Natzweiler gegeben hat. In den Schreiben wurde um Ablichtungen der Sterbelisten aus den Jahren gebeten, in denen die Lager in den jeweiligen Gemeinden existierten. Alle Gemeindeverwaltungen schickten die gewünschten Ablichtungen. Mit einer Ausnahme: Treis.

Ich bin selbst in Treis gewesen und habe die Listen gesehen, hatte Ernest Gillen geschrieben, *die Bitte, mir eine Kopie anzufertigen, hat man mir jedoch abgeschlagen.*

Ich schrieb also einen Brief an die Gemeindeverwaltung Treis-Karden und schilderte darin, welch unrühmliche Ausnahme sie bilde: *Den Vorgang und die Tatsache, dass keine Kopien zu erhalten waren*, schrieb ich, *empfinden die Luxemburger als eine bewusste Unterdrückung von Informationen und eine Behinderung der Forschung und Aufklärung der Begebenheiten im KZ-Außenlager Treis von Seiten der Verwaltung*. Ich räumte aber ein: *Ich bin geneigt zu vermuten, dass diese Begebenheit womöglich auf Missverständnissen beruht*. Ich schickte den Brief ab und war optimistisch, dass die Treiser jetzt die Kopien rausrücken würden. Aber nix da. Rund zwei Wochen später erhielt ich die Antwort aus Treis. Hier, lies!

Ich nehme Bezug auf Ihr vorgenanntes Schreiben an die Gemeindeverwaltung Treis-Karden und teile Ihnen mit, dass ich Ihnen keine Listen von den im Konzentrationslager in Treis-Karden verstorbenen Lagerinsassen zusenden kann.

Die seinerzeit vom Minister für kulturelle Angelegenheiten des Großherzogtums Luxemburg beantragte Auskunft über Sterbefälle in ehemaligen Konzentrationslagern hatte ich damals an die Bezirksregierung Koblenz zur Entscheidungshilfe übersandt. Mit Schreiben vom 13.3.1986 teilte uns die Bezirksregierung mit, dass sie das Auskunftsersuchen dem Ministerium des Innern und für Sport in Mainz zur Stellungnahme vorgelegt hatte. Das Ministerium des Innern und für Sport führte mit Schreiben vom 25.02.1986 folgendes aus:

»Mit dem Bundesminister des Innern besteht Einvernehmen, dass der Standesbeamte in Treis-Karden dem Minister für kulturelle Angelegenheiten des Großherzogtums Luxemburg, Herr Robert Krieps, mitteilen kann, dass

1. *im Jahr 1944 41 Sterbefälle von Insassen des Lagers Treis beurkundet worden sind,*
2. *bei keinem der Einträge die luxemburgische Staatsangehörigkeit vermerkt ist, und*
3. *Ablichtungen von 3 Sterbeeinträgen ohne Namensangabe beigefügt werden, aus denen Form und Inhalt der damaligen Beurkundungen erkennbar sind.*

Diese Angaben habe ich dem Minister für kulturelle Angelegenheiten in Luxemburg übermittelt.

Bezüglich des Lagers und des Tunnels liegen bei der hiesigen Verwaltung keine Aufzeichnungen vor.

Weitere Auskünfte kann ich Ihnen leider nicht mitteilen.

Mit freundlichen Grüßen
Der Standesbeamte Greisler

Sonntagnachmittag pünktlich um 14:00 Uhr erschien ich, wie verabredet, bei Karl Jakobs. Er hatte schon einen kleinen Kassettenrecorder auf seinem Küchentisch aufgebaut, um das, was gesagt würde, aufzunehmen, was letztendlich auch mir zugute kommen sollte. Denn als ich ihn nach dem Gespräch verließ, verkaufte er mir die Kassette. Neben dem Kassettenrekorder lag ordentlich sein Notizbuch. Karl Jakobs gab gern und aufgeregt Auskunft.

»Fangen wir gleich an, setzen Sie sich. Das war am …«, er blätterte in dem Notizbuch, »das war am Sonntag, dem 18. Oktober 1987, und ich saß beim Frühschoppen. Zwei Ehepaare, die ich nicht kannte, saßen am Tisch neben mir. Einer der Männer fragte, ob ich von hier wäre, und ich bejahte. Er stellte sich und den anderen Mann vor und sagte, dieser sei ein ehemaliger Häftling des Bruttiger Konzentrationslagers. Er fragte mich, ob von dem Lager heute noch was sichtbar wäre. Das Gespräch interessierte mich, und ich verabschiedete mich von meinen Tischgenossen. Die Fremden, die mich angesprochen hatten, wollten sehen, wo der Tunneleingang gewesen war. Ich sagte, ich kann sie gerne begleiten. Dann sind wir aufgebrochen. Zuerst gingen wir zum Friedhof. Ich zeigte ihnen den neu errichteten Gedenkstein. Der Mann, welcher der ehemalige Häftling war, erzählte mir unterwegs, dass er einer der letzten Häftlinge hier in Bruttig gewesen sei.«

»Konnte er noch sagen, wann er hier weg ist?«

»Das weiß ich nicht. Mag sein, dass er ein Datum genannt hat, aber ich kann mich nicht daran erinnern. Unter anderem hat er mir erzählt, er wäre mit seiner Kolonne in eine Schmiede gegangen, um darin zu arbeiten. Von den Inhabern der Schmiede hätten er und seine Kameraden immer mal wieder ein Stück Brot bekommen, ein Butterbrot. Das hätte natürlich niemand sehen dürfen. Herr Shevchuk, so hieß der Herr, der Häftling gewesen war, wollte absolut den Tunnel noch einmal sehen. Ich zeigte ihm, wie weit es noch bis an die Stelle ist, an der es in den Tunnel ging. Er wollte absolut dahin. Also ging ich mit den beiden Ehepaaren über den Bahndamm dort hin.

Shevchuk und seine Frau leben inzwischen in New York, das andere Ehepaar, sie schreiben sich Bröcker, kommen aus Osnabrück. Die beiden Männer waren Arbeitskollegen gewesen. Als wir am Tunnel angekommen waren, begann Shevchuk, die Gegend abzusuchen, hat aber nichts gefunden, weil ja alles gesprengt worden ist. Dennoch hatte er Erinnerungen und ließ sich fotografieren – unter anderem auch mit mir. Wir sind dann wieder zurück durchs Dorf auf die Kipp gegangen. Hier existieren ja noch einige Baracken des ehemaligen Lagers. Die frühere Küchenbaracke ist die, die über dem Bogen auf dem Bahndamm steht. Da war später eine Wagnerei drin, dann eine Kistenschreinerei, Matratzen und so weiter. Das war die frühere Küchenbaracke. Direkt neben der jetzigen Post stand die Latrinenbaracke, da, wo jetzt Weinstöcke stehen. Ich wusste das bisher auch noch nicht. Shevchuk hat mir das gesagt. Unterwegs mit den beiden Ehepaaren habe ich den Manfred Ostermann getroffen. Der schlug vor, dass unsere vier Besucher noch einmal mit dem Pastor sprechen sollten. Sie sind aber dort nicht mehr hin gegangen. Den Herrn Shevchuk hat dieser Besuch nervlich ziemlich mitgenommen. Der war irgendwie geschockt.«

»Welchen Eindruck hatten Sie denn, worüber er geschockt gewesen sein könnte?«

»Geben Sie mal acht. Sie sind eine andere Generation, ich war während einer fünftägigen Reise in Frankreich. Da bin ich durch die ganzen Gegenden gefahren, über Nancy bis rüber nach Brest, wo ich im Gefangenenlager gewesen bin. Das alles wiederzusehen, das nimmt einen mit. Als ich nach Hause kam, wollte mich meine Tochter noch zu sich einladen, aber ich sagte, es ist mir am liebsten, wenn du mich heim fährst.«

»Sie hatten den Eindruck, dass es bei Herrn Shevchuk genauso war?«

»Genau. Ganz genau. Ich konnte den Mann gut verstehen. Er wollte ja alles gucken, wollte alles sehen. Er war seit über 40 Jahren das erste Mal wieder hier. Man kann das keinem vermitteln, der so etwas nicht erlebt hat. Wenn Sie einmal am Rande des Lebens stehen, wie wir auch damals, ich habe das selbst durchgemacht, dass Sie halb verhungert sind, dann haben Sie ganz andere Eindrücke. Die haben ja hier noch mehr mitgemacht als wir, die sind ja noch gekloppt worden und so weiter, das sind wir, Gott sei Dank, nicht, obwohl mein Bruder auch in Breslau totgeschlagen wurde. Also ich kenne das. Meine Generation, wir kennen das. Deshalb kann ich das gut nachempfinden.«

»Hat Shevchuk einzelne Begebenheiten aus dem Lager erzählt?«

»Nein, aber ich will Ihnen folgendes sagen ...« Karl Jakobs blätterte wieder in seinem Notizbuch. »Ich weiß es nicht mehr genau, es war ungefähr acht Tage nach dem Besuch, da hat die Frau des anderen Ehepaars, Frau Bröcker, mich angerufen. Sie hat sich entschuldigt, dass sie nicht mehr, wie es eigentlich mit Manfred Ostermann vereinbart gewesen war, zum Pastor gegangen sind. Der Mann war zu geschockt gewesen. Manfred Ostermann hatte dem Peter Shevchuk von Ihnen und Ihrer Arbeit erzählt. Wenn Sie etwas wissen wollten, sollten Sie ruhig an ihn schreiben. Er würde gerne Auskunft geben und sagen, was er weiß. Ich habe auch einen kleinen Brief an Herrn Shevchuk geschrieben, der liegt hier schon bereit. Sie können ihn durchlesen, wenn Sie meine Handschrift lesen können. Die Anschrift können Sie sich ja abschreiben und die Anschrift des Ehepaars Bröcker auch. An die Leute können Sie sich wenden, die sind nett. Bröcker war auch der Herr, der mich angesprochen hatte. Shevchuk sagte, er sei heute Papiermacher von Fotopapieren. Er sei damals, als er die deutschen Lager verlassen hatte, nach Schweden gegangen.

Ich muss Ihnen, das fällt mir gerade ein, noch erzählen, was sich in der Schmiede zugetragen hat. Wir besuchten die Schmiede, in der der Herr Shevchuk vor mehr als vierzig Jahren als Häftling arbeiten musste. Als wir den Raum betraten, kniete Shevchuk sich neben den Amboss und ließ sich so fotografieren. Das ist noch der alte Amboss, der da steht. Vermutlich hatte Shevchuk daran gearbeitet. Seine Aufgabe war es, das Handwerkszeug, mit dem im Tunnel gearbeitet wurde, die Pickel und all das in der Schmiede zu schärfen und wieder in Ordnung zu bringen. Das vermute ich. Das hat er nicht gesagt. Dort hat er dann sein Brot bekommen. Die Meurers, damalige Besitzer der Schmiede, waren ja sehr kulant in der Beziehung.«

»Wie ist das denn heute in Bruttig? Reden die Leute denn ab und zu noch von dem Lager, zum Beispiel beim Frühschoppen?«

Abb. 30: Der ehemalige politische Häftling Peter Shevchuk besuchte am 17. Oktober 1987 die Städte seiner Gefangenschaft. Auf dieser Abbildung ist er auf dem früheren Appellplatz des Lagers Bruttig zu sehen.

Abb. 30b: Peter Shevchuk steht auf dem Bahndamm mit Blick auf das ehemalige Lager. Im Hintergrund sind der Kirchturm und Häuser von Bruttig zu sehen. (Fotos: Karl Jakobs, Bruttig, Aufnahme ca. 1987)

Abb. 31: Shevchuk, zweiter von rechts, mit seiner Frau und einem befreundeten Ehepaar auf dem ehemaligen Lagergelände. Hier haben Bruttiger Bürger die KZ-Baracken, die im Hintergrund zu sehen sind, zu Wohnhäusern umgebaut.

Abb. 32: Peter Shevchuk, Mitte, mit seinem Osnabrücker Freund und Karl Jakobs, links, an der Stelle, wo sich das Tunnelportal befand. (Fotos: M. Bröcker, Osnabrück)

»Kaum, kaum. Es gibt noch einige, die ziemlich gut Bescheid wissen, aber die wollen wahrscheinlich nicht aus sich herausgehen. Ich bin im Krieg ja nicht hier gewesen, und ich stamme auch nicht von Bruttig, ich bin zugezogen. Und mehr kann ich Ihnen nicht erzählen.«

Natürlich schrieb ich sofort an Peter Shevchuk nach New York. Keine Antwort. Acht Wochen später schrieb ich ein zweites Mal. Wieder keine Antwort.

Aber Post aus Luxemburg erhielt ich häufig. Ernest Gillen antwortete auf meine Bitte, an der Radiosendung mitzuwirken: *Über Ihren Vorschlag, mich an Ihrer Sendung im Rundfunk zu beteiligen, habe ich nachgedacht. Es ist schwer für mich, an einer deutschen Rundfunksendung mitzumachen. Da es jedoch Ihr ausdrücklicher Wunsch ist, und ich Ihnen hiermit entgegenkommen kann, bin ich ausnahmsweise zu einem Telefoninterview bereit, unter der ausdrücklichen Bedingung jedoch, dass die Gespräche sich nur auf Natzweiler und seine Nebenlager beziehen und dass die Sendung parteipolitisch und weltanschaulich neutral und nicht verletzend ist.*

Ernest Gillen hatte ich das Schreiben der Treiser Verbandsgemeindeverwaltung zugeschickt, und er schrieb mir dazu: *Was die Antwort des Standesamtes Treis-Karden betrifft, bestätigt sie meine Meinung, dass die dortigen Verantwortlichen die Offenheit scheuen.* Was das Nebenlager Treis beträfe, bliebe demnach noch immer ein Fragezeichen, schrieb er. Denn nach seinen Unterlagen und Berechnungen überträfe die Anzahl der dortigen Toten die zugegebene Zahl von 41. Dies könne er jedoch nicht beweisen, da er die Namen der in Treis registrierten Toten nicht kenne, es bliebe daher nur eine unbewiesene Vermutung.

Ist es die Absicht des Standesamtes Treis-Karden, fragte Ernest Gillen, *zu verhindern, dass man hierin klar sehen kann, oder hat man noch andere Gründe? Wie ich Ihnen schon sagte, sind alle anderen deutschen Gemeinden, die ich in ähnlicher Angelegenheit kontaktierte, weit kooperativer. Wenigstens eine Gemeinde hat sogar die Namen der Naziopfer, die gemäß den standesamtlichen Angaben auf dem Gemeindegebiet umkamen, in Druckform der Öffentlichkeit zugänglich gemacht. Andere haben Gedenkstätten mit Angabe von Namen und Sterbedaten errichtet.*

Gillens Brief hielt ich dem Rundfunkredakteur unter die Nase, der mit mir die Radiosendung machen wollte. Außerdem hatte ich ein fertiges

Konzept für den Beitrag in die Redaktion mitgebracht. Zwar hatte ich bei der Zusammenstellung einige Dinge nicht beachtet, beispielsweise, dass zwischen den Beiträgen auch immer wieder Musik gespielt werden musste, aber im Großen und Ganzen schien dem Redakteur mein Vorschlag zu gefallen. Wir einigten uns auf den nicht besonders griffigen Titel: *Eine Erzählung und ihre Nachwirkungen ›Ech hon immer nur dä Zoun jesehn‹ KZ-Außenlager Cochem*. Ein Sendetermin wurde festgelegt: Sonntag, 28. Februar 1988 von sechzehn bis siebzehn Uhr.

»In der Sendung siezen wir uns aber«, sagte der Redakteur.

»Meinetwegen.«

»Mir ist beim Lesen Ihrer Erzählung eins aufgefallen«, eröffnet der Redakteur die Radiosendung. *»Sind Sie beim Recherchieren und Erzählen mehr einem persönlichen Anliegen nachgegangen, oder lag der Schwerpunkt beim Erschließen des Materials?«*

»Das lässt sich für mich nicht trennen. Eine persönliche Motivation lag zunächst zugrunde, die dann weitergeführt hat.«

»Literarische Bearbeitung eines historischen Themas. Sie begeben sich da augenscheinlich auf eine Gratwanderung, indem Sie die historischen Inhalte literarisch erschließen wollen. Liegt das am Herz, das Sie nicht abschalten konnten?«

»Sicher. Was dabei herausgekommen ist – vielleicht diese Gratwanderung.«

»Wir wollen uns in dieser Sendung mit der Erzählung und deren Folgen beschäftigen. Dazu stellen wir jetzt einige Passagen vor.«

Ich las einige Auszüge und endete mit dem Satz: »Unter den Augen aller, Vernichtung durch Arbeit.« Und dann war der jüdisch-kanadische Sänger Leonard Cohen mit seinem Lied The Partisan zu hören:

When they poured across the border,
I was cautioned to surrender.
This I could not do
I took my gun and vanished.

I have changed my name so often,
I have lost my wife and children,
But I have my friends.
And some of them are with me.

An old woman gave us shelter,
Kept us hidden in the garrett,
Then the soldiers came.
She died without a whisper.

There were three of us this morning,
I'm the only one this evening,
But I must go on.
The frontiers are my prison

The wind, the wind is blowing,
Through the graves the wind is blowing
Freedom soon will come.
Then we'll come from the shadow.
Les Allemands étaient chez moi,
Ils médisent résigne-toi,
Mais je n'ai pas peur.
J'ai repris mon ame,
J'ai changé cent fois de nom,
J'ai perdu femme et enfant,
Mais j'ai tant d'amis.
J'ai la France entière.

Un vieil homme dans un grenier,
Pour la nuit nous a caché,
Les Allemands l'ont pris
Il est mort sans surprise.

The wind, the wind is blowing,
Through the graves the wind is blowing
Freedom soon will come.
Then we'll come from the shadow.

»Mit dem Abschluss Ihrer Erzählung war aber für Sie das Thema noch lange nicht abgeschlossen.«

»Nein. Eigentlich war das erst der Anfang. Ich wollte nach Luxemburg, begann aber zunächst, mich in Archiven kundig zu machen und suchte wieder Leute auf, mit denen ich Gespräche über die Lager führen konnte. Ich bemüh-

te mich um Kontakte in Luxemburg und stieß auf Ernest Gillen. Übrigens schienen alle Wege zu ihm hin zu führen.«

Dann wurde das Interview, das ich einige Tage zuvor mit ihm per Telefon geführt hatte, eingeblendet.

»Es ist schwer«, begann er, »das alles in ein paar Minuten zu resümieren. In Natzweiler bin ich im Januar 1943 angekommen, es war also mitten im Winter, es lag hoher Schnee, und die Empfangsformalitäten waren, wie das immer war. Ich glaube, darauf brauche ich nicht einzugehen, das ist bekannt. Was mir sofort auffiel, das waren die vielen Gestalten, die da herumschlichen, die wie in einem langsam laufenden Film gingen. Das waren die Muselmänner. Am folgenden Tag ging es direkt an die Arbeit. Ich kam in das Zugängerkommando, wo wir im Straßenbau arbeiteten. Da gab es hauptsächlich die Arbeiten mit dem Schubkarren. Wir mussten in dem gefrorenen Boden Steine lockern, diese über die Straße fahren und einen Abhang hinunterwerfen. Das ging den ganzen Tag so. In diesem Kommando musste ich mehrere Wochen verbleiben. Es war ziemlich schwer für mich und natürlich auch für all die anderen. Ich wurde Zeuge von schweren Misshandlungen von Kameraden. Ich sah, wie welche den Abhang hinunter gestürzt wurden. Dann leerte man noch die Schubkarren mit Steinen über ihnen aus. Wenn wir mit diesem Kommando ausrückten, sagte der Rapportführer, dass eine bestimmte Anzahl von Gefangenen am Abend hereingetragen werden müsse. Das hieß, dass diese bei Arbeitsschluss tot oder halb tot hereingetragen werden mussten.«

»Herr Gillen, warum sind Sie von der Gestapo gefangengenommen und in ein KZ gebracht worden?«

»Ich könnte Ihnen das in zwei Worten sagen. Ich bin ein Mitglied einer Widerstandsgruppe gewesen. In Luxemburg hatte sich der Widerstand gegen die deutschen Besatzer organisiert. Das begann bereits 1940. Ich bin kurz nach der Gründung dazugestoßen. Im Herbst 1941 ist eine ganz große Razzia gewesen, wo Tausende von Leuten verhaftet wurden. Da sollte auch ich verhaftet werden, aber man hatte nicht die nötigen Beweise. Ein halbes Jahr später hat man mich dann aber auch festgenommen. Die einzige Begründung, die man angab, war, dass ich Mitglied einer Widerstandsgruppe war.

Das Außenlager Wesserling, in das ich von Natzweiler aus kam, wurde zur selben Zeit eröffnet wie Cochem auch, im März 1944. Es bestand aus ungefähr 1500 Häftlingen. Aber der große Unterschied zu Cochem war, dass wir eine Lagerleitung hatten, die ziemlich menschlich war. Wir hatten bloß zwei

SS. Einer war Lagerkommandant. Der andere war der Leiter der Baustelle, der als einziger ganz scharf war, und die Häftlinge immer zur Arbeit antrieb, sie schlug und anschrie und so weiter. Wir hatten viel mit Zivilarbeitern zu tun, die fast alle Elsässer waren und die ziemlich gut mit uns umgingen. Aber die Arbeitsverhältnisse, die waren schrecklich. Wir mussten in einem Tunnel arbeiten, so ähnlich wie auch in Cochem. Der Tunnel war nicht ganz durchgebrochen, und es bestand nur ein Eingang. Wir arbeiteten anfangs in zwei Schichten von je 12 Stunden. Wenn Schichtwechsel war, mussten wir 24 Stunden arbeiten. Die Tunnelsohle stand ganz unter Wasser, so dass wir im Wasser arbeiten mussten. Das schrecklichste war eine Diesellok, die ständig im Tunnel ein und aus fuhr. Die Luft wurde ganz verpestet, und eine Entlüftung hat nicht bestanden. Von der Decke kam auch Wasser herunter, so dass wir immer ganz durchnässt waren, und dazu kam dann die schwere Arbeit.«

»Welche Erfahrungen machen Sie heute bei Ihren Nachforschungen mit den deutschen Behörden?«

»Mit Treis hatte ich Schwierigkeiten. Gott sei Dank ist das eine Ausnahme. Mit allen anderen deutschen Verwaltungen und Behörden habe ich eine gute Zusammenarbeit. Man hat mir alle Unterlagen, nach denen ich fragte, ausgehändigt. Ohne Schwierigkeiten. Auch bei Privatpersonen habe ich großes Entgegenkommen gefunden. Was mir besonders gefällt, sind die Initiativen, besonders von jungen Deutschen. Treis ist wirklich die Ausnahme, und es ist kaum zu verstehen, warum man da anders denkt, als in anderen Ortschaften.«

Ernest Gillen kommentierte später in einem Brief an mich die Sendung: *… was meine Aussage betrifft, sie ist ja nur eine ganz kurze und improvisierte Stellungnahme zu einer großen Frage. Ich hoffe, dass die Hörer das auch so verstanden haben …*

Nach der Ausstrahlung der Sendung, erhielt ich Resonanz. Außer allgemeinem Schulterklopfen – wir haben dich im Radio gehört – gab es mindestens zwei Reaktionen, die neue Kontakte ermöglichten, welche für meine Arbeit auch wichtig wurden.

Aus Koblenz erhielt ich einen Anruf. Christian Gasterstädt stellte sich vor. Er habe meine Telefonnummer über die Redaktion des Senders erfahren. Wir vereinbarten ein Treffen. Er erzählte, dass er sich für sämtliche Räume interessiere, die sich unter der Erde befänden. Also auch für den Tunnel Bruttig-Treis. Er nahm einige Fotografien aus einer

Mappe und sagte gelassen: »Die habe ich in dem Tunnel gemacht.« Was muss ich Augen gemacht haben! Noch bevor ich einen Blick auf die Bilder warf, rechnete ich nach, dass er unmöglich schon so alt sein und selbst, als der Tunnel noch offen war, dort fotografiert haben konnte. Dann erfuhr ich, dass er sich einen Einstieg gesucht hatte, als sich vor einigen Jahren das Erdreich um den ehemaligen Eingangsbereich in Bruttig verschoben hatte.

»Ich hatte keine Lampe und nichts dabei, nur meinen Fotoapparat. Ich zwängte mich durch einen Erdspalt hindurch und rutschte dann auf meinem Hintern etliche Meter in ein dunkles Loch hinein. Als ich wieder auf einigermaßen festem Boden stand, versuchte ich mich in der Dunkelheit zu orientieren. Ich sah nichts. Erst nach einer Zeit bemerkte ich einen Lichtpunkt, oben irgendwo. Das war der Spalt, durch den ich gekrochen war. Ich machte ein paar Fotos mit Blitz, in alle Richtungen, einfach drauflos, ich wusste ja nicht, was es zu sehen gab. Dann kletterte ich schleunigst in Richtung des hellen Punktes wieder die Böschung hinauf, auf der ich meine Rutschpartie gemacht hatte. Hier sind die Fotos. Behalten Sie sie, bis Sie mit ihrem Buch fertig sind.«

Abb. 33: Das Innere des Tunnels kurz hinter dem Portal auf der Bruttiger Seite. Deutlich zu sehen ist der Einsturz der Tunneldecke durch die vorderste von mehreren Sprengungen. Fotografiert hat dieses und die beiden folgenden Bilder Christian Gasterstädt, der sich im Jahr 1980 durch einen Spalt, hervorgerufen durch eine Erdverschiebung, Zugang zum Innenraum des Tunnels verschaffen konnte. (Fotografien Abbildungen 33 bis 35, Chr. Gasterstädt von 1980)

Abb. 34: Gigantische Monumente aus Beton beim Tunnelportal.

Abb. 35: Der Innenraum des Tunnels. Zu sehen ist das Portal Bruttig. Eine Betonwand verschließt die gesamte Röhre. Links in der Wand ist ein viereckiges, ebenfalls aus Beton gegossenes Tor zu erkennen, das auf Schienen zur Seite geschoben werden konnte und die Zufahrt zu der unterirdischen Fabrik ermöglicht hat. Das metallene Trümmerteil im Vordergrund ist ein zerstörter Ventilator, von denen mehrere zur Belüftung des Tunnels angebracht waren. Vorne rechts im Bild ist der Zugang zu zwei Stollen zu erkennen, die zu den beiden Bunkern führten (siehe Abb. 1). Der obere Bunker in dem sich ein Kesselhaus befand, konnte auch als Notausgang genutzt werden, im unteren befand sich eine Pumpstation und ein Vorratsbehälter für Brauchwasser.

Von Reinhold Schommers hatte ich schon öfter erzählen hören. Ich kannte einige der Publikationen des Heimatforschers. Persönlich kannte ich ihn bis dahin nicht. Er hatte sich in einigen Artikeln über den Tunnel Bruttig-Treis und die Konzentrationslager geäußert. Von der Facharbeit einer Cochemer Schulklasse einmal abgesehen, war er der Einzige in der Region, der sich in den letzten Jahren an das Thema herangewagt hatte. Er schrieb mir, nachdem er die Sendung im Rundfunk gehört hatte, einen Brief, in dem er bekannte: *Sie wissen sicher, dass ich mir mit meinen Aktivitäten zwecks Vergangenheitsbewältigung auch einigen Ärger eingehandelt habe. Nur bei mir hat man offensichtlich nicht den Mut, auf Konfrontationskurs zu gehen, da ich wohl zu sehr als kritischer Konservativer bekannt bin und eigentlich zum sogenannten Establishment gehöre.*

Das klang vielversprechend, und ich meldete mich zu einem Besuch bei ihm an. Doch vorher muss ich Dir noch manches andere erzählen.

Peter Shevchuk hatte mir auch auf meine nochmalige Bitte, meinen Brief und die Fragen darin zu beantworten, nicht geschrieben. Vielleicht war ihm sein Besuch in Bruttig dermaßen unter die Haut gefahren, dass er es einfach nicht fertig brachte, sich schriftlich zu äußern. Ich machte mir Gedanken, dass ich vielleicht aufdringlich sein könnte, wenn ich immer wieder nachbohrte. Wenn Peter Shevchuk nicht mehr reden wollte, hatte er seine Gründe, und ich hatte das zu akzeptieren. Trotzdem ließ ich mir von der Telefonauskunft die Nummer von Peter Shevchuks Freund, Bröcker, in Osnabrück heraussuchen. Er hatte ihn bei seiner Bruttig-Tour im vergangenen Herbst begleitet. Ich telefonierte mit Bröcker, und er war sofort bereit mich zu unterstützen. Wir vereinbarten, dass ich ihm Kopien der beiden Briefe an Peter Shevchuk zukommen ließe und er diese mit einem Begleitschreiben an seinen Freund nach New York weiterleiten würde.

»Wenn ich dem Peter das noch einmal sage, dann schreibt der auch«, war Bröcker sicher. Er irrte sich. Peter Shevchuk blieb stumm.

Ich war unsicher geworden, ob ich mich weiter um einen Kontakt mit ihm bemühen sollte, hatten sich meine Bedenken, dass ich den Mann durch meine Hartnäckigkeit verärgern könnte, doch noch verschärft. Ich wollte mir noch einmal Rat bei Herrn Bröcker holen und rief dort an. Diesmal hatte ich seine Frau am Telefon. Sie wusste sofort, wovon die Rede war. Meine Briefe hätten sie natürlich weitergeleitet und inzwischen auch schon mehrmals wieder mit Peter Shevchuk telefoniert.

»Aber er antwortet nicht«, sagte sie. »Da muss irgendetwas sein, worüber er nicht sprechen kann oder will. Bei unserem Besuch damals in Bruttig hat er sich auch ganz eigenartig verhalten. Die ganzen Eindrücke und Erinnerungen. Ich glaube, das war einfach zuviel für ihn. Ich hatte das Gefühl, dass er zeitweise völlig abwesend war. Als wir an der Stelle waren, wo der Tunneleingang gewesen ist, kletterte er plötzlich hinunter in die Weinberge. Ich hatte den Eindruck, als würde er ein Loch oder so etwas in der Erde suchen. Vormittags hatten wir mit dem Bürgermeister und dem Pfarrer von Bruttig gesprochen. Beide hatten ihn eingeladen, sie nachmittags zu besuchen. Er hatte ihnen auch versprochen zu kommen, um sich mit ihnen über seine Zeit als Gefangener im Lager zu unterhalten. Dann ist er aber doch nicht hin gegangen. Er konnte die ganze Flut von Erinnerungen einfach nicht aushalten. Als wir am Abend wieder in Osnabrück waren und er sich etwas beruhigt hatte, sagte er, ich wäre ja doch besser mal zu dem Pastor und dem Bürgermeister hin gegangen, ich hätte mich eigentlich gern einmal mit denen unterhalten.«

Dann riet sie mir: »Sie können ja einfach noch einmal versuchen, ihm zu schreiben, vielleicht antwortet er jetzt.« Aber ihre Stimme klang nicht sehr hoffnungsvoll. Ich beteuerte noch einmal, wie wichtig er für mich und meine Arbeit sei.

Ja, sagte Frau Bröcker, das wisse sie. Dann kam mir eine Idee: »Hat er Telefon?«

»Ja sicher, warten Sie, ich hole die Nummer.«

Einen Augenblick später war sie schon wieder am Apparat und gab mir die Zahlen durch. Ich bedankte und verabschiedete mich, ließ meine Bedenken Bedenken sein, legte den Hörer überhaupt nicht erst wieder auf, drückte nur kurz auf die Telefongabel und wählte.

»Shevchuk.«

»Ja hallo, … Hallo? Können Sie mich verstehen? I'd like to speak Mr. Shevchuk.«

»Yes, I am Mrs. Shevchuk.«

»I wrote a letter to your husband half a year ago. I'd like to know something about the history here on the Mosel, about the history of Bruttig ...«

»One moment please, I ask my husband.«

»Thank you.«

»Shevchuk«

»Hello, Mr. Shevchuk. Heimes is here. I wrote you a letter half a year ago. Do you remember?«

»Yes, I do.«

»Kann ich mit Ihnen deutsch sprechen?«

»Ja, aber ich spreche nicht so gut deutsch.«

»Ich glaube, Sie sprechen besser deutsch als ich englisch.«

»Ja, wir können es versuchen.«

»Herr Shevchuk, ich habe vorhin mit Ihrer Bekannten, Frau Bröcker aus Osnabrück gesprochen. Sie hatte Sie ja gebeten, mir über ihre Geschichte hier in Deutschland an der Mosel zu berichten, und Frau Bröcker sagte mir, dass Sie Probleme haben, über das Thema zu sprechen. Ich arbeite an einem Buch über das Lager in Bruttig, und Sie sind der einzige Mann, den ich kenne, der als Gefangener in diesem Lager gewesen ist. Deshalb wäre eine Stellungnahme von Ihnen für mich außerordentlich wichtig. Ich möchte Sie bitten, vielleicht doch mit mir zusammenzuarbeiten.«

»Ja, das war sehr schwer in Bruttig und es ist nicht so leicht, von dieser Hölle zu erzählen. Ich hatte lange Zeit danach noch böse Träume. In Schweden, wo meine Frau her ist, habe ich einen Mann kennengelernt, der auch in einem KZ in Deutschland gewesen ist. Er war aber nicht in Cochem. Ich habe mich mit ihm angefreundet. Durch ihn lernte ich einen anderen Schweden kennen, der auch im Lager in Cochem gewesen ist. Mit ihm wollte ich mich immer noch einmal treffen, um über das Lager zu sprechen. Leider ist er inzwischen gestorben. Er war einige Jahre älter als ich. Nach dem Krieg bin ich nach Schweden gegangen. Dort habe ich auch meine Frau kennengelernt. Vergangenes Jahr bin ich mit meiner Frau und der Familie Bröcker zu einem Besuch in Bruttig gewesen. Ich wollte unbedingt noch einmal dort hin. Wir sind von Osnabrück aus mit dem Auto meines Freundes gefahren. Ich wollte nicht selber fahren, weil in Deutschland so schnell gefahren wird. In

Bruttig trafen wir einen Herrn, der uns durch den Ort führte. Das Lager hat sich ja sehr verändert. Aber drei der Baracken stehen ja noch. Auch unser Esssaal. Andere Baracken sind ja zu Wohnhäusern umgebaut worden. Ja, das sieht jetzt schon etwas anders aus. Es war ein sonderbares Gefühl. Ich bin über den Bahndamm gegangen und bin dann in einen Weinberg hinein, um mir eine Traube zu pflücken. Es war sonderbar. Ich konnte die Traube pflücken, ohne Angst haben zu müssen, dass von hinten einer schießen könnte. Die Trauben waren sehr süß. Am Tunneleingang ist ja fast nichts mehr zu sehen. Herr Jakobs hat mir ein Bild geschickt, von vor dem Krieg, worauf der Tunneleingang noch so aussieht, wie ich ihn kenne. Ich habe damals, als Gefangener, einen Tag lang in einer Schmiede in Bruttig gearbeitet, ohne Wachmann. Der Wachmann, einer von der Luftwaffe, ließ mich den ganzen Tag über allein. Er wusste, dass ich nicht abhauen würde. Als er fort war, hat die junge Frau, die im Haus wohnte, mir zu essen gegeben. Sie hat mir Butterbrote gemacht. Ich konnte mich richtig satt essen. Sie war eine gute Frau. Bei meinem Besuch letzten Sommer ging ich wieder in die Schmiede. Die Frau, die mich damals gefüttert hatte, lebte nicht mehr. Aber ich lernte ihren Sohn kennen. Ich habe leider nur kurz mit ihm gesprochen. Ich war so nervös unter dem Eindruck all der Häuser, Straßen, der Dinge, der Gegend, die ich kannte. Ich bin heute sehr traurig, dass ich nicht länger mit dem Sohn der Frau gesprochen habe. Aber an dem Tag in Bruttig war das alles so schwierig. Auf dem Friedhof sind ja noch ein paar Gräber von Kameraden. Sie wurden dort in der Nacht begraben. Bei einem Begräbnis bin ich dabei gewesen. Da wurde ein Loch gemacht, und die Toten wurden hinein geworfen. Zu. Fertig. Die Franzosen, die dort begraben wurden, sind später von ihren Angehörigen nach Frankreich umgebettet worden. Ich will jetzt auch auf Ihren Brief antworten und Ihnen schreiben. Wenn ich einmal am Erzählen bin, dann ist es gut.«

»Das würde mich sehr freuen. Ich habe mit vielen Leuten gesprochen, die hier in Bruttig und in anderen Orten leben. Ich habe in Archiven alte Unterlagen gesichtet, aber Sie, Herr Shevchuk, sind für mich der einzige, der als Betroffener direkt sprechen kann. Deshalb ist es mir so wichtig, und ich wäre Ihnen sehr dankbar, wenn Sie etwas über Ihre Erlebnisse in Bruttig schreiben würden.«

»In Bruttig gab es nicht so viele Tote wie in Auschwitz, wo ich vorher gewesen bin. Wir sind mit ungefähr 500 Gefangenen von Auschwitz gekommen. Das war im Mai 1944.«

»Ich besitze eine Liste der Leute, die von Auschwitz gekommen sind. Ich werde nachher gleich einmal nachschauen. Ihr Name müsste darauf verzeichnet sein.«

»Das würde mich auch sehr interessieren.«

»Ich kann Ihnen eine Kopie der Liste gern zuschicken.«

»Ja, das wäre schön. Bis zum August 1944 bin ich in Bruttig gewesen. Dann sind in Bruttig Bomben gefallen. Wir hatten den ganzen Tag noch im Tunnel gearbeitet. Nachts fielen dann die Bomben. Am nächsten Tag sind wir schon nicht mehr in den Tunnel gegangen. Kurz darauf bin ich nach Dora gebracht worden. Dora ist eine Filiale von Buchenwald gewesen. Von Dora kamen wir nach Ellrich[32], von Ellrich zu Heinkel nach Berlin. Als die Fronten auf Berlin zurückten, sind wir zu Fuß und ohne Essen nach Schwerin marschiert. Wir lebten nur von den Sachen, die wir unterwegs klauen konnten. In Schwerin sind wir dann befreit worden, am 15. und 16. April.«

»Herr Shevchuk«, sagte ich, »das ist ja schon eine ganze Menge, was Sie mir jetzt erzählt haben. Ich habe so gut es ging, alles mitgeschrieben.«

»Haben Sie denn alles verstanden?«

»Ja, ich habe Sie gut verstanden.«

»Ich werde mich jetzt auch darangeben, Ihnen einen Brief zu schreiben. Darin werde ich alles Wichtige festhalten. Ich schreibe in Englisch, das ist einfacher für mich. Kommen sie mit Englisch zurecht?«

»Ja, kein Problem.«

»Kann ich denn auch eine Veröffentlichung haben?«

»Sobald ich fertig bin und das Buch gedruckt ist, schicke ich Ihnen ein Exemplar.«

»Wie alt sind Sie eigentlich?«

»Zweiunddreißig.«

---

32 Das Außenlager Ellrich-Juliushütte war ein vom 2. Mai 1944 bis zum 6. April 1945 bestehendes Außenlager für durchschnittlich 8.000 männliche KZ-Häftlinge. Zunächst unterstand es dem KZ Buchenwald und ab 1. November 1944 dem KZ Mittelbau. Vgl. https://de.wikipedia.org/wiki/KZ-Au%C3%9Fenlager_Ellrich-Juliush%C3%BCtte

»Dann sind Sie ja aus der Nachfolgegeneration. Ich war in Bruttig sehr von dem Stein ergriffen, der zum Gedenken auf dem Friedhof errichtet worden ist. In vier Sprachen steht *Friede* darauf. In Englisch, Französisch, Deutsch und auf Hebräisch. Den Stein finde ich sehr gut. In Bruttig bin ich der Häftling mit der Häftlingsnummer 21 gewesen. Ich war in der Baracke drei untergebracht. Auf dem Appellplatz sind ungefähr neun oder zehn KZ-Kameraden erhängt worden, die abgehauen waren. Das geschah zur Strafe und zur Abschreckung für die anderen. In Treis, auf der anderen Seite des Berges sind es genauso viele gewesen. Sie wollten abhauen. Fortgekommen ist von denen, die abgehauen sind, nur einer. Alle anderen wurden eingefangen. Zu dem Preis von einem Brot, das diese zur Belohnung bekamen, erhängten einige Mithäftlinge unsere Kameraden. Der Strick wurde von der SS um den Hals gelegt. Den Rest mussten dann die eigenen Leute machen, für ein Stück Brot. Von den Zivilisten in Bruttig, hauptsächlich von den Frauen, haben wir Brot bekommen. Das hatten sie irgendwo am Weg zum Tunnel für uns versteckt. Bruttig war nicht so schwer wie Auschwitz. Dagegen war Bruttig noch ganz gut. Das Essen war viel besser als in Auschwitz. In Bruttig gab es Erbsensuppe. Abends konnten wir uns waschen, wenn wir von der Arbeit kamen. Das Hauptlager ist Natzweiler gewesen. Die Kranken wurden nach Natzweiler in den Krankenbau gebracht. Ich habe in Deutschland einen Antrag auf Wiedergutmachung gestellt. Darauf habe ich noch keine Antwort bekommen. Vielleicht komme ich, wenn ich pensioniert bin, noch einmal nach Deutschland. Ich habe ja Freunde dort. Dann werde ich mir alles noch einmal ansehen.«

»Bitte besuchen Sie mich, wenn Sie wieder hier sind.«

»Ja, das mache ich. Ihre Adresse habe ich ja. Von einer Sache muss ich Ihnen noch erzählen. Es waren zwei, drei SS-Offiziere, die sich von ihrem Chauffeur mit dem Auto in den Tunnel bringen ließen. Der Chauffeur war ein Luftwaffensoldat. Als sie im Tunnel halt machten, entfernten sich die SS-Männer, um sich irgendetwas im Tunnel anzusehen. Der Luftwaffensoldat, der bei seinem Fahrzeug geblieben war, nahm ein Päckchen Zigaretten hervor und steckte sich eine Zigarette an. Wir sahen dies und baten ihn, uns auch eine abzugeben, woraufhin dieser uns tatsächlich das ganze Päckchen hinwarf. Das hatte ein gerade zurückkehrender SS-Mann gesehen. Am nächsten Tag traf ich den Luftwaffensoldat im Tunnel wieder. Ich erkannte ihn nicht sofort, denn er war einer von uns geworden. Er trug die gleiche Sträflingskleidung wie wir und musste in unserer Kolonne mitarbeiten. Den Kopf hatte man ihm, wie uns allen, kahl geschoren. Er erzählte, dass dies wegen der Zigaretten so gekommen sei.«

»Die Firma Bosch war prima.«

Gegen halb neun abends klingelte das Telefon. Ich hörte wie Bert S. aus Bruttig sich meldete. Er hatte Wort gehalten. Ich könne nächsten Sonntag zu ihm nach Hause kommen. Marcel Dieven-Dierix, der im Tunnel gearbeitet hatte, käme übers Wochenende. Ich sagte sofort zu.

Ich hatte einen umfangreichen Fragenkatalog erstellt, den ich mit nach Bruttig nahm. Aber schon mit der ersten Frage, die ich Herrn Dieven-Dierix daraus stellte – »Warum sind Sie in ein deutsches KZ gekommen?« – konnte ich diese und auch alle übrigen vorbereiteten Fragen vergessen. Er antwortete: »Ich war nicht im KZ.«

Irritiert schaute ich hilfesuchend zu unserem Gastgeber hinüber. Bert S. half weiter: »Nein, der Michel war nicht im KZ. Er hat als Zivilarbeiter hier im Tunnel gearbeitet.«

Ich verstand. War mir das nicht auch merkwürdig vorgekommen: Ein ehemaliger KZ-Häftling, der ausgerechnet am Ort seiner Gefangenschaft jahrzehntelang seinen Urlaub verbringt und seinen Wein einkauft? Wie extrem würde sich solches Verhalten von dem abheben, was ich von Peter Shevchuk erfahren hatte! Ich ärgerte mich, nicht selbst auf den Gedanken gekommen zu sein, dass Dieven-Dierix nicht zwingend als Häftling, sondern auf Geheiß seines Arbeitgebers, der Firma Bosch, während des Krieges in Bruttig gewesen war. Ich hätte wenigstens vorher einmal genauer nachgefragt haben können. Stattdessen stolperte ich tollpatschig in das Gespräch mit Dieven-Dierix hinein. Der nahm mir das allerdings nicht übel, sondern amüsierte sich und begann, unbekümmert zu erzählen.

»Als wir nach Bruttig kamen, war die Gegend um den Tunnel herum zum Sperrgebiet erklärt worden. Überall hatte man Stacheldrahtabsperrungen errichtet. Wir wurden zunächst auf der anderen Moselseite im Kloster Ebernach einquartiert. Im Tunnel arbeiteten die Häftlinge. Nach vierzehn Tagen rückten wir in Bruttig nach. Unser Quartier bekamen wir im Gasthaus *Zum guten Onkel*, bei Schneiders, nachdem die Häftlinge da raus und in das Lager umgezogen waren.«

»Wann war das?«

»1944, im April.«

»Sie sind auch die ganze Zeit über im Gasthaus Schneiders geblieben?«

»Ja, die Häftlinge waren ja im Lager und daher war Platz darin. Mit den Häftlingen durften wir nicht sprechen.«

»Aber Sie haben doch jeden Tag mit ihnen zusammengearbeitet.«

»Ja, aber wir haben die Maschinen bedient, und die Häftlinge haben am Tunnel gearbeitet. An die Maschinen durften die nicht ran.«

»Was sind das für Maschinen gewesen, an denen Sie gearbeitet haben?«

»Produktionsmaschinen für Zündkerzen. Die sind riesengroß gewesen.«

»Wurden auch Waffen im Tunnel hergestellt?«

»Waffen? Nein. Es sind nur Maschinen für Zündkerzen gewesen.«

»Sind Sie Mechaniker von Beruf?«

»Nein, ich bin Möbelmacher.«

»Und Sie sind dann im Tunnel an den Maschinen angelernt worden?«

»Nein. In Feuerbach. Wir mussten ja lernen mit den Maschinen umzugehen. Ich bin vorher sechs Wochen lang in Stuttgart-Feuerbach Schüler gewesen. Dort habe ich die Arbeit gelernt.«

»Wie kam es dazu, dass Sie zur Arbeit nach Deutschland verpflichtet worden sind? Sind Sie einfach festgenommen worden, nachdem die deutschen Truppen in Belgien einmarschiert waren?«

»Ja. Wir sind dann über das Arbeitsamt an die Firma Bosch vermittelt worden. Da war nichts zu machen. Wir sind von der Firma aus verpflegt worden.«

»Ich habe mit der Firma Bosch einen Briefwechsel geführt. In einem Brief wird seitens der Firma behauptet, dass die Häftlinge nicht für Bosch gearbeitet haben sollen. Über Bruttig schreibt die Firma, sie hätten dort zwar eine Produktionsstätte gehabt, wüssten aber nichts von den Häftlingen.«

»Die Häftlinge haben ja auch nicht für Bosch geschafft. Die haben ja nur am Tunnel gearbeitet. Die haben nicht mit den Maschinen geschafft. Die Firma Bosch, das war *so* eine Firma«, sagte er begeistert und machte mit den Fingern ein Zeichen: *Prima!*

Wir sind in Bruttig genau so gut verpflegt worden, wie in Feuerbach. Wir Ausländer haben die gleiche Anzahl von Essensmarken bekommen, wie die deutschen Arbeiter. Wenn mal etwas Besonderes war, haben wir auch einen Liter Wein bekommen, genau, wie die Deutschen. Bei anderen Firmen mag das ja anders gewesen sein, aber die Firma Bosch hat uns immer genau so gut gegeben, wie den Deutschen. Auch was die Bezahlung betraf, waren wir gleichgestellt. Die Firma Bosch war prima!«, schwärmte er. »Zum Schluss, als der Krieg zu Ende ging und auch bei Bosch kein Geld mehr war, um die Arbeiter bezahlen zu können, wurden wir mit anderen Sachen bezahlt. Ich habe Schuhe bekommen. Dreimal habe ich Schuhe bekommen und Marinestoff. Davon konnte ich mir zwei Anzüge machen lassen. Das war besser als Geld, denn für die Mark hat man nichts mehr bekommen.«

»Wenn die Häftlinge auch nicht an den Maschinen gearbeitet haben, so sind doch sie es gewesen, die durch Zwangsarbeit den Tunnel ausgebaut und damit eine Produktionsstätte für Bosch geschaffen haben. Die Arbeit der Häftlinge war Voraussetzung dafür, dass die Verlagerung der Bosch-Werke überhaupt möglich war.«

Ja, das stimme, sagte Dieven-Dierix, setzte aber sofort hinzu: »Aber der Bau des Tunnels wurde schon im anderen Krieg angefangen.« Nein, auf Bosch ließ er nichts kommen.

»Im Tunnel soll es sehr feucht gewesen sein.«

»Ja, das stimmt.«

»Hat es von der Decke getropft?«

»Die feuchte Luft kam von der Bohrlotion, die zum Bohren des harten Metalls benötigt wurde. Diese Lotion hat krank gemacht. Das Zahnfleisch ist davon zurückgegangen. Ich selbst war davon auch betroffen. Ich bin nach Cochem zu einem Zahnarzt gegangen. Der hat das prima gemacht. Der war sehr um uns bemüht, der Zahnarzt. Der hat mir einen Krankenschein gegeben. Dann bin ich zurück zur Firma und habe mich abgemeldet. Der Zahnarzt hatte gesagt, ich solle Weißbrot essen. Das sagte ich dem zuständigen Mann meiner Firma, und ich bekam Weißbrot. Extra! Zu den normalen Essensmarken dazu. Ich war der erste mit dieser Zahnfleischerkrankung. Ich bin vierzehn Tage krank gewesen. Aber die SS wurde auf mich aufmerksam und kam gucken, was los sei. Ich sagte, ich bin krank.«

»Die SS, nicht die Firma Bosch«, betonte er, »hat mich nach Cochem zu einem anderen Zahnarzt geschickt. Der hat mich untersucht und gesagt: Heute Abend um sechs Uhr fangen Sie wieder an zu schaffen. Wir haben in zwei Schichten gearbeitet, immer von sechs bis sechs.«

»Wie war denn der Name des Zahnarztes?«, wollte ich wissen. Dieven-Dierix nickte und lachte: »Nein, nein, das weiß ich nicht. Ein Mann von Bosch sagte zu mir, wenn Sie wieder an den Zähnen bluten, dann kommen Sie zu mir. Ich werde dann sehen, was sich machen lässt. Aber der SS-Mann kam dazwischen: ›Heute Abend um sechs fängt der an!‹ Der Mann von Bosch ist dann auch vorsichtiger geworden. Auch die anderen zwischenzeitlich Erkrankten mussten wieder anfangen zu arbeiten.«

»Die Zahnfleischerkrankung hatte ja wohl direkt mit dem Öl zu tun.«

»Ja natürlich. In den Werkstätten waren keine Ventilatoren angebracht, und die Luft war voll mit den Öldämpfen und dem, was sonst noch herumspritzte.«

»Ich nehme an, es sind auch deutsche Techniker dort gewesen.«

»Ja, die haben wir auch gebraucht. Holländer und Franzosen waren auch dabei. Aber bei den Häftlingen, da war kein Belgier dabei. Zwei Holländer nur. Die haben wir mal acht Tage lang gesehen.«

»Haben Sie mit denen gesprochen?« Er fasste sich an den Hals und täuschte Erwürgen vor: »Lebensgefährlich! Lebensgefährlich!«

»Es ist also auch für Sie lebensgefährlich gewesen, nicht nur für die Häftlinge!«

»Ja, ja«, plötzlich wirkte er völlig niedergedrückt. »Für uns auch. Die Häftlinge sind, wenn sie erwischt wurden, sofort ...«, er machte ein Geräusch zwischen den Zähnen und fuhr mit dem Zeigefinger am Hals vorbei: »ssssssst!« Dieven-Dierix starrte an die Zimmerdecke. Da er sie aussprach, hatten seine Erinnerungen ihn plötzlich überwältigt. Nach einigen Sekunden, die mir sehr lang vorkamen, räusperte er sich und sagte unvermittelt: »Die Maschinen sind alle vom Bahnhof in Cochem gekommen. Sie sind mit LKWs hierher transportiert worden. Als die Amis näher rückten und wir das Werk verlassen mussten, haben wir die Maschinen vorher wieder zum Cochemer Bahnhof gebracht. Von dort ging es nach Heubach, wo wir die Maschinen wieder aufgebaut und für Bosch weiter gearbeitet haben.«

»Was meinen Sie? War die Fabrikation hier im Tunnel ökonomisch überhaupt sinnvoll, angesichts der kurzen Zeitspanne, in der hier produziert wurde?«

Er lachte: »Die haben die Sachen doch dringend gebraucht, für die Flugzeuge.«

»Manche Leute behaupten, die V1- und die V2-Raketen seien hier gebaut worden. Stimmt das?«

»Nein, das stimmt nicht.«

»Es sind also nur Zündkerzen hergestellt worden, also nur kleine Teile.«

»Ja, wir haben hier genauso geschafft wie auch anderswo. Immer nur Zündkerzen. Die Firma Bosch war die einzige, die diese Zündkerzen herstellen konnte. Dazu war sonst keiner in der Lage.

Wenn wir abends frei hatten, gingen wir ab und zu in die Wirtschaften, um Wein zu trinken. Wir bekamen aber immer nur zwei Pokale. Dann mussten wir wieder gehen. Wenn die SS zufällig in die Wirtschaft kam, in der wir saßen, hatten wir unverzüglich aufzustehen und das Lokal zu verlassen. Die SS-Leute haben sich in der Wirtschaft wie die Schweine aufgeführt. Sie warfen die leeren Weinflaschen und Gläser an die Wand. Ich hatte mich hier in Bruttig mit einigen Leuten angefreundet, auch mit dem Schwiegervater meines Freundes und jetzigen Gastgebers. Ich hatte sogar eine Freundin. Wir sind dann sonntags nachmittags, wenn ich frei hatte, zu ihr nach Hause gegangen, haben Wein getrunken und Radio gehört. Den englischen Sender.«

»Feindsender.«

»Ja, Feindsender«, lachte er. »Die Leute hier haben mir immer Pellkartoffeln gegeben, die ich, in meinen Strümpfen versteckt, mit in den Tunnel nahm. Dort habe ich sie, wenn es niemand merken konnte, herausgeholt und irgendwo hingeworfen, damit die Häftlinge sie sich nehmen konnten. Einmal, als ich das wieder so gemacht hatte, meldete ein Häftling das der SS. Ich nehme an, er war ein Kapo. Daraufhin wurden die Häftlinge gefragt, wer die Kartoffeln hingelegt habe, aber keiner hat mich verraten.«

»Das war sehr mutig von Ihnen.«

»Ja, warum nicht? Wir haben auch schon mal Zigarettenkippen, die noch nicht ganz aufgeraucht waren, hingeworfen, damit die Häftlinge sie sich nehmen konnten. Wenn die SS gesehen hat, dass die Häftlinge sich nach den Kippen bücken wollten, wurden sie fürchterlich geschlagen. Das war nicht mit anzusehen. Die SS standen über den Häftlingen, die sie vorher zu Boden gestoßen hatten und schlugen fünfzehn, zwanzig Mal auf sie ein, und das alles nur wegen einer Kippe. Irgendwann habe ich mir dann gesagt, nein, das mache ich nicht mehr mit.«

»Man hat den Häftlingen damit eigentlich auch keinen Gefallen getan.«

»Nein.«

»Durften Sie während der Zeit als Fremdarbeiter in Deutschland auch ab und zu nach Hause fahren?«

»Einmal im Jahr.«

»Das war nicht oft.«

»Nein.«

»Wie lange waren Sie insgesamt in Deutschland?«

»Achtundzwanzig Monate.«

»Als Sie nach Bruttig kamen und haben das hier gesehen, die unterirdischen Räume, KZ-Häftlinge, die SS – was haben Sie empfunden? Sie sagten, Bosch sei gut zu Ihnen gewesen, Sie hätten gute Verpflegung bekommen, Kontakte zur Bevölkerung seien vorhanden gewesen. Auf der anderen Seite haben Sie gesehen, was mit den Häftlingen passiert ist. Sie sahen, wie die SS-Männer mit denen umgegangen sind. Können Sie beschreiben, was Sie empfunden haben?«

Dieven-Dierix schwieg. Da war die Frage, die sich nicht vermeiden ließ, die nach den persönlichen Empfindungen, von der er vielleicht gehofft hatte, dass sie nicht gestellt würde.

»Ich habe geweint. Ja, ich habe geweint. Wir sind aus Stuttgart hierher gekommen, und ich habe geweint. Deutsche Frauen, die mit uns kamen, die haben geweint. Geweint. Wir sind aus Stuttgart gekommen und haben das hier gesehen und haben geweint. Deutsche Frauen und Männer auch.«

»Haben Sie mit anderen Arbeitern, mit Ihren Kollegen, über die Häftlinge gesprochen? Haben Sie sich über das Elend unterhalten?«

»Mit den Deutschen?«

»Überhaupt. Haben Sie über die Häftlinge gesprochen?«

»Wir haben da nicht viel drüber gesprochen. Ich habe Angst gehabt. Ich habe zu meinen Kollegen gesagt, mein Gott, das sind doch keine Menschen mehr. Die Wachleute, das waren ja Soldaten von der Wehrmacht. Die waren nicht so schlimm. Die waren prima. Denen wurde gesagt: Schlagen Sie die Häftlinge! Da war ein Soldat von der Wehrmacht, der hat die Häftlinge geschlagen. Der mag so 55 bis 60 Jahre alt gewesen sein. Wenn die SS kam, mussten auch die anderen Soldaten die Häftlinge schlagen. Aber die haben das so gemacht, dass es nicht so weh tat. Auch bei der SS waren welche dabei, die gut waren. Es gab ja Unterschiede bei der SS, die Verpflichteten und die Freiwilligen. Die Verpflichteten, das hat man gemerkt, das waren ganz andere Kerle.«

»Wie viele SS-Männer waren das denn Ihrer Schätzung nach hier in Bruttig?«

»Vielleicht zwanzig«, überlegte er.

»Der Chef soll der SS-Obersturmführer Oldeboershuis gewesen sein. Kannten sie den?«

»Ich weiß nicht«, lachte Dieven-Dierix. »Die Offiziere haben sich nicht mit Namen bei uns vorgestellt.

Die Firma Benz in Stuttgart-Zuffenhausen hat jetzt 160 Millionen Franken an die Franzosen und Belgier bezahlt, als Wiedergutmachung.«

»Bosch hat noch nichts gezahlt?«, fragte ich.

»Nein. Vielleicht kommt das noch«, sagte er ironisch.

»Haben Sie mal einen Antrag bei der Firma Bosch gestellt?«

»Nein.«

»Sie sind ja bezahlt worden für ihre Arbeit, wenn vielleicht auch nicht angemessen.«

»Ja, ja, wir haben etwas bekommen.« Das anschließende Schweigen verriet, dass der Begriff *Bezahlung* in diesem Zusammenhang alles andere als angemessen war.

Ich sagte: »Das traurigste Kapitel der ganzen Geschichte ist ja, wie die SS mit den Häftlingen umgegangen ist. Darüber ist es auch immer am schwersten zu sprechen.«

Er lachte verlegen: »Ja. Ich habe mit den Häftlingen nie gesprochen.«

»Aber Sie haben gesehen, was sich zugetragen hat.«

»Gesehen, ja. Es wurden viele totgeschlagen. Wir haben das ja mitbekommen, wie die geschlagen wurden.«

»Was waren denn Gründe für die Schläge?«

»Die mussten ja schwere Arbeit verrichten. Mitunter sind sie umgefallen. Dann haben die Bewacher mit dem Gewehrkolben oder mit dem Knüppel auf sie geschlagen.«

»Einige Häftlinge sind auch ausgebrochen.«

»Ja, als die noch im Gasthaus Schneiders waren, sind einige ausgebrochen und auch später noch einmal. Die meisten sind allerdings wieder eingefangen worden. Die SS hat ihre Hunde auf sie gehetzt. Dann sind sie erhängt worden. In einem Gebäude des Lagers, neben der heutigen Post befindet sich eine Garage. Das war damals der Waschraum. Verschiedene Häftlinge bekamen einen Strick und mussten sich selbst in diesem Waschraum erhängen.

Hier im Lager ist auch ein Arzt gewesen, selbst KZ-Häftling, der war als Lagerarzt eingesetzt. Sein Name soll Paul Lagey gewesen sein. Ja, den habe ich gekannt.«

»Haben Sie mit ihm gesprochen?«

»Gesprochen nicht. Das war doch verboten.« Dieven-Dierix grinste und schaute mich an, als wolle er sagen, dass Sie das nicht begreifen können, wir durften uns nicht unterhalten.

»Was war das für einer, der Lagey, was war das für ein Mensch?«

»Er war Arzt für die Häftlinge. Aber es waren keine Medikamente da. Der Mann hatte nichts. Er konnte gar nichts machen.«

»Gab es denn einen Krankenbau, einen Raum für kranke Häftlinge?«

»Ach was. Wenn die nicht mehr schaffen konnten ...«, Dieven-Dierix machte die Bewegung des Schlagens, »... aus!«

»Vernichtung durch Arbeit«, sagte ich.

»Ja. Das waren keine Menschen, das waren ...« Er fand das passende Wort für die Peiniger der Häftlinge nicht. Dann nach einer Pause: »Man kann einen Menschen erziehen. Wissen Sie? Einen Hund zum Beispiel, wenn man den einsperrt und immer ärgert und mit ihm zankt, der wird zu einer Bestie, wenn man ihn los lässt. Das ist beim Menschen genau dasselbe. Wenn man den ganzen Tag nichts anderes macht, als brutal mit anderen Menschen zu verfahren, dann ist das irgendwann normal. Die Belgier, die bei der SS waren, sind noch schlimmer als die Deutschen gewesen.«

»Ich habe erzählen hören, die SS solle sich regelrechte Spielchen mit den Häftlingen erlaubt haben. Sie sollen abends besoffen ins Lager gegangen sein, dort Weinflaschen auf der Erde zerschlagen haben ...«

»Das haben die im Tunnel auch gemacht«, unterbrach Dieven-Dierix mich. »Die Häftlinge mussten die Schuhe ausziehen und barfuss durch die Scherben laufen. Wir konnten nichts dagegen tun. Die SS sagte, wenn du nicht ruhig bist, kommst du an die Mauer.«

»Ihnen wurde damit gedroht, ermordet zu werden?«

»Ja. Da konnten wir nichts machen. Auch der Direktor von Bosch konnte in so einem Fall gegen die SS nichts ausrichten. Die SS waren die Herren.«

»An welche Begebenheiten können Sie sich sonst noch erinnern?«

Schweigen.

»Haben Sie damals auch schon einmal darüber nachgedacht, wie man das Geschehen hätte beeinflussen können, wie man vielleicht hätte helfen oder gegensteuern können?«

»Das hat ein Franzose einmal gemacht. Der ist auch von Stuttgart mit hierher gekommen, der hat einmal laut gesagt, was er dachte. Die SS hat dafür gesorgt, dass wir ihn nicht wiedersahen. Ein anderer französischer Arbeiter steckte einem Häftling heimlich etwas zum Essen zu. Dieser nahm das Essen an und verriet dann den Franzosen bei der SS. Auch diesen haben wir nie wieder gesehen. Der Häftling ist zum

Abb. 36: Der ehemalige belgische Fremdarbeiter Marcel Dieven-Dierix gehörte zur Belegschaft der Firma Bosch. Hier posiert er am 31. Juli 1988 nach dem Gespräch mit dem Autor vor dem Haus seines Gastgebers und Bruttiger Freundes. Seit er als Bosch-Arbeiter Bruttig verlassen hat, kommt er mehrmals jährlich hierher zu Besuch. (Foto: E. Heimes, Aufnahme von 31.7.1988)

Kapo befördert worden. Das bedeutete für ihn mehr Essen, keine Prügel mehr, sondern selber prügeln und nicht mehr arbeiten müssen. Es gab solche und solche, auch bei den Häftlingen. Mein Freund Bert erzählt immer diese Begebenheit: Einer war einmal abgehauen. Als er in der Nähe eines kleinen Klosters gefasst wurde, trug er grüne, zivile Kleider, keine Sträflingskleider. Die Männer aus dem Ort mussten sich auf Anweisung der SS beim Kloster einfinden und sich im Kreis aufstellen. Ein SS-Mann ging mit dem Häftling an den Männern, die im Kreis standen, vorbei. Er musste sich jeden ansehen und den nennen, der ihm die Kleider gegeben hatte. In dem Kreis stand auch ein Pater. Der SS-Mann forderte den Häftling auf, sag doch, dass das Schwein sie dir gegeben hat. Er meinte den Pater. Der Häftling verriet nichts.«

Neue Sichtweisen

»Wir haben jetzt den Bestand des Rathausspeichers in Cochem mitgeteilt bekommen. Das hier habe ich mal für Sie rausgeschrieben.« Der Archivar F. hielt mir eine Karte hin, auf der er notiert hatte: Rathausspeicher, Gefach 142, Nr. 4, 1933–1946, Einsatz von Kriegsgefangenen.

»Da könnte noch was Interessantes für Sie dabei sein.«

»Mensch, Sie kann man brauchen! Danke.«

»Gut, dass ich Sie einmal kennenlerne«, begrüßte mich freudig der städtische Angestellte in Cochem. »Sie haben doch ein Buch über den Tunnel geschrieben.«

»Ich bin dabei, es zu schreiben«, stellte ich richtig.

»Ach, das gibt's doch gar nicht.« Er war sichtlich enttäuscht.

»Deswegen bin ich ja hier, ich recherchiere noch.«

»Ah ...«

Die Beschäftigung mit dem Bestand des Rathausspeichers brachte mir vor allem eine neue Erkenntnis: Das Archiv schien keine Dokumente zu bewahren, die mich in meinem Anliegen um das KZ-Außenlager Cochem hätten weiter bringen können.

»War jedenfalls schon mal interessant für mich, zu erfahren, dass das Buch von Ihnen noch gar nicht erschienen ist«, sagte der Bedienstete der Stadt bei der Verabschiedung. »Ich war in der Buchhandlung und habe danach gefragt, weil ich ja Ihre Sendung im Radio gehört hatte. Die Buchhändlerin hatte auch so eine Ahnung, wusste aber nichts Genaues.«

Ich sagte, dass ich hoffe, mit dem Rohmanuskript in einem halben Jahr fertig zu sein. Seitdem sind schon wieder zwei Jahre vergangen.

Reinhold Schommers, der sich selbst einen *kritischen Konservativen* nennt, ist bekannt für sein Interesse an der Regionalgeschichte der mittleren und unteren Mosel. Er hat in der Vergangenheit gelegentlich für Artikel über das *Arbeitslager,* wie er es nennt, in der regionalen Tagespresse gesorgt und wohl einer Schülerarbeit zu dem Thema in das Jahrbuch des Landkreises verholfen.

Schommers sagte, er sei einer der Ersten gewesen, der sich Gedanken um einen Gedenkstein gemacht habe.

»Als vor ein paar Jahren die Bruttiger Moselbrücke eingeweiht wurde, haben die vergessen, die Gedenktafel für das Lager am Brückenkopf anzubringen«, sagte er ironisch. »Am Brückenkopf, der ja genau auf der Strecke zwischen dem ehemaligen Lager und dem Tunnel entstanden ist, wäre dafür Platz gewesen.«

Schommers sei eines Tages beim damaligen Landrat des Landkreises Cochem-Zell, Severin Bartos, vorstellig geworden und habe diesen gebeten, sich für einen Gedenkstein einzusetzen. Doch dieser habe gleich abgewinkt, mit der Begründung, dass seine Amtszeit jetzt ja bald vorbei sei. Was hatte das eine mit dem anderen zu tun? Der Gedanke, einen Stein zum Gedenken an die Naziopfer aufzustellen, schien ihm als eine seiner letzten Amtshandlungen jedenfalls nicht zu gefallen. Schommers habe gekontert, dass das Eintreten für eine solche Sache ihn geradezu prädestiniere, sich als Landrat einen guten Abgang zu verschaffen. Doch dieser habe abgewinkt.

Bartos sagte, er, Schommers, sei doch Mitglied im Verein für Denkmalpflege. Deshalb sei das für *ihn* doch eine schöne Aufgabe sich um so etwas zu bemühen.

Sie würden im Verein für Denkmalpflege für die Erhaltung und Restaurierung von Denkmälern eintreten, habe er den Landrat daraufhin aufgeklärt. Solche aufzustellen, sei allerdings Aufgabe der Politiker.

Immerhin soll das Gespräch den Ausgang gefunden haben, dass der Landrat Bartos ihm seine volle Unterstützung versprochen habe, wenn er, Schommers, sich um den Gedenkstein bemühen wolle. Mit diesem Versprechen des Landrats habe er, Reinhold Schommers, sich an die Arbeit gemacht. Zuerst habe er sich mit einem Moselaner Bildhauer zusammengesetzt, den er gebeten habe, einmal einen Entwurf anzufertigen, damit man, wie er sich ausdrückte, *etwas Konkretes in den Händen habe*. Der Bildhauer, der in der Nähe von Bruttig wohne, sei einverstanden gewesen. Der Stein sei von da an auch zu dessen persönlichem Anliegen geworden. Schon kurze Zeit später habe er eine Skizze abgeliefert. Die Aufschrift für den Sockel habe Schommers selber konzipiert. Um gemeinsam eine geeignete Stelle für die Aufstellung des Steines zu finden, habe er sich mit dem Entwurf an den Gemeinderat Bruttig gewendet. Dort sei man zunächst einmal überrascht gewesen, und seinem Vorschlag habe man nicht nur positiv gegenüber gestanden. Es sei zu einer Abstimmung gekommen, bei der sich sieben Ratsmitglieder für und vier gegen ein Denkmal ausgesprochen hätten. Reinhold Schommers hob hervor, dass damit dem Denkmal zwar mehrheitlich zugestimmt worden war, sich dennoch aber vier Ratsleute gegen den Stein ausgesprochen hatten. Damit sei er nicht zufrieden gewesen. Er habe dann dafür gesorgt, dass der Gedenkstein bald eine klare Konzeption erhalten habe, mit der er dann erneut an den Bruttiger Rat herangetreten sei. Was der Grund für den offenbar inzwischen eingetretenen Sinneswandel der vier Ratsherren gewesen sei, darüber könne er nur spekulieren. Jedenfalls habe diesmal das geheime Abstimmungsergebnis *einstimmig* gelautet. Als Ort der Aufstellung sei dann der Bruttiger Friedhof gewählt worden, bei der Stelle, an der sich die Gräber von Soldaten und KZ-Häftlingen befinden.

»Die Aufschrift auf dem Sockel habe ich selber gemacht: ›Die Opfer des AL Treis-Bruttig 1944-1945 mahnen zum Frieden‹, steht darauf.« Dann folge, erklärte er stolz, das Wort *Frieden* in russischer, französischer und englischer Sprache. *Schalom* stehe als letztes, obwohl im Lager Bruttig ja wahrscheinlich keine Juden gewesen seien. Er würde das mit dem *Schalom* noch als einen kleinen Seitenhieb betrachten, den viele gar nicht merkten. Der obere Teil des Steines symbolisiere einen Vorhang, der die Verschleierung unserer Geschichte symbolisiere, der jetzt aber, wie man sehen könne, von zwei gefesselten, daraus hervortretenden Händen auseinandergeschoben würde. Ich sagte, dass man diese Erklärung allerdings auch brauche, um den Stein verstehen zu können. Durch bloßes Anschauen sei das nicht möglich. Außerdem sei ich der Meinung, dass die Bezeichnung AL auf dem Sockel, die ja wohl für Arbeitslager oder Außenlager stehe, zu verschlüsselt sei.

»Wer kann sich schon etwas unter einem AL vorstellen?«, fragte ich. »Warum hat man nicht Konzentrationslager oder, wenn das Wort zu lang war, einfach KZ geschrieben? Damit hätte jeder etwas anfangen können. Das wäre eindeutig und klar gewesen.« Nach meiner Meinung, sagte ich, habe man sich wieder um die letzte Wahrheit herumgedrückt.

»Das kann man so sehen«, sagte Schommers. Weiter ging er auf meinen Einwand nicht ein.

Abb. 37: Gedenkstein auf dem Friedhof in Bruttig (Foto: E. Heimes)

»Ich habe, um den Gedenkstein finanzieren zu können, alle Politiker im Kreis um Geldspenden gebeten«, sagte er. Fast niemand habe reagiert, geschweige etwas gespendet. Auch die Grünen nicht, hob er hervor. Die zugesagte *volle Unterstützung* des Landrats Severin Bartos habe sich nur als dessen Ausrede entpuppt. Erst nach mehrfachem Drängen habe er ganze fünfzig Mark gespendet. Zur Einweihung des Denkmals seien dann doch noch viele Politiker gekommen, was ihn auch gefreut habe. Sogar der Landrat habe am Festakt teilgenommen.

»Der hat sich tatsächlich noch getraut, sich da blicken zu lassen?«

»Ja«, lachte er belustigt, »nur dass vorher ein Amtswechsel im Landratsamt Cochem stattgefunden hatte, und wer zu dem Festakt gekommen war, war bereits der neue Landrat, Rudolf Schwan.«

Großzügig bot Reinhold Schommers mir seine Unterlagen an, die er im Laufe der Jahre gesammelt hatte – »Nehmen Sie mit, was Sie brauchen können« – darunter eine Kopie der Chronik des Klosters Ebernach, mit der ich mich in den nächsten Tagen beschäftigte, insbesondere mit dem Teil V, in dem es heißt: »Ebernach während der Nazi- und Kriegszeit«.

»Wiedersehen macht Freude«, verabschiedete er mich.

Am Gründonnerstag, den 6. April des Jahres 1944 habe unter der Führung des damaligen NSDAP Kreisleiters Paul Wipper eine Besichtigung des Klosters Ebernach stattgefunden. Es sei eine Kommission mit ungefähr zwanzig Personen gewesen, der auch SS-Offiziere angehörten. Der Chronist und damalige Leiter des Klosters, Bruder Erhard Anderer, schreibt, er habe den Kreisleiter gefragt, ob für die Anstalt Absichten für andere Zwecke bestünden. Die Antwort sei gewesen: »Es bestehen mehrere Absichten. Darüber kann ich mich mit Ihnen nicht unterhalten.«

Von da an seien immer öfter SS-Offiziere erschienen, die das Kloster besichtigten, sich Pläne vorlegen ließen, die Brüder des Klosters aber über ihre Absichten im Unklaren ließen. Dass es sich bei den SS-Offizieren um den Führungsstab der Rüstungsfabrik im Tunnel auf der anderen Moselseite handelte, wusste Bruder Erhard zu dieser Zeit noch nicht. Es sei die Absicht des Kreisleiters Wipper und dessen Vertreters im Amt, Artz, gewesen, die Brüder aus Ebernach *fortzuschaffen*, schreibt er. Wipper und Artz sollen auf öffentlichen Versammlungen gesagt haben: *Die Brüder und ihre geisteskranken Zöglinge müssen aus Ebernach verschwinden.* In Ebernach habe sich, bevor sich die SS für das Kloster interessiert habe, das gleiche Drama abgespielt, wie in vielen anderen sogenannten *Anstalten dieser Art*, in denen geistig Behinderte untergebracht waren und betreut wurden. Am 3., 4., 5. und 6. Mai 1943 seien täglich fünfzig Pfleglinge nach *Kulparkow bei Lemberg* in die sogenannte *Landesanstalt für Geisteskranke* abtransportiert worden. Bald habe man erfahren, dass dort eine große Zahl von ihnen wie es lapidar hieß, *verstorben* sei. Beim Abtransport der Pfleglinge sollen sich herzzerreißende Szenen abgespielt haben. Soweit diese sich haben noch verständlich machen können, sollen sie gerufen haben: *Wir werden verbrannt!* oder *Auf Wiedersehen im Himmel, wir müssen sterben.*

Die SS sei inzwischen im Kloster ein- und ausgegangen, und es sei gemauschelt worden, dass alle Brüder und Pfleglinge fort müssten. Obendrein sei nach längerer Pause die Gestapo wieder erschienen und habe erklärt, dass sie Auftrag habe, Pater Eschweiler zu verhaften und das Kloster aufzulösen. Durch das Eingreifen des Trierer Bischofs habe diese Gefahr jedoch abgewendet werden können. In der Anstalt sei die SS derweil drohend umhergegangen, und wieder habe eine Besichtigung der großen Kommission mit SS-Offizieren unter der Führung von Kreisleiter Paul Wipper stattgefunden. Am Schluss der Besichtigung habe der Obersturmführer Oldeboershuis die Frage nach der Verantwortlichkeit für das Kloster gestellt. Er habe ihm, dem Chronisten Bruder Erhard, dann ungefähr wie folgt erklärt: *Sagen Sie den Brüdern, dass sie hier bleiben dürfen. Gestern habe ich mit Reichsleiter Himmler auf der Burg in Cochem gesprochen. Er sagte, er wünsche ausdrücklich, dass die Brüder in Ebernach bleiben.* Der Chronist vermutet, dass Himmler am Verbleib der Brüder gelegen gewesen sei, weil er deren gute fachliche Qualität zu schätzen gewusst habe. Und diese habe er künftig noch in Anspruch nehmen wollen. Über den SS-Hauptsturmführer Oldeboershuis hatte Bruder Erhard sich erkundigt, und zu dessen Person vermerkt: *Er wurde mir als nicht gefährlich geschildert.*

Die Geisteskranken seien dann *fortgekommen*, und das Kloster sei von da an als Arbeiter- und Arbeiterinnenwohnheim genutzt worden. SS-Hauptsturmführer Oldeboershuis habe gesagt, dass in die Baracken, die hinter dem Kloster im Ebernacher Bachtal errichtet worden waren, zusätzlich zweihundert Arbeiter einziehen würden, die von den Brüdern versorgt werden müssten. Unter der Bauleitung des SS seien die Räume des Klosters umgebaut worden. Unter dem Dach des Klosters habe sich zu dieser Zeit ein Reserve-Lazarett der Wehrmacht befunden. Oldeboershuis soll verlangt haben, das Lazarett aufzulösen. Nach einem längeren Streit zwischen der SS und der Wehrmacht habe sich die SS auch durchsetzen können. Das Lazarett sei schließlich aufgelöst worden.

Am 10. Juni 1944 seien die ersten sechs Arbeiter aus Stuttgart im Kloster eingetroffen, deren Zahl dann nach und nach auf 150 Personen angestiegen sei. Es habe sich bei diesen Leuten um Teile der Belegschaft der Firma Bosch gehandelt, die aus dem Stuttgarter Vorort Feuerbach, zum Teil aber auch aus Bamberg gekommen seien, wo die Arbeiter in den Bosch-Werken ausgebildet worden seien.

Bruder Erhard betont, es habe für die Belegschaft während deren Freizeit überraschend viel *Freiheit geherrscht*. Trotzdem sei die Disziplin gut gewesen. Die Arbeiter sollen den Brüdern gegenüber ein *würdevolles und sogar vornehmes* Benehmen gezeigt haben.

Bereits am 28. August 1944, als der Rückzug der deutschen Truppen durch das Moseltal eingesetzt und von da an immer stärkere Formen angenommen habe, seien die Arbeiter und Arbeiterinnen alsbald wieder abgereist, teilweise in kleinen Trupps mit der Bahn, später mit Lastwagen und Autobussen. Etwa 40 Arbeiter seien bis kurz vor dem Einmarsch der alliierten Truppen in Ebernach geblieben. Diese Männer seien allesamt Arbeiter des Rüstungswerkes im Bruttiger Tunnel gewesen.

Am 1. Januar 1945 habe die Belegung des Klosters wie folgt ausgesehen.

Gesamtbelegung: 875 Personen, davon 40 Rüstungsarbeiter und 30 Ukrainermädchen. Nach Kriegsschluss, schreibt Bruder Erhard, seien noch einmal einige Arbeiter für den *Abbau im Tunnel* für kurze Zeit nach Ebernach gekommen. Mit *Kriegsschluss* dürfte hier der 10. März 1945 gemeint sein, der Tag, an dem die Amerikaner in Cochem einmarschierten.

Treis. Vom KZ-Gelände zum Gewerbegebiet

Treis. Ein Student, um die zwanzig, hatte sich während seiner Gymnasialzeit in einer Facharbeit mit dem Treiser KZ beschäftigt. Ich telefonierte zuerst mit seiner Mutter. Sie sagte, ich solle am nächsten Freitagnachmittag vorbei kommen, an den Wochenenden käme ihr Sohn nachhause.

Eigentlich sei das nicht *seine* Schülerarbeit gewesen, stellte der Sohn klar. »Ich habe da nur einem Freund geholfen.«

Er wirkte unsicher.

»Ich habe zwei Fotos für Sie, die können Sie behalten«, sagte er in einem Ton, als wolle er ein zweistündiges Gespräch beenden. Seine Mutter führte uns ins Wohnzimmer. Auf dem Couchtisch lagen die Bilder.

»Dieses Haus war eine KZ-Baracke. Der jetzige Besitzer hat sie auf der Kipp abgebaut und am anderen Ende des Ortes wieder hingestellt.«

»Wo ist das?«

»Ganz hier in der Nähe, an der Straße nach Kastellaun.«

Ich fragte nach der Baracke auf dem anderen Bild.

»Das muss eine der größten gewesen sein.«

»Sie steht nicht mehr?«

»Nein, das ist noch gar nicht so lange her, da haben sie die abgerissen. Warum weiß ich auch nicht. Hier zeige ich Ihnen noch was.« Er ging zum Schrank, nahm ein Fotoalbum heraus, begann darin zu blättern: »Hier, das ist das Hotel Wildburg.« Er zeigte mir eine alte Schwarzweißfotografie von der Treiser Moselfront, auf der das Hotel gut zu erkennen war.

»Da war zuerst das KZ drin. Das Hotel Wildburg ist im Krieg zerstört worden, als die Häftlinge schon in das Lager auf der Kipp umgezogen waren. *Dieses* Bild kann ich ihnen zwar nicht geben, aber ich kann Ihnen sagen, wo Sie das herbekommen können.«

Die Zimmertür wurde aufgeschoben und die Mutter des Studenten brachte uns jedem eine Flasche Bier, setzte sich zu uns und begann zu erzählen. Als überall an der Mosel Bomben gefallen seien, sagte sie, sei sie mit ihrer Mutter und ihren Geschwistern im Hunsrück gewesen.

Ihre Mutter habe immer gesagt, dass sie sich um die Ortschaft Treis keine Sorgen machen müssten. Solange in Treis das Lager sei, würde der Ort nicht bombardiert werden.

»Mein Mann erzählt immer davon, dass sie als Kinder in den Straßengräben gelegen und den vorbeiziehenden Häftlingen Äpfel zugeworfen hätten.«

Ich erinnerte mich an ein ähnliches Gespräch und sagte: »Das haben die Kinder gemacht, um Zwischenfälle mit der SS zu provozieren, die auf die Häftlinge einschlugen, wenn diese sich nach den Äpfeln bückten.«

»Nein«, entgegnete sie entschieden, »die wollten, dass die Häftlinge etwas zu essen hatten.«

Ich hatte an diesem Tag zum ersten Mal das Gefühl, dass sich die Gespräche mit den Leuten vor Ort wiederholten, dass für mich nichts wirklich Neues mehr in Erfahrung zu bringen war. Die Erzählung der Treiser Frau kam mir vor, wie eine Neuauflage von dem, was ich schon in Bruttig gehört hatte. Viele erzählten eifrig, obwohl sie oft nichts zu sagen hatten. Wurde ich ungerecht? Hatte es noch einen Sinn, dass ich mir die immer wieder ähnlichen Geschichten aus unterschiedlichen Mündern anhörte, die in der durchaus nach Betroffenheit klingenden Haltung mündeten: Was hätten wir denn machen sollen?

Ich hatte bisher nie zu Gehör bekommen: Wenn ich es heute noch einmal zu tun hätte, dann …!

Oder war ich nur selbst müde geworden? Klangen die Erzählungen nicht nur für *meine* Ohren alle so ähnlich? Waren nicht doch in jedem Gespräch eine oder zwei neue Informationen enthalten, die das Gesamtbild vervollständigen und abrunden konnten, ohne dass ich es noch zur Kenntnis nahm? Ich fasste damals den Beschluss, meine Recherche jetzt bald abzuschließen und dann endlich alles zusammenzufassen und aufzuschreiben.

Ich hatte mich bei dem Studenten für die Bilder, bei seiner Mutter fürs Bier bedankt und spazierte hinunter ans Moselufer zu dem leeren Platz, an dem das Hotel Wildburg gestanden hatte. Nichts erinnerte mehr daran. Ich setzte mich in Richtung *Treiser Kipp* in Bewegung. Ich ging den Weg, den die Häftlinge täglich gegangen sein mussten, als sie

Abb. 38: Eine Baracke aus dem Lager Treis, hier an anderer Stelle an ein Treiser Wohnhaus annektiert und zum Wohngebäude umfunktioniert.

Abb. 39: Eine große Baracke, die außerhalb des Häftlingslagers stand und wahrscheinlich zur Unterbringung von Arbeitern der Firma Bosch gedacht war. Nach dem Zweiten Weltkrieg befand sich darin eine Wirkwarenfabrik. Gegen Ende der 1980er Jahre musste sie der Erweiterung des Baumarktes in der Nachbarschaft weichen. (Fotos: Markus Bleser, Treis, Aufnahme ca. Ende der 1980er Jahre)

noch im provisorischen Lager im Hotel Wildburg eingepfercht waren. Es gelang mir nicht, mir vorzustellen, hungrig und mit schmerzenden Gliedern unter Knüppelschlägen hier entlang getrieben zu werden. Ich spürte nur, dass ich das Bier vorhin zu hastig getrunken hatte.

Als ich die Brücke über den Flaumbach überquert und die Straße zur Kipp hinauf gestiegen war, sah ich, dass bei einem der alten Steinhäuser Rauch aus dem Schornstein aufstieg.

»Diese Häuser sind die letzten, die vom Lager übriggeblieben sind«, hatte vorhin der Student gesagt. Was er nicht wusste, ich aber jetzt sah, hier hatten inzwischen Bagger und Planierraupen gewütet und einen Teil der Gebäude abgerissen. Wie man heute sehen kann, war der Abriss eine der ersten Maßnahmen zur Erweiterung des daneben ansässigen Baumarktes. Eine der unteren Etagen der Häuserruinen war noch bewohnt. Eine Frau stand hinter der Gardine. Sie hatte mich beobachtet. Als ich zu ihr hin sah, wich sie zurück. Ich nickte und rief: »Guten Tag!« Sie reagierte nicht. Ich ging ziemlich nah an die Fensterscheibe heran und rief noch einmal: »Guten Tag, darf ich Sie kurz stören?« Sie öffnete das Fenster und blieb stumm. Sie schaute misstrauisch: *Was will der von mir?* Ich schätzte ihr Alter auf Mitte bis Ende fünfzig.

»Die Häuser werden ja jetzt wohl abgerissen«, sagte ich.

»Ja, die werden alle abgerissen.«

»Ihr's hier auch?«

»Ja, meins auch.«

»Haben Sie denn schon eine neue Wohnung?«

»Ja, in Treis, im Ort.«

Ihr Gesicht war unbewegt, traurig, aber ich spürte, dass sie mit mir reden wollte.

»Sie gehen schweren Herzens hier weg, was?«

»Ja, ich habe jetzt sechzehn Jahre hier gewohnt. Ich gehe nicht gerne hier weg.« Sie sah mich nicht an, schaute unentwegt einen halben Meter vor meine Füße und wartete auf die nächste Frage. Ich dachte an ein trotziges, gescholtenes Kind.

»Warum werden die Häuser abgerissen?«, fragte ich.

»Die Firma Röhrig, die nebenan das Baustofflager hat, erweitert hier. Die haben das ganze Gelände aufgekauft.«

Mir fiel das Bild ein, das ich von dem Studenten hatte, und ich zeigte es ihr[33]. Die Baracke musste hier irgendwo gestanden haben.

»Ja, das ist der Heinisch«, sagte sie sofort.

»Wer ist Heinisch?«

»Hier war viele Jahre lang eine Textilfabrik. Die gehörte dem Heinisch. In dieser Baracke«, sie zeigte auf das Foto, »war die Spinnerei drin.«

»Wo hat die Baracke denn genau gestanden?«

»Hier direkt hinter dem Haus. Alles ist eingerissen. Nichts ist mehr zu sehen. Auch mein Haus und die anderen Wohnhäuser, die hier standen, die gehörten alle dem Heinisch. Der kam nach dem Krieg aus dem Osten. Flüchtling, wissen Sie? Mit ihm kamen auch eine ganze Menge Menschen. Die haben alle hier in der Fabrik gearbeitet. Ich habe auch hier gearbeitet, sechzehn Jahre lang.«

Jetzt schaute sie mir zum ersten Mal ins Gesicht: »Tja.«

»Wissen Sie, was vorher mit diesen Häusern hier war, im Krieg?«

Sie schüttelte heftig den Kopf und sagte: »Nein.«

»Haben Sie nie etwas von den Häftlingen gehört?«

»Doch.«

Ich sah wieder das gescholtene Kind.

»Hier in den ganzen Häusern waren Häftlinge. Auch in meinem. Hier war ein ganzes Lager. Aber darüber weiß ich nichts. Ich bin erst 1960 hierher gekommen. Ich bin aus Frankfurt. Ich habe mich darum auch nie gekümmert. Man soll ja nur von Sachen reden, über die man auch ganz genau Bescheid weiß. Hier war vor ein paar Jahren mal ein Ami. Der hat sich auch für all das hier interessiert. Dem habe ich auch schon gesagt, dass ich nichts weiß.«

Es war inzwischen dämmerig geworden, zu dunkel zum Fotografieren. Ich nahm mir vor, am nächsten Vormittag, Samstag, wieder hierher zurückzukommen. Schon am Montag würde der Bagger womöglich weiter fressen.[34]

---

33 Siehe Abbildung 39

34 Die Gebäude, von denen hier die Rede ist, waren nicht Teil des Häftlingslagers, gehörten vielmehr zum Gesamtkomplex den die SS für sich in Anspruch genommen hatte. Die Gebäude waren Funktionsgebäude der SS und als Unterkünfte für die Arbeiter der Firma Bosch vorgesehen.

Abb. 40

Abb. 41: Das hier im Abbruch befindliche Gebäude gehörte zum Funktionsbereich und stand außerhalb des Häftlingslagers in Richtung Südwesten. Ursprünglich einstöckig wurden die Gebäude nach 1945 aufgestockt. Auf der Abbildung 41 lässt sich die ursprüngliche Höhe der Baracken kurz über den Fensterstürzen des Erdgeschosses erkennen.

Ich überlegte, die Presse zu informieren, die berichten könnte über das, was hier gerade vor sich ging. *In Treis fallen die letzten steinernen Zeugen des Naziterrors* hätte ich mir als Überschrift gut vorstellen können. Klammheimlich sollten die Gebäude verschwinden. Ohne viel Aufhebens. Wird sich irgendjemand in Treis am Verschwinden der Häuser stören, der, anders als die Frau am Fenster, nicht direkt von ihrem Abriss betroffen ist? Wird sich später noch jemand an die Existenz der Gebäude erinnern?

Ich stellte am nächsten Morgen mein Auto einige hundert Meter vor den Gebäuden ab, die ich fotografieren wollte, direkt beim Baumarkt. Ich ging langsam auf die Häuser zu und hielt *einäugig* mit Blick durch die Kamera Ausschau nach einer geeigneten Perspektive für ein Foto. Die vorderen Gebäudeteile hatte der Bagger schon erledigt. Ich fotografierte in eine offene Hausfassade hinein. Die ehemalige Wohnung ließ sich erraten.

»Was gibt es zu fotografieren?«, rief jemand. Hundert Meter weiter standen drei Männer mitten auf dem Weg. Sie hatten mich beobachtet. Ich ging auf sie zu: »Ich interessiere mich für die Häuser hier.«

»Sind Sie von der Rhein-Zeitung?«

»Nein«, sagte ich. »Ich schreibe eine Reportage über das Lager, das hier einmal war. Guten Morgen, übrigens.«

»Guten Morgen«, antworteten die drei.

Den mittleren, der gerufen hatte, kannte ich doch. Aber woher noch einmal? »Wir kennen uns doch«, sagte ich.

»Wir kennen uns?«, fragte er verdutzt und schaute erst ungläubig. Dann ging ihm plötzlich ein Licht auf: »Mensch, Heimes!« Er schlug mir kumpelhaft auf die Schulter: »Und du willst was über das Lager wissen? Oh je, da kann ich dir viel erzählen. Ich war damals ein achtjähriger Panz. Was habe *ich* da Dinger gesehen! Die Kapos, die hatten *so* …«, er demonstrierte das mit den Händen, es sah aus, als wolle er einen Kühlschrank umfassen, »… *so* schwere Knüppel zum Draufschlagen. An den Gefangenen war ja nicht mehr viel dran. Die bekamen ja nix richtiges zu fressen. Mein Vater, der ist einmal dazwischen gegangen, als einer von der Wachmannschaft so einen Gefangenen halb kaputtgeschlagen hat. Daraufhin haben sie meinen Vater festgenommen und ins KZ sperren wollen. Gott sei Dank hat mein Vater aber den

Chef von der SS gekannt. Der hat dafür gesorgt, dass er wieder heim gehen konnte.« Er blickte mich scharf an: »Mein lieber Mann«, sagte er, »das waren harte Sitten! Zuerst war das Lager ja unten an der Mosel, im Hotel Wildburg. Die hatten im Hof eine Linde stehen. Ich habe als Kind gesehen, wie einer daran baumelte. Da sind wir Kinder natürlich immer gucken gegangen.«

Auf so viele Informationen war ich im Moment gar nicht gefasst, und ich fragte ihn, ob er mir das alles noch einmal in Ruhe erzählen wolle, ich ließe dabei gerne ein Tonband mitlaufen. Dann kniff er aber: »So genau weiß ich das alles nicht mehr … Da musst du die fragen, die fünf, sechs Jahre älter sind als ich. Die waren damals 14 oder 15 Jahre alt, die wissen das ganz genau.

Hier, das ganze Gebiet auf der Kipp«, er machte eine weit ausholende Geste, »gehörte ja alles zu dem Lager.«

»Ja genau«, bestätigte einer der beiden anderen Männer, »bis vorne hin, hinter dem Gebäude, wo die Firma Ackermann drin gewesen ist, ging das Lager.«

»Ja, das war groß«, bestätigte mein Bekannter. »Das war ein Riesenkomplex.«

»Wenn du fotografieren willst«, sagte der dritte Mann, »dann kannst du ruhig hier auf mein Gelände gehen.« Ich erfuhr, dass das Gebäude am äußeren Ende auf der Kipp, moselaufwärts, ihm gehörte. Eine Halle aus Bimssandsteinen mit zwei sich gegenüber liegenden Toren in der Mitte der Längsseiten. Davor ein Platz, der als Lagerfläche genutzt wurde.

»Kommt, wir gehen rein!« Wir alle folgten ihm. Er läge zurzeit mit seinem Nachbarn im Clinch, sagte er. Das Gelände, das zwischen seiner Halle und der Baustofffirma läge, sei von deren Besitzer gekauft worden, um den Baumarkt noch weiter auszubauen. Doch scheine der vorhandene Platz nicht zu genügen, und deshalb ließe der Nachbar nicht nur die ehemaligen Gebäude des Lagers abreißen, sondern auch einen Teil des Berges abtragen, der bis an das Gelände heranreiche.

»Der Fels hat dadurch erhebliche Risse bekommen.«

»Man darf die Natur doch nicht einfach so kaputt machen«, sagte mein Bekannter. »Hier müssten sich die Grünen mal drum kümmern.«

»Der hier ist noch vom Hitler«, sagte der Hallenbesitzer und zeigte dabei auf einen, wie er sagte, noch intakten, alten gusseisernen Ofen. In

Abb. 42

Abb. 43: Auch dieses Gebäude in Treis gehörte außerhalb des Häftlingslagers zum Funktionsbereich der SS. Wahrscheinlich diente es als Garage für Lastkraftwagen. Den Schluss lässt zumindest die Größe des original erhaltenen, hölzernen Garagentors zu, das auf Rollen bewegt werden konnte. Auch dieses Gebäude musste dem Ausbau des Baumarktes weichen.

der Halle seien noch mehr Sachen aus der NS-Zeit gewesen, als er sie vor Jahren übernommen habe. Doch er habe die Sachen nicht gebrauchen können und nach und nach weggeworfen.

»Diese, meine Halle war das hinterste Gebäude auf dem KZ-Gelände«, erzählte er. »Hier war wahrscheinlich eine Garage für LKWs drin.« Stolz zeigte er mir, wie leicht sich eines der beiden Tore seiner Halle aufschieben ließ: »Sieh dir das mal an. Es ist noch völlig intakt. Die haben damals gut gearbeitet. Hier die Türbeschläge, die sind alle getrieben, keine Schweißnaht.«

Mir wurde an diesem Morgen klar, welche räumlichen Ausmaße das Treiser Lager und der sich anschließende SS-Komplex gehabt haben muss. Der heutige Baumarkt mit seinen Lagerhallen, dem Freigelände und den Parkplätzen, das Tenniscenter, das Werksgelände mit den

Abb. 44: Dieser Ofen mit Schüreisen, noch Ende der 1980er Jahre in Gebrauch, stammt aus einem der Gebäude des Konzentrationslagers in Treis oder dem sich anschließenden Funktionsbereich. Möglich auch, dass er in einer der Unterkunftsbaracken für Arbeiter der Firma Bosch aufgestellt war.

Hallen der ehemaligen Schlosserei Ackermann, die ganze Gegend westlich des Häftlingslagers hatte die SS absperren lassen und zur Sicherheitszone erklärt. Allein die Größe dieses Geländes ließ darauf schließen, dass die Nazis hier noch viel vor hatten.

Die Gespräche mit den drei Männern fanden in einer Atmosphäre von Selbstverständlichkeit statt, die mich erstaunte. Jeder schien unbekümmert zu erzählen, was er wusste. Mir fiel auf, dass sie von Anfang an den Begriff *KZ* oder *Konzentrationslager* verwandten, und nicht verharmlosend vom Arbeitslager sprachen. Sie redeten vom KZ, wie man auch über den Baumarkt oder die Tennisanlagen redete.

Wenn ich daran denke, wie sehr es mich schüttelte, als ich von Dir erfahren hatte, dass Ihr das Waschbecken unserer Waschküche aus dem Tunnel geholt hattet! Jetzt kniete ich ohne jede Rührung schräg vor dem gusseisernen Ofen, einem anderen Relikt aus der Zeit des KZ-Außenlagers, in einer von KZ-Häftlingen erbauten Halle, um möglichst optimal diesen historischen Ofen abzulichten. Der Ofen, für mich ist er nur noch ein toter, antiker Gegenstand, nicht lebendig, wie es einmal das Waschbecken für mich war. Hatte ich mich im bloßen Tun verloren? Wo war meine Betroffenheit, wo mein Entsetzen geblieben? Ich war zum Manager geworden, zum Sachwalter in Sachen KZ-Außenlager Cochem. Hatte ich nur noch eine Arbeit zu Ende zu bringen? Mehr nicht?

Als ich das Zimmer des Verbandsbürgermeisters von Treis-Karden betrat, war ich überrascht. Ich hatte mit einem älteren Herrn in der Funktion des Bürgermeisters gerechnet. Er aber war ein junger Mann, Ende 30 vielleicht, höchstens Anfang 40, jung-dynamisch. Eine Spur Unsicherheit. Er sah mich nicht an, als ich eintrat, fuchtelte stattdessen auf seinem Schreibtisch herum. Ich dachte, er will wohl Geschäftigkeit signalisieren.

Der Verbandsbürgermeister eröffnete das Gespräch in einem Tonfall, als wolle er es gerade beschließen. Er ortete mich wohl sofort in der linken Ecke – politisch. Ich ortete ihn in der anderen – politisch.

»Ich habe nicht viel Zeit.«

»Das hat mir Ihre Vorzimmerdame schon gesagt.«

Ich stellte mich vor und sprach ihn sofort, die Zeit war knapp, auf das Treiser Lager und die Fabrik im Tunnel an, worauf er wissen wollte, ob ich als freier Schriftsteller oder für eine Examensarbeit arbeite. Ich erklärte ihm den Sachverhalt.

»Wissen Sie, ich bin nicht von hier, und ich kann mich nicht um alles gleichzeitig kümmern. Von dem Arbeitslager weiß ich nichts.«

Ich fragte nach Bildern, Plänen, Berichten.

»Wissen Sie, dieses Haus hier, die Bürgermeisterei, ist damals abgebrannt, und alle Unterlagen sind mit verbrannt.«

Zumindest weiß er das genau, dachte ich.

»Bei uns in der Verbandsgemeinde gibt es da nichts.«

Ich fragte, ob er mir wenigstens eine Flurkarte von der Kipp zur Verfügung stellen könnte, um die Lage des Lagers zu rekonstruieren. Aber auch diesbezüglich, so glaubte er zu wissen, habe er nichts Geeignetes im Haus. Es müssten aber noch ältere Flurkarten hier bei Ihnen sein, erklärte ich, das ginge aus der Quellenangabe einer Veröffentlichung hervor.

»Es gibt sie also schon!«, sagte ich deutlich.

Er versuchte vorsichtig einzulenken: »Dann müssen Sie mit Frau B. im dritten Stock reden. Die hat die Liegenschaften unter sich. Vielleicht kann die dazu etwas sagen.« Dabei schaute er mich an, als wolle er fragen, war's das? Aber ich dachte nicht daran, schon zu gehen.

»Ich möchte Sie weiterhin auf eine recht unangenehme Geschichte aufmerksam machen«, sagte ich. »Es geht um die Sterbelisten, auf denen die Todesfälle aus dem KZ Treis aufgeführt sind.«

»Die werden vermutlich damals, als das Gebäude hier brannte, auch …«

»Oh nein«, unterbrach ich. »Die sind noch hier und zwar bei ihrem Standesamt.«

»So?«

»Ja.«

Langsam, das war mein Gefühl, beginnt er mich ernst zu nehmen. »Sehen Sie«, sagte ich, »die ehemaligen Widerstandskämpfer aus Luxemburg, die zu einem großen Teil in unseren, den deutschen Konzentrationslagern waren, beschäftigen sich bis auf den heutigen Tag mit dem Thema ihrer Deportation und ihrem Leiden. Viele von ihnen sind in Natzweiler und in den Außenlagern von Natzweiler gewesen, also auch hier in Treis und in Bruttig. Vielleicht sind einige hier gestorben.« Er hörte jetzt aufmerksam zu. Ich kam mir vor, wie einer, der eine Lektion Nachhilfe in Geschichte geben muss. Aber so lange er mir zuhörte, machte ich weiter. »Die Luxemburger versuchen ihre eigenen und die Schicksalswege ihrer Kameraden nachzuvollziehen. Bei allen Gemeinden, wo sich Außenlager befunden haben, gab es keine Probleme bezüglich der Herausgabe der Sterbelisten. Die Luxemburger haben ohne weiteres die Kopien bekommen. Die einzige Ausnahme«, sagte ich, »ist Treis.«

»Wer sagt mir denn, dass das richtig ist, was Sie mir hier angeben?« Er bekundete seine Angst, womöglich Opfer einer Täuschung zu werden. Ich sagte, dass er den Briefwechsel mit den Luxemburgern hier im Haus habe und darin noch einmal nachschauen und sich vergewissern könne. Davon wisse er nichts, sagte er.

Was weiß dieser Bürgermeister denn überhaupt?

»Hier geht jeden Tag so viel über meinen Schreibtisch, wissen Sie, und ob ich da mal irgendwo eine Unterschrift draufgesetzt habe, das mag schon sein, aber das kann ich jetzt nicht sagen.«

»Aha.«

Ich wartete einen Moment ab. Zeit dem nachzuspüren, was er gerade gesagt hatte.

»Tun Sie der Gemeinde Treis den Gefallen«, sagte ich. »Geben Sie uns die Sterbelisten. Natürlich bin ich auch persönlich für meine Arbeit daran interessiert, aber ich denke dabei hauptsächlich an die Luxemburger. Gute nachbarschaftliche Beziehungen!«

Er antwortete, dass es ja auch umgekehrt mit den Luxemburgern schon Schwierigkeiten gegeben habe und dass seine Verwaltung ja auch noch anderes zu tun habe, als luxemburgische Geschichtsforscher zu bedienen.

Ich war sauer. Ich sagte, dass diese Leute von uns Deutschen in den Konzentrationslagern gefoltert und mit dem Leben bedroht worden seien, dass es sich hier nicht um irgendwelche Hobbyforscher handele, sondern um Menschen, die ein absolut berechtigtes Interesse daran hätten, von uns die gewünschten Informationen zu bekommen, die eng mit ihrer Biografie verknüpft sind.

Dann begann der Bürgermeister, mir etwas von den Juden zu erzählen. Wahrscheinlich vermutete er, dass solche in Treis gewesen seien. Ich sagte, das Treiser KZ sei kein Lager für Juden gewesen, sondern für Menschen, die durch Arbeit vernichtet werden sollten.

»Politische«, sagte er.

»Ja, auch«, sagte ich. »In wenigen Wochen sollen hier 40 von 150 Franzosen gestorben sein, die der Résistance angehört hatten.«

Jetzt auf einmal wusste er, dass es sich in Treis um ein Arbeitslager, nicht um ein KZ gehandelt habe.

Arbeitslager klinge nicht so dramatisch, sagte ich, es klinge mehr nach Arbeit als nach Tod. Von seiner Funktion her sei es aber nichts anderes als ein KZ gewesen. »Die Häftlinge sind aus Natzweiler, Auschwitz und Buchenwald gekommen. Sie mussten unter Zwang arbeiten, erhielten keine Bezahlung, kaum etwas zu essen, sie wurden gefoltert und getötet.« Ich fragte, ob er wisse, dass derzeit einige steinerne Zeugen, die Häuser auf der Kipp, abgerissen würden, ohne dass dies von der Öffentlichkeit zur Kenntnis genommen würde.

Er wusste von dem Abriss und erklärte: »Wir können uns nicht um alle alten Häuser kümmern.« Ich solle doch einmal überlegen, was da an Kosten für die Unterhaltung solcher Gebäude entstünde.

Ich sagte: »Es geht mir doch gar nicht um die Häuser. Es geht mir um das Nachdenken darüber, was hier geschehen ist und was geschieht. Die Gebäude des KZs werden heute, 45 Jahre später, abgerissen, damit Gewerbebetriebe expandieren können. Nur nicht zur Besinnung kommen!«

»Hatten Sie sonst noch etwas?«

»Ja. Was halten Sie von der Errichtung eines Gedenksteines oder einer Tafel?«

Jetzt hatte er leicht reden: »Warum nicht? Das würde ich unterstützen.« Aber zuvor müsse er sich erst einmal kundig machen. Dann wiederholte er, dass er sich nicht um alles gleichzeitig kümmern könne. Er hob zu einer Darstellung an, die sich zu seiner längsten in unserem Gespräch entwickelte. Es ging dabei um die sogenannte *Jenninger-Rede* zur Reichspogromnacht am 10. November 1988 im Deutschen Bundestag, die am folgenden Tag zum Rücktritt des Bundestagspräsidenten Philipp Jenninger geführt hatte. Er erläuterte auch, wie übel seiner Meinung nach die Juden in Israel mit den Palästinensern umgingen. Letzteres sei der Beginn dessen, was auch hier zur Nazizeit stattgefunden habe. Die Reaktionen auf die Rede des damaligen Bundestagspräsidenten Jenninger hielte er für völlig unangemessen.

Ich weiß nicht genau, warum er mir das alles erzählte. Ich sagte: »Sehen Sie, darüber könnten wir beide uns sicher einen Abend lang unterhalten. Aber jetzt geht es um etwas ganz anderes.«

Eigentlich, sagte er jetzt, sei ich bei ihm sowieso nicht an der richtigen Adresse, um etwas zu dem Thema zu erfahren, woraufhin ich ihm zu verstehen gab, dass es für mich schon wichtig sei, einmal einen Eindruck davon zu bekommen, wie die Position eines Bürgermeisters heute aussehe, an dessen Amtssitz sich ein KZ befand. Schließlich hätte ich ja vor, ein Buch zu schreiben und dafür scheine mir dieses Gespräch mit ihm nicht uninteressant zu sein.

Möglich, dass ihm dieser Gedanke, jetzt so nah vor Augen geführt, nicht behagte. Jedenfalls sagte er auf einmal: »Ich denke, mit den Sterbelisten werden wir eine Lösung finden.« Ich versicherte, dass ich darauf zurückkommen würde. Dann bot er mir an, dass, wenn ich wolle, er für eine Mitteilung im Gemeindeblättchen sorgen könne. Ich bedankte mich. Vermutlich war er froh, als er mich los war.

Sehr geehrter Herr Schnur,

sicher erinnern Sie sich an unser Gespräch vom 24. Januar dieses Jahres. Ich möchte Sie nun noch einmal auf Ihre Zusage ansprechen, sich darum zu kümmern, mir die Sterbelisten, der im Arbeitslager Treis verstorbenen Personen, zu besorgen.

(…)

Für Ihre Bemühungen und Ihre Zusage in dieser Sache bedanke ich mich sehr herzlich und hoffe, bald eine Antwort und die Unterlagen von Ihnen zu erhalten.

Der Verbandsbürgermeister antwortete nicht.

Der Standesbeamte schrieb. Er nähme Bezug auf mein vorgenanntes Schreiben und müsse mir leider mitteilen, dass er nicht befugt sei, mir die gewünschten Sterbelisten, der im Arbeitslager Treis verstorbenen Personen, zuzusenden. Das Ministerium des Innern und für Sport habe ihm lediglich erlaubt, die Gesamtzahl der Sterbefälle von Insassen des Lagers Treis bekanntzugeben. Nach Durchsicht des Aktenvorganges sähe er keine rechtliche Möglichkeit, mir die Angaben mitzuteilen.

So war das also gewesen! Das Ministerium steckte dahinter. Nun gut, ich schrieb über zwei Seiten unserem Staatsminister Rudi Geil nach Mainz und führte die gesamte Thematik in allen Einzelheiten noch einmal aus. Ich wollte ja, dass er sich einen rechten Eindruck von der Situation verschaffen konnte.

Ich appelliere jetzt an Sie, Herr Minister Geil, schrieb ich zum Schluss, *sich in diese unangenehme Angelegenheit einzuschalten und dafür zu sorgen, dass die Sterbelisten aus den Jahren 1942 – 1945 zugänglich gemacht und in Fotokopien an interessierte Geschichtsforscher abgegeben werden. Ich brauche Ihnen nichts über die Pflicht und Schuldigkeit zu erzählen, die wir Deutsche noch immer unseren Nachbarn gegenüber haben. Ich bin sicher, dass mit der Offenlegung und Weiterleitung der Sterbelisten an die Amicale in Luxemburg ein wichtiger Schritt getan würde, der Misstrauen abbaut und zur Freundschaft zwischen Deutschen und Luxemburgern beiträgt. Deshalb vertraue ich auf Ihre volle Unterstützung zur Bereinigung der Angelegenheit.*

Vier Wochen später, der Herr Minister hatte sich noch nicht bemüht, brachte ich mich in Erinnerung. Er möge, schrieb ich, mir doch bitte meinen Brief beantworten. Nach zwei weiteren Wochen erhielt ich endlich Antwort. Nicht von dem Herrn Minister, nein, ein gewisser Herr Kempf antwortete mir aus der Staatskanzlei. Dieser versicherte zunächst, dass der Minister, der sich bis vor zwei Wochen im Urlaub befunden habe, mir für mein Schreiben danke. Daraufhin erläuterte er die Rechtslage und schloss: *Bei Ihrem Anliegen dürfte keine dieser Voraussetzungen gegeben sein ….* Er hatte sich wirklich Arbeit gemacht, der Herr Kempf. An Umfang stand sein Schreiben meinem durchaus nicht nach. Eine Aussage der Dreiseitenschrift bleibt festzuhalten: *Die Aufsichtsbehörde des Standesbeamten, also auch das Ministerium des Innern und für Sport, können den Standesbeamten nicht zur Vornahme einer bestimmten Amtshandlung anweisen. (…) Äußerungen der Aufsichtsbehörde gegenüber dem Standesbeamten im Einzelfall sind nur eine Empfehlung oder Entscheidungshilfe. Die Entscheidung trifft der Standesbeamte in eigener Verantwortung.*

Ernest Gillen, den ich natürlich über meine Anstrengungen auf dem Laufenden gehalten hatte, bemerkt hierzu: *Wenn wir in dieser Sache nichts weiter erfahren, dann haben wir das allein dem verantwortlichen Standesbeamten zu verdanken. Das ist der Schluss, den man aus dem Schreiben ziehen kann, und dass diese Haltung des Beamten nun eindeutig durch Dokumente belegt ist, ist auch ein nennenswertes Resultat.*

Rekonstruktion des Lagers Treis »Auf der Kipp« anhand einer Flurkarte. Die ursprüngliche Darstellung wurde mit dem Erscheinen der 1. Auflage dieses Buches im Jahr 1992 erstmals veröffentlicht. Sie stützte sich, da keine der Baracken des Häftlingslagers mehr an ihrem Platz stand, vorwiegend auf Beschreibungen von Zeitzeugen. Die vom Autor angefertigte Skizze zeigte den erstmaligen Versuch seit 1944, die Lage des Konzentrationslagers in Treis zeichnerisch nachzubilden. Inzwischen gibt es aufgrund von Luftbildern perfektere Pläne, die von der ursprünglichen Skizze in den vorherigen Ausgaben dieses Buches abweichen. Diese Abweichungen, welche im Wesentlichen die Größe und Lage der Baracken betreffen, wurden in der hier abgebildeten Skizze auf der Grundlage der Skizze von 1992 korrigiert.
Das Gelände des Treiser Häftlingslagers hatte einen fast quadratischen Grundriss. Es war mit Stacheldraht an Holzpfosten umgeben. An jeder Ecke stand ein Wachturm. Innerhalb des Lagers, gegenüber den Häftlingsbaracken, standen mehrere Bäume, wahrscheinlich Akazien und vielleicht auch Linden. Nach übereinstimmenden Aussagen von Zeitzeugen in diesem Buch wurden Häftlinge an diesen Bäumen erhängt. Einen Galgen gab es im Treiser Lager nicht. Eine der Baracken, die außerhalb der Umzäunung vor dem Lagertor stand, wurde nach dem Krieg abgeschlagen und an einem anderen Ende des Ortes als Wohnhaus wieder errichtet. Wahrscheinlich handelt es sich um die mittelgroße der drei Baracken, die der Lagerwache diente. Die Baracke ist auf der Abbildung 38 zu sehen.

Die SS hatte das gesamte Gebiet »Auf der Kipp« ab der Brücke, die über den Flaumbach führt, zum Sperrgebiet erklärt. Vom Häftlingslager rund 250 Meter weiter flussaufwärts der Mosel entlang waren mindestens drei, wahrscheinlich aber mehr große Gebäude aus Stein errichtet worden, die der SS als Funktionsbaracken dienten und für die Unterbringung von Bosch-Arbeitern vorgesehen waren (Abbildungen 39 bis 42). Das hinterste Gebäude, ganz links auf der Zeichnung, ist das einzige, das Ende der 1980er Jahre noch nicht dem Abbruch zum Opfer gefallen war, diente wahrscheinlich der Unterbringung größerer Fahrzeuge (siehe Abbildung 23).
(Überarbeitete Rekonstruktion 2018 auf der Plangrundlage von 1992, E. Heimes)

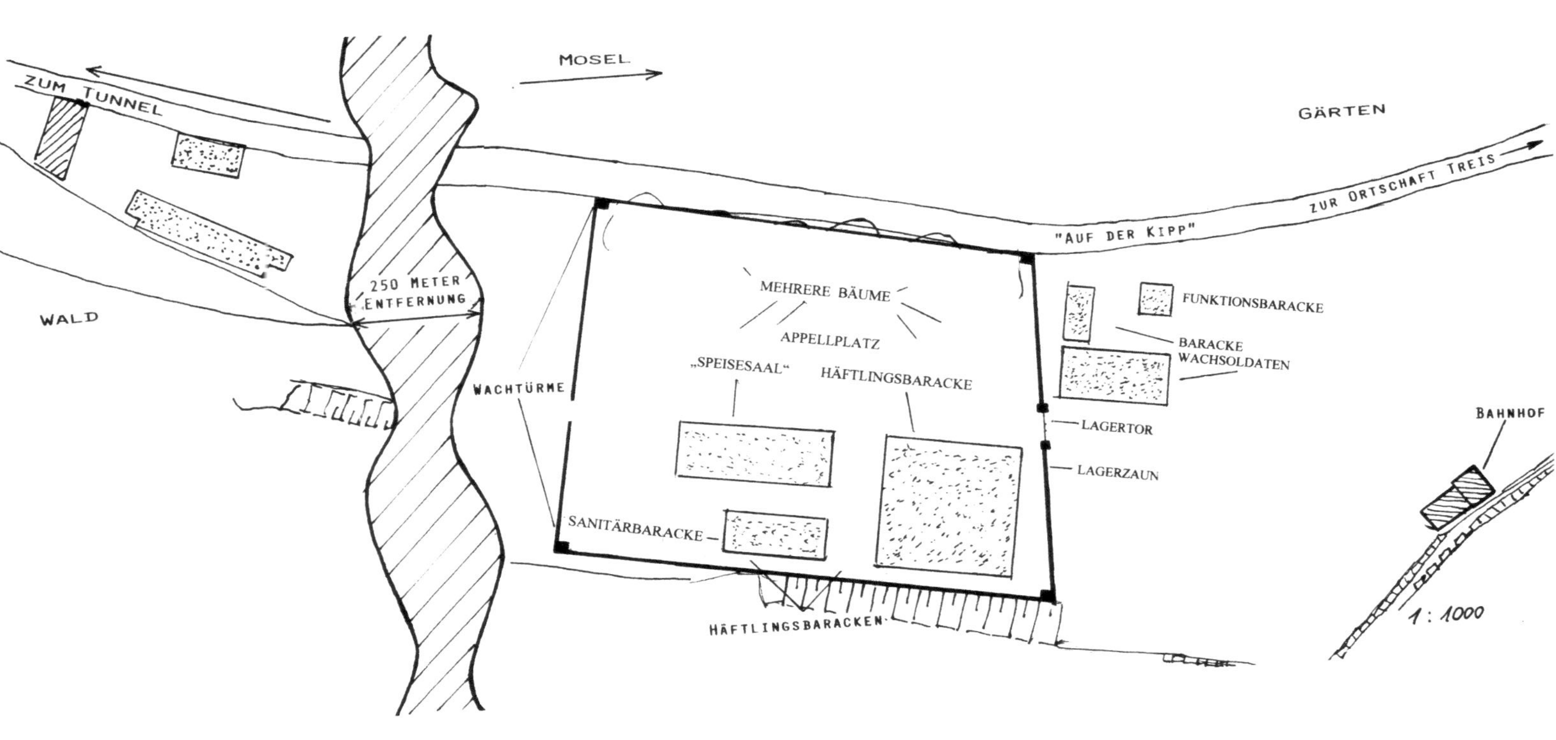

MOSEL
ZUM TUNNEL
GÄRTEN
ZUR ORTSCHAFT TREIS
"AUF DER KIPP"
250 METER ENTFERNUNG
WALD
MEHRERE BÄUME
APPELLPLATZ
FUNKTIONSBARACKE
BARACKE WACHSOLDATEN
„SPEISESAAL“
HÄFTLINGSBARACKE
WACHTÜRME
LAGERTOR
LAGERZAUN
BAHNHOF
SANITÄRBARACKE
HÄFTLINGSBARACKEN
1 : 1000

Treiser Frauen

Am 9. März 1945 sprengte ein deutscher Offizier gegen 18:00 Uhr die Treiser Brücke. Offenbar hoffte er, damit den Vormarsch der amerikanischen Truppen aufhalten zu können. In Treis standen SS-Einheiten, die im März 1945 noch an den Endsieg glaubten oder sich zumindest so verhielten, als glaubten sie daran. Sie leisteten den vorrückenden Amerikanern massiven Widerstand und opferten *in letzter Minute* noch zahlreiche Menschenleben. Die Bevölkerung von Treis war geflohen. Viele verbargen sich im Tunnel, der inzwischen verlassen worden war. So auch die Treiser Frau, Anna T., die mit ihren Kindern und Ihrer Mutter darin Schutz suchte.

»Als wir beim Tunnel ankamen, zogen uns deutsche Soldaten entgegen. Sie befanden sich auf dem Rückzug und hatten von Bruttig aus die Abkürzung durch den Tunnel genommen. Sie zogen ihre Geschütze hinter sich her. Der Traktor meines Mannes wurde beschlagnahmt. Damit wurden die Geschütze auf den Treiser und den Valwiger Berg gezogen.

Vor dem Tunnel standen damals Baracken und Garagen. Darin waren Werkstätten von Schreinern und anderen Handwerkern, die beim Ausbau des Tunnels geholfen hatten. Wir besaßen damals ein Sägewerk. Bei uns wurde das Holz zurechtgeschnitten.«

»Was wurde mit dem Holz gemacht?«

»Damit wurde der Tunnel eingerichtet. Es wurde Schalholz gebraucht, weil viel mit Beton gearbeitet wurde. Der Tunnel war komplett eingerichtet. Was haben sich die Leute da nachher nicht alles noch rausgeholt! Hauptsächlich Installation war gefragt: Waschbecken, Wasserkranen, die Armaturen und so weiter.«

»Der Tunnel war also kein leeres Loch im Berg.«

»Och was!«, sagte sie heftig.

»Wie war das im Tunnel?«, fragte sie sich selbst. »Es war alles gut eingerichtet. Alle fünfzig Meter gab es einen Wasseranschluss. Klos waren auch da. Man konnte zurechtkommen.« Sie überlegte kurz und sagte dann zweifelnd: »Aber wie?«

»Wie viele Menschen waren denn zu der Zeit im Tunnel?«, wollte ich wissen.

»Man kann sagen, die Hälfte vom Dorf.«

»Und von der anderen Seite kamen die Bruttiger.«

»Ja, aber in Bruttig war es nicht so schlimm. Hier in Treis war ein Bombenteppich gefallen, wegen der Brücke. Wir sind so oft angegriffen worden«, stöhnte sie. »Es war schlimm! In der Mitte des Tunnels war der Luftschacht, der führte nach oben und mündete auf dem Valwiger Berg ins Freie. Ganz in der Nähe haben wir uns aufgehalten. Meine Mutter hat so schlecht Luft bekommen. Deshalb war es gut, möglichst nah am Schacht zu sein. In der Mitte des Tunnels beim Schacht, da war die Luft am besten.«

Ich fragte, ob man denn im Tunnel etwas habe sehen können.

»Da war doch elektrisches Licht drin«, war die Antwort. »Es war ganz hell, bis zum Schluss, in den letzten Tagen, da ist der Strom ausgefallen. Die Leute sind an die herumstehenden Ölfässer gegangen und haben sich Lampen gebaut. Kleine Kerlchen haben sich die Ölkännchen gefüllt und sie zu Öllampen umfunktioniert.

Also eingerichtet war das …, also wirklich gut. Büroräume sind auch darin gewesen. Wie in einer richtigen Fabrik.«

»Wie war denn das Klima da drin?«

»Och, das ging.«

»Es war also nicht besonders feucht oder kalt?«

»Nein, die kleinen Kinder konnten es ja sogar aushalten. Nur das Wasser, das war nachher …, also die Klos und das alles war nachher ziemlich versaut. Unser Kleinstes war zwei Jahre, die ist 1943 geboren, die hat dort den Durchfall bekommen.«

»Wo befanden sich denn die Sanitäranlagen genau?«

»Der Tunnel war in zwei Hälften geteilt. Von Treis aus waren rechts die Räume, links war ein Gang, durch den auch die Soldaten gekommen waren. Im Gang, zur Bergseite hin, befanden sich die Klos und auch die Waschbecken. Wir mussten das Wasser auf dem Gang holen.«

»Auf der Kipp war ja ein Gefangenenlager«, sagte ich.

»Ja.«

»Was wissen Sie denn darüber?«

Anna T. schwieg erst, schaute unsicher in eine Ecke des Zimmers und nahm tief Luft.

Wie oft schon hatte ich diese oder eine ganz ähnliche Situation auf die Frage nach den Häftlingen erlebt! Darin waren sich Bruttiger und Treiser absolut gleich. Immer wurde ziemlich bereitwillig und frei weg erzählt. Gerade die alten Leute, die die Zeit bewusst miterlebt hatten, waren aufgeschlossen und erzählten gern. Die Frage nach den Häftlingen erzeugte augenblicklich eine schreiende Stille. Regelmäßig. Bis der erlösende Seufzer getan war: »Da wüsste ich genug zu erzählen. Wenn die durchs Dorf kamen mit ihren gestreiften Kitteln ... Der Opa vom K. war Maurer, und bei dem haben auch welche geschafft. Dem Opa haben die Häftlinge immer so leid getan. Der hat sich die Tasche voll Butterbrote gemacht und den Häftlingen heimlich gegeben. Das durfte ja keiner mitkriegen. Es waren arme Kerle. Wenn die Kapos hinter ihnen her kamen und sie antrieben ... Die Kapos wurden ja überall eingesetzt, wo Not am Mann war.«

Not am Mann.

Abb. 46: Dieses Gebäude, einstmals als Bahnhof geplant, wurde 1944 von einer Treiser Familie bewohnt, deren Tochter, damals noch ein Kind, sich heute erinnert. Der »Bahnhof« stand nur wenige Meter vom Lagerzaun entfernt. (Foto E. Heimes, Ende der 1980er Jahre)

»Was reden die Leute im Dorf über das Lager?«

»Unser letzter Pastor, der ist nicht fertig geworden damit. Der hat das immer wieder gebracht. Immer wieder. Obwohl er zu der Zeit selbst überhaupt nicht hier war. Der neue Pastor kommt ja aus der Stadt, da ist das nicht so …, aber der alte. Der hieß Billen, kam aus der Eifel bei Bitburg. Der hat das immer wieder in Erinnerung gerufen.«

Ich fragte, was sie schätze, wie viele Häftlinge denn in Treis gewesen seien: »Ein paar Hundert?«

»So viele glaube ich doch nicht. Wir wussten ja auch nicht, wie viele gerade im Tunnel waren. Die hier im Lager auf der Kipp hat man ja öfter schon mal gesehen. Wir hatten ja auch den Garten da hinten am Lager, da hat man schon mal mehr mitgekriegt.«

Ich fragte: »Was denn?«

Hatte sie meine Frage nicht gehört?

»Zum Schluss«, sagte sie, »war das Dorf voller SS. Die hatten sich hier festgesetzt und wollten absolut weiterkämpfen. Deswegen war es hier in Treis ja so gefährlich. Ein Onkel von mir hatte sich mit dem Gewehr in einem Keller vor der SS versteckt. Er wollte nicht mehr kämpfen. Er bekam in seinem Keller auch nicht mit, dass inzwischen der Ami eingerückt war. Als es an der Kellertür rumpelte, glaubte er, es sei die SS. Er war darüber so böse, dass er mit vorgehaltenem Gewehr öffnete und schrie: Seid ihr immer noch da? Es waren aber die Amis. Die haben ihn sofort erschossen, weil sie meinten, er habe Widerstand leisten wollen. Daraufhin wurden alle Männer des Dorfes in der Kirche zusammengetrieben.

Wo kommen Sie denn her?«

»Ich? Von Cond.«

»Ach, von Cond«, sagte sie, »dann kennen Sie doch auch ganz bestimmt den …«

»Frau M., Sie haben damals direkt unten bei dem Lager auf der Kipp gewohnt.«

»Ja. Vorher war das Lager im Hotel Wildburg. Das stand auf dem jetzigen Brachgrundstück zwischen dem Dr. Peck und der Schreinerei Bleser. Hinter dem Hotel war ein Saal. Darin waren Häftlinge zuerst untergebracht. Von da aus wurden die Grundarbeiten an dem Lager verrichtet, Leitungen, Wasser, Strom, was alles so gebraucht wurde. Die größeren SS-Fritzen wohnten alle in Hotels im Ort. Die Wachmannschaften, die einfachen Soldaten, ich würde sagen, die hätten oben im Lager geschlafen. Vor dem Lager stand eine Doppelbaracke. Sie grenzte direkt an den Fußballplatz. Dahinter begann der Zaun und dahinter standen die Häftlingsbaracken. Die Doppelbaracke wurde von den Wachmannschaften als Büro und Unterkunft benutzt.«

»Der Fußballplatz befand sich also zwischen dem Lager und Ihrem Haus?«

»Ja. Wo der Sportplatz aufhörte, fing das Lager an.«

»Wie viele Baracken hatte das Lager?«

»Ich würde sagen so sieben oder acht.«

»Die standen hintereinander?«

»Ja. Geben Sie mir eins von ihren Blättern, ich zeichne es Ihnen auf. Das Lager war viereckig angelegt. Drumherum verlief ein Stacheldrahtzaun. An jeder Ecke stand ein Wachturm. Durch die Mitte führte eine Straße hindurch. Links davon standen die Baracken, in denen die Häftlinge waren, rechts mehrere Akazien und andere Bäume. Daran wurden die Gefangenen erhängt. Das ganze Gelände war vom Lager an bis zum Tunnel gesperrt. Was sich in den Gebäuden hinter dem Lager befand, kann ich daher nicht sagen. Im Hotel Wildburg feierte die SS regelrechte Orgien. Verschiedene Frauen aus Treis gingen abends dahin. Das Hotel war deshalb berühmt und berüchtigt. Ja, solche Frauentypen gab es auch. Von denen lebt aber keine mehr. Ich habe das alles auch erst später erfahren. Damals habe ich das nicht gewusst.«

»Im Dorf war das aber allgemein bekannt?«

»Natürlich, nach dem Krieg war das hier Ortsgespräch. Bei diesen SS-Orgien wurden Häftlinge zum Spaß erhängt. Es wurde sich über das Verhalten der Sterbenden lustig gemacht.«

Schweigen.

»Ja, das gab es. Eine der Frauen hat zu der Zeit direkt daneben gewohnt, da, wo der Dr. Peck jetzt seine Praxis drin hat. Die Männer waren damals Soldat …, solche gibt es immer …, ja … Meine Mutter backte Brote, draußen vor dem Haus. Das müssen einige Gefangene mitbekommen haben, die zu der Zeit an der Errichtung des Lagers auf der Kipp arbeiteten. Heute weiß man ja, welchen Hunger diese Leute hatten, das muss eine fürchterliche Herausforderung für die gewesen sein, das ganze Brot zu sehen. In der darauffolgenden Nacht brachen einige aus der Wildburg aus und schlichen sich an mein Elternhaus heran, das ja ziemlich alleine und außerhalb des Dorfes steht. Sie nahmen sechs Brote und ein Paar Schuhe mit. Diejenigen, die wieder eingefangen worden sind, wurden im Saal in der Wildburg aufgehängt. Für die, die nicht erwischt werden konnten, wurden andere aufgehängt. Später im Lager auf der Kipp wurde das genauso gemacht.«

»Woher wissen Sie das?«

»Die Männer aus dem Ort, die dort arbeiteten, die haben das erzählt.«

»Das waren Handwerker. Schreiner und Leute aus dem Sägewerk.«

»Ja, die sind verpflichtet worden. Die mussten dort schaffen.«

»Und was?«

»Türen und Fenster. Schreinerarbeiten an den Baracken. Hier gab es ja keine Gaskammern, so etwas gab es hier ja nicht. Das war ja ein Arbeitslager. Die haben die zwar drangsaliert und gestruxt[35], aber so etwas war hier ja nicht.

Eine Zeit lang arbeiteten Häftlinge an der Brücke über dem Treiser Bach. Hier wurden Leitungen zum Lager auf der Kipp verlegt. Ich nehme an, Strom und Wasser. Dabei standen sie mit beiden Füßen im Bach. Sie nutzten die Gelegenheit, sich Fische aus dem Bach zu greifen, die sie roh verspeisten.

Auf den letzten Riss, würde ich sagen, sind die hier erst abgerückt, bei Nacht und Nebel. Das hat hier gar keiner mitbekommen. Ja, ja, das ist ein trauriges Kapitel, mein lieber Mann. Aber was eigentlich los war, das hat ehrlich keiner gewusst.«

»Was hat keiner gewusst, was in Deutschland allgemein oder speziell hier im Treiser Lager passiert ist?«

»Im Allgemeinen, von den KZs. Vor allen Dingen waren die meisten der Meinung, das wären tatsächlich alles Verbrecher gewesen. Dass das alles normale Leute waren, wusste keiner. Das mit den Juden, das wusste man natürlich. Wir haben ja die Kristallnacht miterlebt. Nach

---

35 gestruxt = moselfränkisches Wort für drangsaliert, angetrieben

der Schule sind wir in die *Welsbach*[36] gelaufen und haben geguckt, wie denen alles kaputtgeschlagen worden ist. Das wussten die Leute. Aber dass die alle umgebracht wurden, das wussten sie nicht, das wussten die Juden ja selbst nicht.«

»Was hat man denn geglaubt, wo die hin kämen?«

»In ein Ghetto … Die müssten schaffen, hat man gemeint, und viele haben auch gesagt, die haben ja noch nie etwas geschafft, dann wird es jetzt mal Zeit.«

»Das Ganze wurde in der Bevölkerung mitgetragen.«

»Ja, aber die Leute haben das echt nicht gewusst. Ein Teil der Juden ist ja ausgewandert. Nachher waren alle verschollen. Es wusste niemand von niemandem etwas. Aber die meisten Leute haben das nicht gewusst, was da passierte.«

»Das wundert mich, zumal es hier in Treis ein Lager gab und die Leute sehen konnten, was mit den KZ-Häftlingen passierte. Der Schritt, etwas weiter zu denken, war hier ja näher als vielleicht anderswo.«

»Das ist klar. Die Leute haben sich gesagt, das sind Verbrecher. Es waren ja auch Zuchthäusler dabei. Nur wurde nachher alles vermischt. Zum größten Teil waren das natürlich andere, das ist klar.«

»Sie lebten, wie sonst niemand hier in Treis, unmittelbar vor dem Lager. Was wurde bei Ihnen zu Hause über das Lager gesprochen?«

»Meine Mutter, die hat viel gelesen und war politisch ziemlich auf der Höhe. Bei uns zu Hause wurde geschimpft. Wenn wir zur Hitlerjugend oder zum BDM gegangen wären, o je, meine Mutter hätte uns gefressen! Wir durften da nicht hin. Samstags morgens mussten wir in die Schule gehen, während die anderen beim BDM oder bei der HJ waren. Die Kinder, die nicht dabei waren, saßen samstags alle in einer Klasse. Ich kann mich erinnern: eines Morgens haben wir alle Schwanz[37]

---

36 In der Welsbachstraße 8 in Treis befand sich das Haus des jüdischen Metzgermeisters Isidor Salomon und seiner Frau Paula geb. Israel aus Kirchberg. Ende 1938 mussten sie das Haus aufgeben und zogen nach Köln. Von dort wurden sie 1941 nach Lodz verschleppt. Im Jahr 1951 ließ Paulas Schwester Emma Oppenheimer geb. Israel, die den Holocaust überlebte, die beiden vom Amtsgericht Köln für tot erklären. Vlg. Angelika Schleindl: Spuren der Vergangenheit, Seite 259 und 260, Briedel 1996

37 »Schwanz« ist ein im moselfränkischen gebräuchliches Wort für »Prügel«

bekommen. Den Lehrpersonen wäre es natürlich lieber gewesen, wenn sie hätten zu Hause bleiben können.«

»Wie viele Kinder waren denn in der Samstagmorgen-Klasse?«

»Viele nicht, fünfzehn vielleicht.«

»Von wie vielen insgesamt?«

»Von allen acht Klassen.«

»Daran lässt sich ja ungefähr erkennen, wie viele Treiser politisch wo gestanden haben.«

»Die Leute waren hier schlecht informiert. Das muss man sagen. Die Winzer haben damals 180 Mark für ein Fuder Wein bekommen und alle haben gemeint, wenn der Hitler kommt, dann geht es uns besser. Meine Mutter hat einmal die Rede einer alten Frau nachgemacht, die sagte: ›Lasst ihn doch mal, dann kann er ja wieder gehen, wenn er nichts bringt‹. Er ist aber nicht mehr gegangen. Meine Mutter wusste schon, was hier passiert, ist nicht rechtens. Aber über das Ausmaß wusste sie auch nicht Bescheid. Das hätte niemand gemeint. Es gab hier in Treis auch einige Leute, die sich für die Häftlinge einsetzten, der Pastor zum Beispiel hat mit dem Bürgermeister verhandelt. Aber die haben alle schnell eingesehen, dass es keinen Zweck hatte. Es hätte ihnen den Kopf gekostet. Ich habe selbst einen Wachmann gesehen, der eines Tages mit der Sträflingskleidung in der Kolonne marschierte. Der hatte einen Brief rausgeschmuggelt. Ob das für längere Zeit war, weiß ich nicht, aber da im Lager, da war er mit drin.«

»Wie hoch schätzen Sie die Zahl der Gefangenen auf der Kipp?«

»Tja, das war ein langer Zug, der da ging … Das ist schwer zu sagen. Hundertzwanzig, hundertfünfzig. Es kann auch sein, dass es noch mehr waren, ich weiß es nicht. Wir haben sie jeden Tag durch das Tor aus- und einrücken sehen. Wenn sie zurückkamen, schleiften sie immer einige zwischen sich. Andere, die zusammengebrochen waren, lagen in der Stoßkarre. Und alle Tage der Leichenwagen. Wie viele da drin lagen, weiß man ja auch nicht. Die haben die ja nicht aufgebahrt da drin.«

»War das ein richtiger Leichenwagen oder ein LKW?«

»Ein Leichenwagen. Dass die nachher auf LKWs abgefahren wurden, das mag schon sein, aber das hätten wir ja nicht mehr beurteilen können.«

»War der Leichenwagen hier aus Treis?«

»Nein, der kam vom Mainzer Krematorium. Es hieß immer, sie fahren sie nach Mainz.

Sonntags wurde offenbar nicht gearbeitet. Ich habe beobachtet, dass die sich nackt ausziehen und im Kreis durch das Lager laufen mussten.«

»Das kann man doch nur als Schikane bezeichnen ...«

»Das *war* Schikane!«

»Haben Sie sonst noch Einzelheiten beobachten können?«

Schweigen.

»Stand ein Galgen im Lager?«

»Nein. An die Bäume wurden sie gehangen. An die Akazienbäume.«

Abb. 47: Der Ort Treis kurz nach dem Krieg.
Links im Bild die Trümmer des zerstörten Hotels Wildburg, worin sich anfangs das Lager Treis befand.

… einer zum Tode

Drei Jahre nach der Hölle von Cochem, Bruttig und Treis. Acht Männer hatten sich wegen ihrer Handlungen im Konzentrationslager Außenlager Cochem mit seinen Lagern in Bruttig und Treis vor dem *Tribunal Général* in Rastatt zu verantworten. Der Prozess begann am 22. Juli 1947. Bis zu diesem Zeitpunkt konnte der Tod von insgesamt 93 Häftlingen festgestellt werden. Alle acht Beschuldigte waren angeklagt, an Kriegsverbrechen, die in den Lagern an der Mosel begangen wurden, beteiligt gewesen oder dafür verantwortlich zu sein. Drei von ihnen waren SS-Männer. Der SS-Hauptsturmführer Gerrit Oldeboershuis hatte sich wegen persönlich begangener Grausamkeiten zu verantworten. SS Untersturmführer Karl-Heinz Burkhardt, der unter Oldeboershuis' direktem Befehl stehend, speziell mit der Überwachung der Baustelle im Tunnel beauftragt war, musste sich außer für seine innegehabte Stellung, ebenfalls für persönlich begangene Grausamkeiten verantworten. Walter Scheffe, SS Obersturmführer, trug, laut Anklage, eine besondere Verantwortung für das in Bruttig und Treis Geschehene, denn als Kommandochef konnten alle Misshandlungen und Folterungen nur mit seiner Zustimmung geschehen. Besonders wurde er durch die Tatsache belastet, dass in seiner Amtszeit 13 Häftlinge wegen eines Fluchtversuches erhängt worden sind. Neben den ehemaligen SS-Männern saßen auf der Anklagebank Oswald Allhäuser, der als Oberpolier bei der Arbeit einen Teil der Häftlinge unter sich hatte, Mathias Schneider, der als Maurer und Büroangestellter auf der Baustelle Treis arbeitete, Anton Zimmermann und Oskar Kröber, die auf der Baustelle Treis Vorarbeiter waren, sowie der ehemalige Bürgermeister und NSDAP-Ortsgruppenleiter von Bruttig, Alois Mentenich.

Der von der *Trierischen Volkszeitung* nach Rastatt entsandte Sonderkorrespondent berichtete am 5. August 1947:

Die Verbrechen von Treis und Bruttig.

Sieben Angeklagte verurteilt, einer freigesprochen.

Am Donnerstagabend wurde vom Präsidenten des Tribunal Général Lerneri, das Urteil gegen die acht Angeklagten aus den KZ Lagern Treis und Bruttig verkündet. Es wurden verurteilt der ehemalige SS-Hauptsturmführer Gerrit

Oldeboershuis zu lebenslänglichem Gefängnis mit Zwangsarbeit, der ehemalige SS Obersturmführer und zeitweilige Lagerkommandant von Treis und Bruttig, Walter Scheffe, zum Tode, der ehemalige Untersturmführer Karl-Heinz Burkhardt zu zehn Jahren Gefängnis, Oswald Allhäuser zu fünf Jahren Gefängnis, die anderen zu kleineren Gefängnisstrafen. Der Angeklagte Alois Mentenich wurde freigesprochen.

Der SS Hauptsturmführer Gerrit Oldeboershuis, genannt Oldenburg, der Leiter der Sonderinspektion III, neben ihm der Kommandochef der Lager Treis-Bruttig, SS-Obersturmführer Scheffe und der SS-Untersturmführer Burkhard, standen besonders im Kreuzverhör. Es war kein Zweifel, dass unter ihrem Kommando aus den Arbeitssklaven das Letzte bis zur Erschöpfung herausgeholt wurde. »Wer es nicht leisten kann, muss kaputt gehen!« – Das war die Auffassung Oldenburgs. Die Zeugen berichten, dass alles, was noch lebte, auf der Arbeitsstelle erscheinen musste, dass immer wieder Internierte bei der Arbeit umfielen, dass die Toten in Kisten verpackt und verschickt wurden. Ein Arzt aus Kochem bezeugt, dass er nur gerufen wurde, um Totenbescheinigungen auszustellen, nicht aber zur Behandlung von Kranken und Verunglückten. Man ließ sie liegen, bis sie starben. Denn sie konnten jeder Zeit durch neue Häftlinge ersetzt werden. Die erste Arbeitsgruppe, die nur etwa einen Monat in Treis-Bruttig arbeitete, bestand aus Franzosen, Belgiern, Holländern, Luxemburgern und Norwegern. Von fünf Norwegern, die dabei waren, lebt nur noch einer, der als Zeuge auftrat. Später wurden slawische Arbeitstrupps eingesetzt. Unter ihnen wüteten die Kapos – die aus den Reihen der Häftlinge selber stammten – als grausame Sadisten. Selbst Wachposten der Lager, welche von den Barbareien und Brutalitäten innerlich abrückten, griffen zu und versuchten, das Schlimmste zu verhindern. Sie bekunden, dass Häftlinge mit Händen und Füßen in hockender Stellung an einen Marterpfahl gebunden wurden, sie wissen davon zu erzählen, dass 13 Häftlinge an sieben Aufhängevorrichtungen in Treis gehängt wurden, zu welcher Prozedur die SS noch Ehrengäste einlud. Zeugen, denen die Menschlichkeit noch nicht abhanden gekommen war, bemühten sich um Verunglückte, die mit geschundenen Gliedern in der Sommerhitze liegen gelassen waren. Es kommt überhaupt immer wieder zum Ausdruck, dass die Bevölkerung des Moseltals, soweit sie konnte, den Häftlingen vielfach in echter Menschlichkeit half, dass sie ihnen Brot und Obst und wohl auch einmal Wein zusteckte oder ihnen andere Erleichterungen zu verschaffen suchte. Nur musste das vor den Augen der SS-Füh-

rer verborgen bleiben. Dem Bürgermeister von Bruttig, Alois Mentenich, der freigesprochen wurde, ward vorgeworfen, dass er Leute denunziert habe, die den Häftlingen irgendwie ein wenig halfen. Zeugen sagten über ihn günstiger aus und berichteten, dass er selber schon damals immer wieder bedauert habe, in die ganze Affäre mit hineingezogen zu werden.

Wie immer bei diesen Prozessen um die übelsten Auswüchse der unseligen Kriegszeit, geht es auch hier um die Frage der Verantwortung, der die Angeklagten nach Möglichkeit auszuweichen suchen. Sicherlich sind die größten Scheußlichkeiten in den Lagern des Moseltals von den Kapos begangen worden. Aber es ist nicht denkbar, dass die Lagerführer und Vorarbeiter nicht von diesen Verbrechen wussten, dass sie vielmehr von ihnen zugelassen wurden, weil eben das Menschenleben nichts galt, weil noch weniger das Gefühl für Menschlichkeit im Kurs stand. Es war kennzeichnend, wenn der Anklagevertreter dem Lagerführer entgegenhielt: »Vergessen Sie nicht, dass in Ihrem Lager Galgen aufgerichtet waren!« Und ebenso war es kennzeichnend, wenn sich heute noch bei den Zeugen, einfachen Arbeitern, Winzern oder Handwerkern von der Mosel, die Empörung über die Hölle von Treis-Bruttig in Vorwürfen gegen diese verantwortlichen Männer Luft machte mit den Worten: »Scheusale waren es, die in Bruttig im Tunnel ihre Frontbewährung machten.« Denn es waren keine Soldaten, die hier der Duldung und Ausübung von Kriegsverbrechen bezichtigt werden, sondern willige Schergen eines Systems, das zu den dunkelsten Kapiteln der Menschheitsgeschichte gehört.

Dinosaurier oder Drachen

Ich gehe mit meinem Bruder über den Conder Friedhof. Wir kommen an der Leichenhalle vorbei. Ich weiß in diesem Moment, hier hatte ich durch das Schlüsselloch geguckt und auf die Hände und das Gesicht des toten Löcherbach geblickt. Damals war ich neun oder zehn Jahre alt. Alle Jungs machten das so. Wir gehen auf die andere Seite des Friedhofs und hantieren mit einem Sarg, der sich nicht richtig verschließen lässt. Immer wieder, wenn wir glauben, den Sargdeckel jetzt endlich verschlossen zu haben, quillt irgendwo wieder ein Leichenteil heraus, meistens blutig. Wir machen uns wieder an die Arbeit, und während wir uns in dieser Art weiter abmühen, sehen wir um uns herum viele andere Särge, bei denen es offenbar die gleichen Probleme gibt. Zum Teil treten die Toten nackt und aufgedunsen aus ihren Kisten heraus. Wir mühen uns, so gut es geht, Ordnung zu halten. Wir versuchen, die kühlen Teile zurückzuschieben und schlagen auf die Sargdeckel. Hinter uns drängen sich aufgequollene Bäuche und Köpfe mit verzerrten Visagen an uns vorbei. Überall liegen Teile von Toten herum. Aus dem Sarg, an dem wir uns gerade zu schaffen machen, fließt Blut. Als ich es bemerke, fühlen sich meine nackten Füße glitschig an. Ich sehe, wir stehen in gerinnendem Blut, das zäh aus der Erde quillt. Der Boden ist voll davon. Trotz unserer Anstrengungen nimmt unsere Aufgabe immer größere Ausmaße an. Ich erledige meine Arbeit zügig, ruhig und routiniert. Ebenso mein Bruder. Wir sind Profis, denke ich.

Wir sind Profis, dachte ich. Verflucht! Ich war wach. Ich stand auf und machte Licht. Es war halb fünf. Ich ging in die Küche, schaltete die Kaffeemaschine ein und jetzt fiel mir etwas zum ersten Mal auf: Immer wenn ich ein paar Tage hintereinander an diesem Buch arbeitete, träumte ich nachts eine solche Scheiße. Immer waren Unmengen von Leichen im Spiel, mit denen ich beschäftigt war, und immer erledigte ich alles absolut souverän. Erst wenn ich erwachte, haute es mich um. Es gab Zeiten, da hatte ich mich sogar fast daran gewöhnt und ich sagte mir, aha, es ist wieder soweit. Trotzdem, ganz spurlos ging das nie an mir vorüber. Ich setzte mich an den Küchentisch und wartete, bis der Kaffee durchgelaufen war. Ich beschloss, heute Morgen nicht wieder ins Bett zu gehen und stattdessen meinen Traum aufzuschreiben. Aber eigenartigerweise schrieb ich etwas völlig anderes. Hier, lies!

Wie alt ist ein Kind, das in die fünfte Klasse geht? Im ersten ist es sechs, also ist es im fünften Schuljahr zehn oder elf Jahre alt.

Was ein Nazi war, habe ich in dem Alter nicht gewusst. Er war für mich ein irgendwo in der Vergangenheit anzusiedelndes Wesen, das hin und wieder im Schulunterricht genannt wurde, vornehmlich bei einem unserer Lehrer, dem Blott. Das Wesen hatte mit der Welt, in der ich lebte, nur eine Verbindung: Es tauchte gelegentlich im Lehrplan unseres Lehrers auf. Offenbar ließ sich das nicht immer ganz vermeiden. Der Nazi war also eine Figur aus der Geschichtsstunde wie viele andere, aber blasser. Von möglichen Lebewesen ferner Planeten und selbst von Kaiser Karl dem Großen und seiner Zeit hatte ich eine gewisse Vorstellung. Aber ein Nazi?

Dass Nazis schlechte Menschen gewesen sein müssen, wusste Blott uns zu vermitteln, auch dass sie sich den Juden gegenüber bestialisch aufgeführt und sie umgebracht hatten. Aber war nicht das ganze Geschichtsbuch voll von Mord und Totschlag?

Und Juden, was waren Juden gewesen? Ich kannte keinen. Jesus, ja, das wusste ich, aber der hatte mit der Sache nichts zu tun. Nazis mussten eine Art Dinosaurier oder Drachen in Menschengestalt gewesen sein, sehr gefährlich, aber zum Glück längst ausgestorben. Doch warum hatte Blott sich immer so erregt, wenn er von ihnen sprach? Ihm entglitt dabei regelmäßig der Ton, den wir von ihm, dem sonst besonnenen Lehrer, gewohnt waren. Die Nazis waren furchtbare Verbrecher. So oder so ähnlich musste er sich wohl einmal geäußert haben. Jedenfalls empörte sich meine Großtante: »Die Nazis wären alle Verbrecher gewesen! Das lernen die heute in der Schule. Ja der Blott! Meint Ihr denn, der wäre besser gewesen als die anderen? Wie kann der denn so etwas sagen? Und das den Kindern in der Schule, in dem Alter!«

Meine Eltern und Geschwister und meine Großtante Gerda, die zu Besuch gekommen war, saßen schon am Mittagstisch, als ich aus der Schule kam. Sofort erzählte ich stolz, was ich seit eben wusste: »Die Nazis waren alle Verbrecher!« Ich hätte damals genau so gut von der Schlacht im Teutoburger Wald berichten und zum Beispiel sagen können: Arminius hat im Teutoburger Wald die Römer vernichtend geschlagen. Für mich wäre das absolut nichts anderes gewesen. Ich war eben nur stolz, in der Schule etwas gelernt zu haben, was sich wohltuend vom Rechnen und Schreiben abgehoben hatte. Aber dann meine Großtante und die Blicke meines Vaters und meiner Mutter zu ihr hin!

Meine Großtante ist jetzt fast achtzig. Ich sehe sie nur noch selten, dann spricht sie hauptsächlich von ihren Krankheiten. Sie kann nur noch schlecht gehen. Deshalb fahre ich sie gelegentlich mit dem Auto nach Hause. Sie wohnt im Nachbarort. Als ich mit ihr am Neubau eines Hotels vorüber fahre, das, wie man sich erzählt, einem Juden gehört, sage ich völlig unbekümmert: »Guck mal, Tante, schön geworden. Nichtwahr?«

»Die hier? Das sind doch Juden. Die reißen sich doch alles unter den Nagel. Dein Großonkel, würde er noch leben, der ginge hier nicht vorbei ohne auszuspucken. Nein, nein, dass die jetzt wieder hier sind«, empört sie sich.

Wir kommen schnell zu ihrem Haus. Ich helfe ihr beim Aussteigen und begleite sie die Treppe hinauf zu ihrer Wohnung. Es ist sehr mühsam für sie, die vielen Stufen zu gehen.

Unsere Briefträgerin hatte mich wohl durch das halb geöffnete Küchenfenster am Tisch sitzen sehen.

»Guten Morgen«, sang sie vergnügt und streckte mir einen Brief und einen Reklamezettel entgegen, wovon ich letzteren unbesehen in den Karton mit Altpapier warf. Es war viertel nach acht.

Der Absender des Briefes: Peter Shevchuk, New York. Welch ein Morgen!

Es ist jetzt schon fast ein Jahr her, dass Sie mir geschrieben und Ihre Fragen über das KZ-Lager Cochem (Bruttig-Treis) an mich gerichtet haben. Ich bedaure, dass ich nicht schon früher geantwortet habe, aber es ist nicht leicht für mich, mich auf all die guten und schlechten Dinge während des Krieges zu konzentrieren. Ich denke, dass ich Ihnen bei unserem Telefongespräch bereits viele wichtige Dinge gesagt habe. Diese brauche ich hier nicht zu wiederholen. Aber jetzt will ich Ihre Fragen beantworten, sofern ich mich erinnern kann.

Es begann im Mai 1944. Wir wurden von Auschwitz nach Bruttig transportiert. Wie viele Menschen insgesamt in unserem Transport waren, weiß ich nicht. Soweit ich mich erinnere, kamen wir mit fünfhundert Mann in Bruttig an. Nach meiner Einschätzung sind sehr viele von uns in das Lager nach Treis gekommen.

Was das Lager in Bruttig betrifft, muss ich sagen, dass es dort viel besser war als in Auschwitz, weil wir nicht direkt von der SS, sondern von der Luftwaffe beaufsichtigt worden sind, und diese Soldaten sind nicht grausam gewesen. Sie haben hauptsächlich darauf geachtet, dass wir nicht wegliefen. Ihre Aufgabe war es, uns abends nach der Arbeit so vollzählig ins Lager zurückzubringen, wie wir es morgens verlassen hatten. Wir hatten ungefähr anderthalb Meilen zu gehen.

Es gab in Bruttig mehr zu essen als in Auschwitz. Die Erbsensuppe war dicker. Es gab mehr Brot und Margarine.

Die Arbeit begann um sieben Uhr morgens und endete um fünf Uhr nachmittags. Bei der Arbeit waren wir von einem Zivilisten abhängig. Er war freundlich und verlangte von uns nicht zu viel. Von 12:00 Uhr bis 12:30 Uhr hatten wir Mittag, und wir bekamen unsere Suppe. Ich kann mich nicht erinnern, dass einer der Zivilarbeiter schlecht zu uns gewesen wäre. Einige von ihnen gaben uns sogar etwas zu essen und Zigaretten. Im Innern des Tunnels mussten wir zwischen herabstürzenden Steinen, im Dreck und in Wasserlöchern arbeiten. Wir verrichteten viele unterschiedliche Arbeiten, bauten Wände und Türen etc. Aber was passierte hinter den Räumen im Tunnel, wenn sie fertig waren? Ich weiß es nicht, denn es war uns nicht erlaubt, sie zu betreten. »Betreten verboten«, stand da. Nur autorisierte Personen durften hinein. Es kam eine Menge Zeug da hinein, das sie auf Lastautos brachten. Wir hörten, dass Teile für die V1- und die V2-Raketen hier gefertigt werden sollten. Aber ich kann mich nicht erinnern, dass fertige Teile dort heraustransportiert worden sind.

Es fanden keine Grausamkeiten durch unsere Bewacher statt, außer einem Zwischenfall, der sich nur einige Tage nach unserer Ankunft in Bruttig ereignete. Ungefähr 20 russische Gefangene hatten bei Nacht ein Loch in den Zaun geschnitten und sind weggerannt. (Ich weiß nicht, ob das in Bruttig oder in Treis passiert ist.) Aber die meisten von ihnen sind sofort wieder gefunden worden. Acht oder neun von ihnen wurden auf unserem Appellplatz exekutiert durch Erhängen. Wir mussten uns aufstellen und die Exekution mit anschauen. Ein Offizier von höherem Rang las den Urteilsspruch, dass diese Leute das Gesetz verletzt haben und durch Hängen bestraft würden. Diese Szene wird mich mein Leben lang verfolgen. Dasselbe ist vermutlich in Treis geschehen.

Meine beste Erinnerung habe ich an die Tage, wo ich zur Arbeit in die Dorfschmiede geschickt wurde, um beim Schärfen der Eisenmeißel zu helfen. An diesen Tagen musste ich nicht hungern, weil die Tochter des Schmieds mir Brote brachte.

An einem Tag, es war spät im August, hörten wir bei Einbruch der Dunkelheit im Lager schwere, laute Geräusche von Flugzeugen. Dann begann die Bombardierung, die eine ganze Weile andauerte. Wir vermuteten, dass die Tunnelportale zerstört worden sind, denn von dem Tag an gingen wir nicht mehr in den Tunnel zur Arbeit. Mit Lastwagen wurden wir zum Bahnhof und von dort mit dem Zug nach Dora eins *transportiert. Kurz danach kamen wir von dort nach Ellrich (Harzbergen). Dort blieben wir bis April 1945. Im April begann die Evakuierung. In der Nähe von Schwerin wurde ich befreit am 2. Mai 1945.*

In der Liste der Häftlinge, die Sie mir in Ihrem letzten Brief mitgeschickt haben und die auch meinen Namen trägt, war ich mit der Berufsbezeichnung Polizist eingetragen. Das hat mich sehr enttäuscht. In Wahrheit bin ich nie Polizist gewesen, sondern Zimmermann. Wenn Sie beabsichtigen, die Namen der Gefangenen mit ihren Berufsbezeichnungen anzugeben, wünsche ich, dass Sie meinen ändern in Zimmermann. Das entspricht auch den Angaben, die ich damals gemacht habe, als ich Auschwitz verließ und nach Bruttig transportiert wurde.

Nun hoffe ich, dass ich Ihnen die Informationen geben konnte, die Ihnen eine Ahnung davon vermitteln, wie mein Leben in den drei Monaten in Bruttig war, wo die Bevölkerung freundlich und in einigen Fällen sogar mitfühlend war. Aber was hätten sie tun können, um uns unser Schicksal zu erleichtern? Wir waren die Gefangenen.

»Das Kriegstagebuch meines Großvaters Rudolf Zseby«

Nur wenige Wochen nach dem Erscheinen der ersten Auflage dieses Buches im Frühsommer 1992 suchte mich eine mir bis dahin unbekannte Frau auf. Nach meiner Erinnerung kam sie aus einem Ort im Westerwald oder dem Siegerland. Sie sagte, sie habe mein Buch gelesen und etwas für mich dabei, das mich bestimmt interessieren würde. Sie zog ein Buch aus ihrer Handtasche und reichte es mir. Ich hielt ein ganz offensichtlich antiquarisches Stück in der Hand, und mit gebührendem Respekt öffnete ich es vorsichtig.

»Das ist das Kriegstagebuch, meines Großvaters Rudolf Zseby. Als ich kürzlich Ihr Buch gelesen habe, stellte ich fest, dass darin von dem gleichen KZ an der Mosel die Rede war, über das ich in diesem Tagebuch gelesen hatte. Sie können es vorläufig behalten. Es ist das Original. Bitte seien Sie vorsichtig damit.«[38]

Bereits mit Erscheinen der 2. Auflage des Buches »Ich habe immer nur den Zaun gesehen« im Januar 1993 wurde der Text um einige Auszüge aus dem Tagebuch von Rudolf Zseby erweitert. Hier sind nun sämtliche Eintragungen des ehemaligen Wachmanns aus der Zeit seines widerwilligen Aufenthaltes im KZ-Außenlager Cochem zu lesen.

Aus dem Tagebuch des Gefreiten Rudolf Zseby:

9.9.1944

Als einziger wurde ich nach Kochem an die Mosel versetzt. Das war mir gar nicht recht. Was hat das Schicksal mit mir vor und dazu noch zum SS Stab. Wachkommando. Ausgerechnet ich, der ich durchaus keine Sympathie für die SS habe.

Gestern, abends um 20:30 Uhr machte ich mich auf den Weg, nachdem ich noch kurz vorher einen lieben Brief von meinem Weibi erhielt. Es war ein nasses, kühles Wetter. Mein Zug fuhr 22:45 Uhr von Weimar ab. Heute früh um

---

38 Das Tagebuch des Rudolf Zseby war eine wichtige Inspirationsquelle für mein 1996 erschienenes Buch »Schattenmenschen« Brandes & Apsel Verlag, Frankfurt, 2. Auflage 2004

Abb. Neu 1: Portrait aus dem Tagebuch des Gefreiten Rudolf Zseby (Quelle: Tagebuch des Rudolf Zseby, Vergleiche: DMD, P4, Bd. 135, Dokumentationsstelle der KZ-Gedenkstätte Mittelbau-Dora)

4:30 Uhr kam ich in Frankfurt am Main an. Um 5:30 Uhr war ich in Mainz. Auch heute ein kühles Wetter. Gegen 10:00 Uhr war ich in Koblenz. Hier Fliegeralarm und nun schnell in einen öffentlichen Luftschutzkeller. Es wurde geschossen. Die Fahrt von Mainz bis Koblenz war einfach großartig. Das kühle, nasse Wetter klärte sich auf. Die Sonne kam heraus und die Luft erwärmte sich allmählich. Der Zug näherte sich alsbald dem Rhein und nun ging es bis Koblenz immer dem Rhein entlang. Dieser schöne deutsche Strom, auf dessen großer Breite Dampfer und Kähne einen lebhaften Verkehr unterhielten. Es machte auf mich alles einen gewaltigen Eindruck. Von den Ufern gleiten die Hänge zu Berge hoch hinauf. Am unteren Abhang alles gut beackert, der obere Teil der Abhänge in der ganzen Breite und Länge unübersehbare Strecken von Wein. Burgruinen. Wirklich einzigartig, wenn ich dies nicht als Soldat erleben müsste. Von Koblenz bis Kochem unentwegt die Mosel entlang. Man könnte sich streiten, welcher Fluss schöner ist, der Rhein oder die Mosel. Vielleicht wäre die Mosel vorzuziehen, weil die angrenzenden Wälder lieblicher sind. Romantischer aber ist der Rhein mit den vielen alten Ritterburgen. Von Koblenz fuhr mein Zug mittags 13:36 Uhr ab.

Fortsetzung vom 9.9.1944

Der Dienst ist hier als gut zu bezeichnen. Aber ich möchte weg von hier, weil das, was ich hier zu sehen bekomme meiner Natur widerstrebt. Ein Konzentrationslager mit ca. 600 Insassen wird von uns bewacht. Es sind alles Soldaten von der Flugwaffe, die Offiziere von der SS. Unsere Adresse ist geheim und die Post darf nur postlagernd geschickt werden.

> *»Gefr. Rudolf Zseby,*
> *22 Kochem a. d. Mosel*
> *Postfach 4l B«*

Ob ich hier bleibe ist noch unbestimmt.

10.9.1944 Sonntag!

Also ich muss hierbleiben und mich somit in meinem Schicksal fügen. Dauernd das Los dieser bedauernswerten Häftlinge vor Augen zu haben ist grausam. Ich fange an trübsinnig zu werden. Der einzige Trost ist hier diese wunderschöne Gegend. Es gibt Obst soviel der Magen vertragen kann. Insbesondere Äpfel von der besten Sorte. Das wächst hier alles wild und verfault in rauen Mengen auf dem Boden und in den Großstädten fehlt es. Trotzdem es verboten ist, ist es mir eine Freude den Häftlingen bei jeder Gelegenheit Obst zukommen zu lassen. Es ist ziemlich frisch und man kann es vertragen sich wärmer anzuziehen. Wir befinden uns nicht direkt in Kochem. Kochem ist die Bahnstation. Der Ort wo wir uns befinden heißt »Bruttig« und liegt etwa eine Stunde Fußweg von Kochem entfernt.

Fortsetzung vom 10.9.1944

Bruttig ist ein niedliches Dorf und die Bewohner sehr fromme Menschen, welche sich von Weinbau ernähren. Man sieht sehr viele Heiligenbilder. Ringsherum eine riesige Gebirgslandschaft und die Abhänge voller Wein. Der Moselwein ganz vorzüglich hier aus erster Quelle, wie ich einen solchen noch niemals in Berlin getrunken habe. Der Krieg gibt zu großer Besorgnis Anlass. Türkei hat das Bündnis mit uns aufgehoben und Rumänien hat uns verlassen. Finnland und Bulgarien haben mit Russland Frieden geschlossen. Meine Gedanken sind ganz zu Hause, insbesondere bei meiner lieben Familie. Ich erhielt sehr viel liebe Post und zwar je einen lieben Brief von Margot,

Inge, Omi und meiner Munki. Weiter ging von daheim eine Zeitungssendung ein. Ich erhielt Nachricht, dass meine Schwägerin Grete ausgebombt wurde. Dienst: Um 10:00 Uhr Gebäudedienst. Ab 12:45 Wachdienst. Mit einem Kameraden machte ich einen Ausflug nach dem wohl schönsten Dorf »Beilstein«. Wir kehrten in eine Winzerstube ein, trafen dort mehrere Kameraden und tranken mehrere Glasel Mosel.

11. 9.1944

Wir trinken bei jeder Gelegenheit Wein und essen Äpfel. Die Bewohner sind wirklich liebenswürdige Menschen. Fliegeralarm besteht hier den ganzen Tag. In ganzen Schwärmen ziehen die feindlichen Flieger pausenlos über uns hinweg, hinein ins Heimatland. Besorgt sehen wir ihnen nach und unsere Gedanken – wem mögen wohl die Bomben gelten. Ich habe mich nun schon eingelebt, aber es sind doch nicht die Kameraden mit denen ich 1940 zusammen war. Die Verpflegung ist ganz vorzüglich, weil wir uns selbst verpflegen. Unsere Küche ist in der Lage uns sogar an manchen Tagen Kuchen zu backen.

12. 9.1944

In einem fort fliegen feindliche Fliegerschwärme über uns hinweg. Urlaub ist bei uns gesperrt. Wann werde ich meine Munki und meine Lieben daheim wiedersehen.

13. 9.1944

Soviel Wein und Obst habe ich meinen Lebtag nicht zu mir genommen. Aber dieser Dienst bei den Häftlingen bedrückt mich sehr.

14. 9.1944

Bedingt durch die Kriegslage und durch die Anwesenheit der ca. 600 Häftlinge scheint der Aufenthalt wohl als gefährdet angesehen zu sein. Ich sollte gerade von hier versetzt werden und zwar hier in der Nähe zu einer ähnlichen Formation. Plötzlich kam Befehl, dass wir von hier wegkommen. Alles Packen und zwar sofort. Das Schwierigste und Unangenehmste war der Abtransport der Häftlinge. In einen Lastkraftwagen kamen je 50 Häftlinge und an jeder Ecke des Wagens ein Posten mit scharfgeladenem Gewehr. Aber dies war alles größter Unsinn, denn der Wagen war knüppeldick voll. Wir standen ganz eng an die Wand gedrückt, dass es uns unmöglich war auch nur ein Glied zu rühren. Trotz der Waffe waren wir im Falle einer Gefahr ganz den Häftlingen ausgeliefert. Ganz abgesehen davon, dass wir die Gefahr aus den gegebenen Umständen heraus nicht frühzeitig erkennen und Maßnahmen zur Abwehr ergreifen konnten, konnten wir die Schusswaffe im Bedarfsfälle nicht bedienen, da wir ja vollständig von den Häftlingen eingekeilt waren. Und die Sache war nicht ungefährlich. Wer konnte es den Häftlingen verargen, wenn sie eine Möglichkeit suchten sich dieser unmenschlichen Gefangenschaft zu entziehen. Beschwerend kam hinzu, dass über den ganzen Wagen eine Plane gezogen war, um so angeblich einen eventuellen Fluchtversuch zu erschweren. Dazu strömte ein furchtbarer Gestank von den Häftlingen aus. Durch die Plane war es im Innern des Wagens so dunkel, dass man die eigene Hand nicht vor Augen sehen konnte. Wir vier Posten waren vollkommen den Händen der Häftlinge ausgeliefert und …

Fortsetzung vom 14. 9.1944

…in einer wehrlosen Lage. Ich habe mich noch niemals so unbehaglich gefühlt als hier. Seit 7:00 Uhr früh ununterbrochen Wachdienst ohne Ablösung und weiter so die ganze Nacht durch.

15. 9.1944

Wir befinden uns mit den Häftlingen immer noch auf dem Güterbahnhof in Kochem, und erst heute Mittag nachdem ich mich bemerkbar gemacht habe, wurde ich abgelöst. Ununterbrochen 30 Stunden stehenden, schweren Postendienst. Man sollte es nicht für möglich halten, dass ein Mensch so etwas aushalten kann. Ein Teil der Soldaten bleibt aber hier. Hauptsächlich die jüngeren und ganz gesunden. Diese werden von dem Kompanieführer und dem Feldwebel ausgesucht, hier nochmals einer Ausbildung unterzogen, um dann hier zum Einsatz zu gelangen.

Wahrscheinlich begann der Eisenbahntransport am Freitagabend, den 15. September 1944. Er brachte die Häftlinge des Bruttiger Lagers in das Konzentrationslager Mittelbau Dora, nördlich von Nordhausen. Von dort mussten sie fünf Tage später in das Lager Ellrich im Südharz marschieren, wo sie schärfster Bewachung und schwerster Behandlung ausgesetzt waren.[39]

Der Gefreite Rudolf Zseby begleitete den Transport der *Cochemer KZ-Häftlinge* in das Konzentrationslager Mittelbau-Dora.[40]

---

39 Quelle: Tagebuch des Rudolf Zseby, Vergleiche: DMD, P4, Bd. 135, Dokumentationsstelle der KZ-Gedenkstätte Mittelbau-Dora

40 Konzentrationslager Mittelbau-Dora ist der heute verwendete Name eines nationalsozialistischen Konzentrationslagers nördlich von Nordhausen im heutigen Bundesland Thüringen. Das Lager »Dora« am Südhang des Kohnsteins bei Niedersachswerfen war größter Einzelstandort sowie Sitz der Kommandantur des im Herbst 1944 neu organisierten »KZ Mittelbau«. In diesem Lager wurden Häftlinge interniert, die beim Ausbau und Betrieb der unterirdischen Rüstungsfabrik Mittelwerk GmbH in der Stollenanlage im Kohnstein eingesetzt waren. Vgl. https://de.wikipedia.org/wiki/KZ_Mittelbau-Dora

Was nachzutragen bleibt

Nachwort zur zweiten Auflage, Januar 1993

Was bleibt nachzutragen?

Zunächst ein Gedanke an die traurige Aktualität dieses Buches, die fast zeitgleich mit dem Erscheinen zugenommen hat und noch immer zunimmt. Ein Anwachsen rassistischer Gedanken und daraus resultierender Gewaltverbrechen in unserem Land wird begleitet von der Trägheit und Zurückhaltung der politisch Verantwortlichen, wird beklatscht von Bürgerinnen und Bürgern der Bundesrepublik Deutschland. Morde an Menschen, die nicht ins rassistisch geprägte Bild passen, finden wieder Zustimmung.

Gleichzeitig ist in der Presse zu lesen: *Polen packen im Wingert zu. Viele Fremdarbeiter helfen schon seit Jahren bei der Weinlese an der Untermosel.*

Fremdarbeiter, Nazivokabular. Der Bericht über ein Kulturfest wird überschrieben mit *Jedem das Seine,* dem zynischen Spruch, geschmiedet in das Lagertor des KZ Buchenwald.

Ausführlich beschäftigte ich mich mit der Verbandsgemeinde Treis-Karden bezüglich der Herausgabe der Sterbelisten. Hier bleibt nachzutragen:

Nach Erscheinen der 1. Auflage im Frühsommer 1992 drehte der Südwestfunk eine Dokumentation zu diesem Buch. Der Redakteur tauchte mit seinem Kamerateam auch bei Manfred Schnur, dem Bürgermeister der Verbandsgemeinde Treis-Karden auf, um ihn nach dem Grund für die Zurückhaltung der Sterbelisten zu befragen. Der Bürgermeister versicherte diesem vor laufender Kamera, dass er die Listen jetzt umgehend an mich schicken ließe, was ich, als ich das von dem Redakteur erfuhr, aufgrund meiner Erfahrungen bezweifelte.

Doch tatsächlich erhielt ich wenige Tage später Ablichtungen der Sterbelisten. Nur leider war auf den Kopien die Spalte mit den Sterbedaten abgedeckt worden und nicht zu sehen. Ich reklamierte dies beim Standesbeamten der Verbandsgemeinde Treis-Karden, da doch ausgerechnet die Sterbedaten auf einem derartigen Dokument von besonderer Bedeutung sind. Er versprach, mir eine neue Liste zu schicken, die ich kurz darauf auch erhielt. Die Sterbedaten waren mit Kuli handschriftlich nachgetragen worden. Damit ist jetzt eindeutig geklärt, wer für die jahrelange Zurückhaltung dieses Dokuments verantwortlich ist.

Die bisherigen Reaktionen auf die Veröffentlichung dieses Buches sind vielfältig und nur schwer im Überblick darzustellen. Dies hier ist ein Versuch einer kurzen Zusammenfassung.

Nachdem das Erscheinen des Buches bekannt geworden war, erhielt ich täglich Telefonanrufe, Leserbriefe wurden in Zeitungen gedruckt oder sie erreichten mich mit der Post. Ich hörte, dass in Frisörsalons, in Lehrerzimmern und – wie könnte es anders sein? – an Biertischen über das Buch und so auch zwangsläufig über das darin behandelte Thema gesprochen und debattiert wurde.

Menschen, von denen ich direkt angesprochen wurde, hatten oft selbst Erinnerungen an die Geschehnisse im Zusammenhang mit den Lagern in Bruttig und Treis. Ein Mann wusste von der Exekution eines Häftlings in einem Steinbruch gegenüber der Ortschaft Müden zu berichten. Er hatte diese von der anderen Flussseite aus mit angesehen.

Ein Anrufer sagte, er habe zusammen mit seinem Vater, der damals als Bauunternehmer tätig gewesen sei, an der Straße gebaut, die zum Tunnelportal in Treis führte. Er habe Seite an Seite mit den Häftlingen gearbeitet.

Die Tochter eines damals dienstverpflichteten Leichenbestatters erzählte mir, ihr Vater habe die Toten der Cochemer Lager zum Krematorium nach Mainz gefahren.

Eine Frau brach während einer Lesung in Tränen aus, weil sie in einer beschriebenen Person ihren Opa erkannt hatte.

Ein Anrufer erreichte mich aus Bullay an der Mosel: »Sie lügen!« Ich solle gefälligst aufhören in der »alten Scheiße« herumzurühren. Ob er denn das Buch gelesen habe, fragte ich.

»Nein!«

Übrigens mussten viele, die sich erst oft großmäulig äußerten, auf meine Nachfrage hin eingestehen, dass sie den Text des Buches nicht kannten.

Es sei von Unredlichkeit bei meinen Recherchen schwadroniert worden, hörte ich von Dritten, davon, dass ich mich selbst nur habe wichtig tun und mich habe ins Rampenlicht setzen wollen, dass ich der Touristen- und Kreisstadt Cochem keinen guten Dienst damit erwiesen hätte, dass deren Name auf dem Umschlag des Buches zu lesen sei, ja, dass ich mich des Namens der Stadt Cochem nur ihrer Bekanntheit wegen bedient hätte, denn die Lager seien ja schließlich nicht in Cochem, sondern in Bruttig und Treis gewesen.

Gern hätte ich mich mit den so redenden Zeitgenossen auseinandergesetzt. Leider hat mich von diesen kaum einer direkt angesprochen.

Von einer schönen Geste hörte ich von einem Mitglied des Cochemer Stadtrates. Dort sei ein neu erschienener Bildband mit alten Fotografien von Cochem an die Ratsmitglieder kostenlos verteilt worden. Ich sagte, er könne doch im Rat den Vorschlag machen, auch mein Buch von der Stadtverwaltung kaufen und ebenso verteilen zu lassen. Darauf wechselte er sofort das Gesprächsthema und kam auf meinen Vorschlag auch nicht wieder zu sprechen.

Das Angebot an unterschiedliche Kultur- und Bildungseinrichtungen in Cochem, das Buch dort vorzustellen, wurde, wenn nicht gleich abgelehnt, aufgeschoben, denn man wisse ja nicht, was ich da geschrieben hätte. Als der Inhalt bekannt geworden war, gab es einige, die sich hinsichtlich einer Lesung engagieren wollten, mir dann jedoch mit Hinweis auf ihre jeweiligen Vorgesetzten oder den angeblich gerade unpassenden Zeitpunkt zu verstehen gaben, dass sie zwar gerne würden, aber nicht könnten. Ich hörte in diesem Zusammenhang von einer Angestellten der Kreisverwaltung Cochem-Zell, sie würde mit so einer Veranstaltung möglicherweise ihre Fortbeschäftigung gefährden.

Dass dann doch eine Lesung und öffentliche Vorstellung des Buches in Cochem zustande kam, ist auf die persönlichen Aktivitäten zweier Lehrer zurückzuführen. Viele interessierte Bürgerinnen und Bürger kamen. Sogenannte Offizielle, die eingeladen waren, ließen sich nicht blicken. In der sich anschließenden Diskussion wurde der Vorschlag geäußert, eine der ehemaligen KZ-Baracken in Bruttig in eine Dokumentations- und Gedenkstätte umzugestalten.

Besonders hervorzuheben ist das Engagement vieler Schulen, die mich weit über die Region hinaus zu Lesungen eingeladen haben, um mit Schülern, Schülerinnen und Lehrpersonen über meine Nachforschungen, das Buch und über alte und neue Formen von Nationalismus, Rassismus und Faschismus in unserem Land zu diskutieren.

Beim Abfassen dieses Nachworts habe ich überlegt, mich bei verschiedenen Personen namentlich zu bedanken, die mir bei meiner Arbeit behilflich waren und dies auch immer noch sind. Stellvertretend für all jene, danke ich den Schülerinnen und Schülern, die mir in den vielen Gesprächen bewusst gemacht haben, wie groß die Mehrheit der jungen Generation ist, die faschistische Gewalt verabscheut.

Nachspann zur Neuausgabe 2019

Schon für die Erstausgabe dieses Buches hatte mir Christian Gasterstädt aus Koblenz sein Wissen und seine Fotografien aus dem Innern des Tunnels, in den er auf der Bruttiger Seite eingedrungen war, zur Verfügung gestellt. Als ich ihn kürzlich wieder anrief, inzwischen war mehr als ein Vierteljahrhundert vergangen, war er ohne Umschweife bereit, mir seine Unterlagen und neueren Fotografien zur Verfügung zu stellen. Ich bin Christian Gasterstädt für seine bedingungslose Unterstützung sehr dankbar. In den mir überlassenen Dokumenten fand ich einen Auszug aus dem sogenannten *JIOA final report part 2*, einer Nachkriegs-Bestandsaufnahme, welche die Amerikaner hatten anfertigen lassen. Unter der Nummer 31 war in der Auflistung neben weiteren sogenannten Verlagerungsbetrieben über den Tunnel Bruttig-Treis zu lesen:

Eine Fabrik, die Munition und elektrisches Zubehör für Verbrennungsmotoren herstellte, wurde in einem Eisenbahntunnel zwischen Pommern und Bruttig, Deutschland, installiert. Der drei Kilometer lange Tunnel war Teil einer zweigleisigen, gewöhnlichen Eisenbahnstrecke. In die Konstruktion aus Backstein und Beton waren im gesamten Tunnel kleinere Räume errichtet worden. Fertigbetonplatten, leicht gewölbt und von I-Trägern gestützt, bildeten eine Decke innerhalb des Tunnels und so entstand ein Luftraum zwischen der Tunneldecke und der Zwischendecke. Der Tunnel war also, mit immer wieder kurzen Unterbrechungen, zweistöckig ausgebaut. Die Installation wurde nicht überprüft. Wasser wurde von der Mosel durch eine Pumpstation außerhalb des Bruttiger Tunnelportals in den Tunnels gepumpt.

Außerdem wurde Wasser von einer Pumpanlage außerhalb des Tunnels in der Nähe von Pommern gefördert, das auch zu Trinkzwecken genutzt wurde. Die Belüftung wurde von Gebläselüftern bewerkstelligt, die den Luftraum zwischen der Tunneldecke und der Zwischendecke als eine Art Kanal nutzten. Durch Unterbrechungen in der Zwischendecke wurden auch die darunter liegenden Räume direkt über der Tunnelsohle mit Frischluft versorgt. Außerhalb des Pommerner Tunnelportals befand sich ein teilweise fertig gestelltes Dampfkraftwerk aus Stahlbeton. Zwei kleine handgefeuerte Kessel, die sich im Tunnel befanden, sorgten für den Betrieb einer Stromerzeugungsanlage.

Ein Gasbehälter, der in einem Betonblockgebäude mit sechs Fuß dicken Wänden untergebracht war, wurde durch einen kleinen Korridor mit dem Tunnel verbunden. Gas wurde für die Herstellung von Zündkerzen benötigt. Mehrere Transformatorstationen befanden sich entlang des Tunnels. Große Betontüren, sechs Fuß dick, waren eingebaut, um die Korridoreingänge zu verschließen. Die Türen konnten durch Winden, die manuell oder elektrisch betätigt wurden, geöffnet und geschlossen werden. Munition und elektrisches Zubehör wurden nie hergestellt.[41]

Vieles von dem, was der Tunnel einst beherbergte, dürften die amerikanischen Inspekteure nicht mehr vorgefunden haben. Bewohner von Bruttig und Treis und anderer umliegender Dörfer hatten den Tunnel nach Kriegsende aufgesucht, um sich des scheinbar herrenlos gewordenen Inventars zu bemächtigen.

Auch Du hast mir erzähltest, dass Du nach dem Krieg mit Deinem Bruder Theo in den verlassenen Tunnel gefahren bist. Ihr wolltet Euch nach brauchbaren Dingen umsehen und habt ja auch welche gefunden und mitgenommen.

Du bist heute nicht mehr am Leben. Aber in meinen Gedanken und bei den Dingen, die ich tue, bist Du präsenter denn je. In all den Jahren, seit Du tot bist, verging kaum ein Tag, an dem ich Dich nicht vital vor Augen hatte. Ich rede mit Dir, fast wie früher, und Du antwortest. Wie damals, während unseres Spaziergangs an Pfingsten in den 1980er Jahren.

Noch heute sind in manch einem Schuppen oder einer privaten Werkstatt Gerätschaften in Gebrauch, die einmal dazu dienen sollten, den von vielen Deutschen ersehnten Endsieg doch noch herbeizuführen. Was tatsächlich kam, ist bekannt: die Niederlage des Nazi-Reiches und die Befreiung der Deutschen von der Gewaltherrschaft des nationalsozialistischen Staates.

---

41 Quelle: JIOA.final-report-part-2.pdf, Seite 27, Übersetzung ins Deutsche: E. Heimes. Im Text wird die Ortschaft Pommern erwähnt. Gemeint sind das Tunnelportal und die Anlagen davor auf Treiser Seite. Die Ortschaft Pommern liegt auf der gegenüberliegenden Moselseite und wurde von den Amerikanern in ihrem Bericht als die der Tunnelmündung am nächsten liegende Ortschaft genannt.

Ich weiß, dass das Kriegsende auch von Dir als Befreiung und nicht etwa, wie von manchen Deutschen, als Katastrophe empfunden wurde. Zu selten haben wir über die Dinge gesprochen, die Dich als 17-jährigen Soldat im letzten Kriegsjahr bei einer Einheit der Gebirgsjäger geformt hatten. Nur ein einziges Mal erzähltest Du mir von Deinem Jugendtrauma: der Erhängung Deiner gleichaltrigen Kameraden durch die SS.

Ohne Dich hätte es dieses Buch nie gegeben.

Abb. Neu 2: Der NS-Staat ist besiegt. »Deutsche Gefangene werden in ein Lager an der Mosel eingeliefert« heißt es in der Beschriftung dieser Fotografie. Es handelt sich dabei um das ehemalige Konzentrationslager in Treis. (Quelle: IWM London, Sammlung E. Heimes)

Anhang in Bildern

Anhang 2a: Eines der Betonmonumente, die nach der Sprengung der Bunker und Versorgungsanlagen vor dem Treiser Tunnelportal wie eine Mahnung in den Himmel ragten. Rechts des Monuments aus Stahl und Beton ist der Seiteneingang in den Tunnel zu erkennen. Dieser war zum Zeitpunkt der Aufnahme 1976 bereits verschüttet. Bedauerlicher Weise wurden die mächtigen Ruinen abgeräumt.
Die Abbrucharbeiten begannen am 15.10.1976 und dauerten bis zum März 1977. Die ausführende Firma war das Spreng- und Abbruchunternehmen Georg Werner GmbH aus Stolberg. Es wurden rund 15.000 bis 20.000 Kubikmeter Beton weggeräumt und teilweise auch an Ort und Stelle vergraben. (Quelle: Georg Werner GmbH, Stolberg, Sammlung Chr. Gasterstädt)

Anhang 2b: Der untere der beiden Bunker beim Bruttiger Portal. Wegen der Gefahr eines Bergrutsches wurden sie nicht gesprengt, sondern mit Beton rutschsicher verfestigt. (Fotos: E. Heimes)

Anhang 3a und 3b: Blick in den Tunnel vom Bruttiger Portal in Richtung Treiser Portal. Durch die Sprengung ist die Tunneldecke in den Tunnel gestürzt. Die folgenden Bilder sind alle im Raum zwischen der Bunkerwand im ehemaligen Bruttiger Portal und der Einsturzstelle entstanden. (Fotos: 3 bis 12: Christian Gasterstädt)

Anhang 4: Zwei Nischen bergseitig in der Tunnelwand

Anhang 5: Der rechte, der beiden Zugänge zu den ehem. Bunkerstollen. Deutlich zu erkennen sind die Trägereisen, welche die Stollendecke trugen.

Anhang 6

Anhang 7: Verbunkerung des Tunnelportals, gleich hinter dem Portal

Anhang 8: Vergeblicher Versuch, mit Schaufel und Stemmeisen die Einsturzstelle zu überwinden und einen Durchgang zu finden.

Anhang 9, 10: Elektromotoren, Relikte aus dem Tunnel, die bis heute ihren Dienst tun.

Anhang 11: Schleifmaschine aus dem Tunnel, auch immer noch in Gebrauch.

Anhang 12: Unverwüstlich – eine Eisentreppe aus der Rüstungsfabrik im Tunnel.

Anhang 13: Dass die hier abgebildete Werkbank mit Schraubstock aus dem Tunnel Bruttig-Treis stammt, hat Hubert Ostermann (†) aus Cochem-Cond immer wieder bezeugt. Die Werkbank stand jahrzehntelang in einer Werkstatt in der Valwiger Straße in Cochem-Cond. Als das dazugehörige Haus verkauft wurde, kam die Bank zum Sperrmüll auf die Straße, weil der neue Besitzer das Haus »besenrein« kaufen wollte. Um das historische Objekt der Nachwelt zu erhalten, sprach Heinz Bremm aus Cond mit dem alten Besitzer und durfte die Werkbank übernehmen.
Der Werkbank ist anzusehen, dass sie grob gezimmert ist und offenbar in großer Eile, teils aus rohem Holz, angefertigt wurde. (Foto: Heinz Bremm)

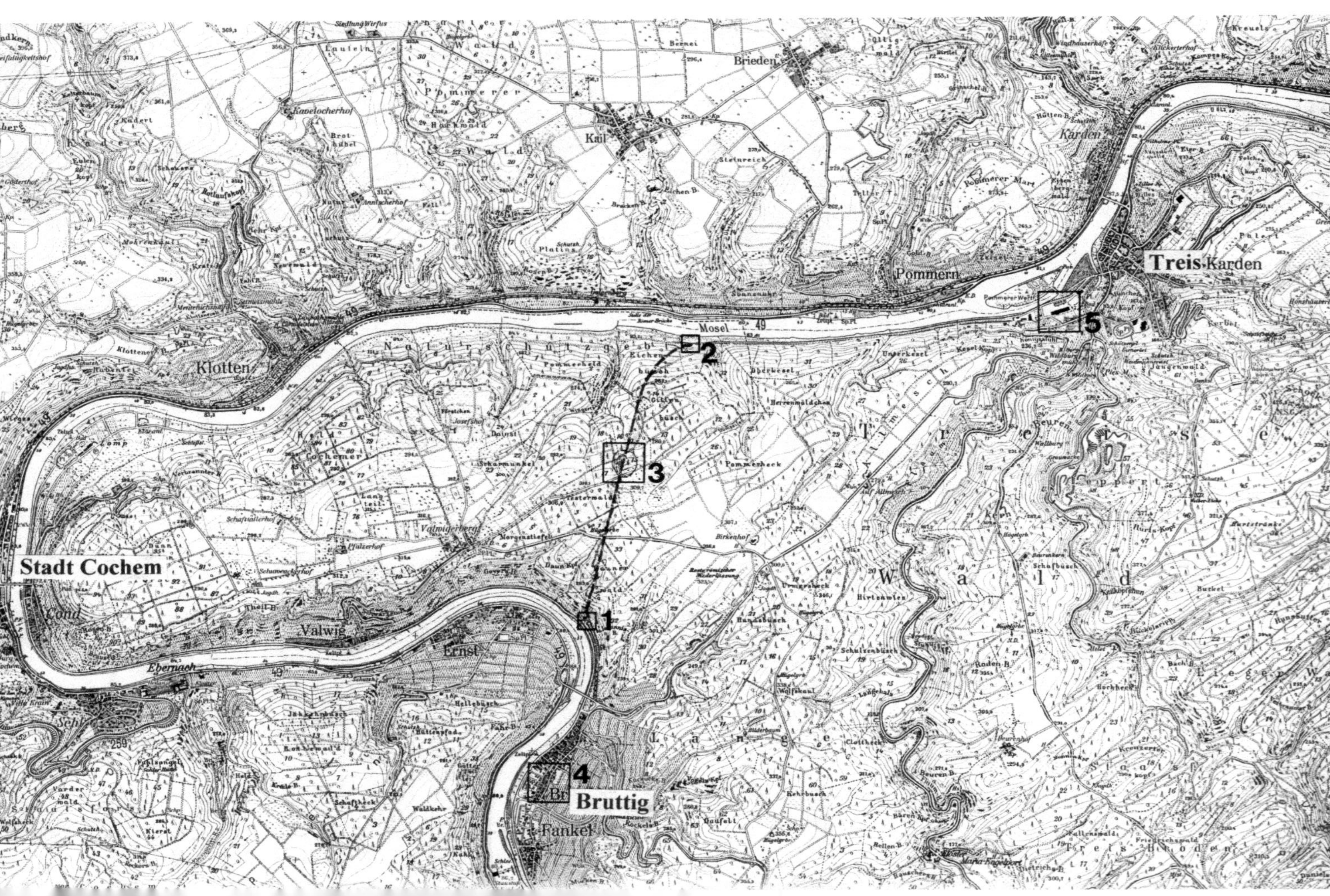

Treis-Karden
Karden
Pommern
Brieden
Kail
Mosel
Klotten
Stadt Cochem
Valwig
Ernst
Ebernach
Bruttig
Fankel
1
2
3
4
5

Erläuterungen zur Topografischen Karte Nr. 5809 des Landesvermessungsamtes Rheinland-Pfalz (Abb. 48) und zum Luftbild (freigegeben unter Nr. 1365/64 vom Hessischen Minister für Wirtschaft und Verkehr in Wiesbaden), Abb. 49.

1 Tunnelportal Bruttig
2 Tunnelportal Treis
3 Belüftungsschacht
4 Lager »Auf der Kipp« in Bruttig
5 Lager »Auf der Kipp« in Treis

– – Verlauf des Tunnels

Verwendete Literatur

Bruder Erhard Anderer: Die Geschichte des Klosters Ebernach. Ebernach bei Cochem an der Mosel
Ernst Antoni: Von Dachau bis Auschwitz. Frankfurt/Main 1979
Robert Bosch Jubiläumsaustellung. Stuttgart 1986
Danuta Czech: Kalendarium der Ereignisse im Konzentrationslager Auschwitz-Birkenau 1936-1945. Reinbek 1989.
Das Daimler-Benz-Buch. Nördlingen 1988.
Hans Konradin Herdt: Bosch. Stuttgart 1986.
Theodor Heuss: Robert Bosch. Tübingen 1946.
Kain, wo ist dein Bruder? München 1983.
Eberhard Klopp: Hinzert. Trier 1983.
Eugen Kogon: Der SS-Staat. München 1974.
Die Partei hört mit. Koblenz 1988.
Michael Schneider: Die Wiedergutmachung. Köln 1985.
Reinhold Schommers: Ein Mahnmal deutscher Vergangenheit. St. Aldegund, ca. 1985.
Renzo Verspignani: Faschismus. Berlin 1976.
Jürgen Ziegler: Mitten unter uns. Hamburg 1986.
Zündkopf. Zeitschrift von Sozialdemokraten. Cochem, Dezember 1978.

Verwendetes Archivmaterial

Akten aus den Beständen NS 4 Na, R 3/331, R 7/1214; Bundesarchiv Koblenz.

Dokumente aus dem Landeshauptarchiv Koblenz:

Vorgang: Verschenkung von Grundbesitz 430/02II und 431/03 E II 8

Vernehmungsprotokolle des Gendarmeriepostens Treis, 1944.

Korrespondenz des Gendarmeriepostens Treis, 1944; bestand B/Nr. 2355.

Pfarrchronik der Gemeinde Treis; Bestand 717/Nr. 859

Arbeiten aus dem umfangreichen Briefwechsel mit dem Geschichtsforscher des KZ Natzweiler Ernest Gillen, Luxemburg.

Nachweisung über Grabstätten von Angehörigen der Vereinten Nationen im hiesigen Amtsbezirk VG Cochem-Land, Kreis Cochem.

Nachweisung über Todesfälle von KZ-Häftlingen in der Gemeinde Bruttig. Kreis Cochem, Amtsbezirk Cochem – Cochem-Land.

Nummernbuch 1 des KZ Natzweiler.

Flurkarte »Auf der Kipp« der Gemarkung Bruttig. Gemeindeverwaltung Bruttig.

Flurkarte »Auf der Kipp«, Gemarkung Treis. Liegenschaftsamt Treis-Karden.

Dr. Ernset G.Paulus: Über 13.000 Menschen wurden ermordet. Neue Presse, Paris, 1. Juli, Mitte der 50er Jahre.

Die Verbrechen von Treis und Bruttig. Trierischer Volksfreund vom 5.8.1947.

KZ-Lager Treis und Bruttig vor Gericht. Trierischer Volksfreund vom 22.7.1947

Opfer mahnen zum Frieden. Rhein-Zeitung Cochem vom 20.11.1986.

Gedenkstein für die »Opfer der Gewalt«. Rhein-Zeitung Cochem vom 15./16.11.1986

Wurden in Treis Raketen hergestellt? Rhein-Zeitung Cochem vom 18.4.1985

Reinhold Schommers: Die Last drückt noch immer. Rhein-Zeitung Cochem, ca. 1985.

Spuren der Vergangenheit. Schülerarbeit der Realschule Cochem, 1985

Ernst Heimes: Bevor das Vergessen beginnt

ISBN 978-3-89801-461-8
284 Seiten
Klappen-Broschur

Nachermittlungen über das KZ-Außenlager Cochem

In seinem viel beachteten Buch *Ich habe immer nur den Zaun* gesehen berichtete Ernst Heimes erstmals umfassend über das KZ-Außenlager Cochem und den wahnwitzigen Ausbau des Tunnels zwischen Bruttig und Treis zu einer unterirdischen Waffenfabrik. Er durchbrach mit seinem Buch eine Mauer des Schweigens und Verschweigens und beleuchtete eines der dunkelsten Kapitel deutscher Geschichte.

Auf eindringliche Weise erzählt er jetzt von seinen Nachermittlungen. Dabei begegnen ihm Opfer, Täter und Beobachter. Er wertet bisher gänzlich unbekannte Schriftstücke aus, stellt sie in den Kontext und macht ihre Inhalte hier erstmals nachlesbar.

»Bevor das Vergessen beginnt, habe ich aufgeschrieben, was nicht in Vergessenheit geraten darf. Ich bin sicher, meine Nachermittlungen werden den Lesern meines Buches eine ganz neue Sicht auf die Vorgänge im KZ-Außenlager Cochem im Jahr1944 und die darauf folgenden Jahrzehnte bis heute gewähren.«
Ernst Heimes

Ernst Heimes: Inmitten von allem der Fluss

ISBN 978-3-89801-475-5
320 Seiten
Klappen-Broschur

Roman

Anfang des 20. Jahrhunderts beginnend, reicht dieser Generationenroman bis in unsere Zeit. Auf der Vorlage seiner eigenen Familiengeschichte erzählt Ernst Heimes mit Tiefe und Witz von Menschen während der vielen gesellschaftlichen, sozialen und politischen Umwälzungen in mehr als hundert Jahren. Er erzählt vom Aufwachsen in Zeiten des Krieges, von einer Kindheit in den 1950er und 1960er Jahren, von der Suche nach Herkunft und Heimat und der Sehnsucht nach Freiheit und Unabhängigkeit.

Christof Krieger: Wein ist Volksgetränk

ISBN 978-3-89801-355-0
512 Seiten
Hardcover

Unter der eingängigen Parole »Wein ist Volksgetränk!« entfaltete das NS-Regime in den Friedensjahren des Dritten Reiches eine groß angelegte Weinpropaganda, die das Trinken deutschen Rebensaftes als geradezu nationale Tat beschwor. Und mehr noch: In den Jahren 1935 bis 1937 übernahmen annähernd 1.000 Städte vom Ruhrgebiet bis nach Ostpreußen besondere »Weinpatenschaften« für einzelne Winzerorte, wobei im Rahmen eines im ganzen Reich stattfindenden »Festes der deutschen Traube und des Weines« vom Parteiapparat der NSDAP allerorten volkstümliche Weinfeste und Umzüge organisiert wurden; der Volksmund machte hieraus sogleich die Losung: »Saufen für den Führer!« Tatsächlich erwies sich dies rückblickend nicht allein als die umfassendste Weinabsatzaktion, die es davor – und auch danach(!) – je in Deutschland gegeben hat. Den deutschen Winzern wurde damit zudem seitens des Hitlerstaates eine propagandistische Aufmerksamkeit gewidmet, wie sie keiner anderen vergleichbaren Berufsgruppe im Dritten Reich zuteil geworden ist.

Der Historiker Christof Krieger, der sich am Beispiel des Anbaugebietes Mosel, Saar und Ruwer erstmals umfassend wissenschaftlich mit diesem Themenfeld beschäftigte, gibt in seiner Doktorarbeit anhand bislang zumeist unveröffentlichter Quellen überraschende Einblicke in eine weithin unbekannte Seite der NS-Diktatur.